桥梁抗火理论与韧性提升研究系列丛书

U0649371

钢结构桥梁抗火分析与设计

张　岗　王世超　李徐阳　汤陈皓　著

人民交通出版社

北　京

内 容 提 要

为加快交通强国建设,全面深入推进交通运输绿色发展,提升交通运输基础设施抵御灾害的韧性,增强交通运输基础设施全寿命建造与安全运维。本书以钢结构桥梁火灾防控为目标,以广泛应用的曲线钢箱梁和组合钢桁架桥梁为对象,对钢结构桥梁抗火性能试验、分析方法与演变机理,以及钢结构桥梁的抗火设计方法进行详细介绍。主要内容包括:钢结构桥梁火灾事故与研究现状,钢结构桥梁火灾模型重构与分析方法,钢箱梁耐火试验研究、火灾响应分析方法及抗火设计与防控策略,钢桁架桥梁耐火试验、火灾响应分析方法及抗火设计与防控策略等。

本书着重于桥梁工程中当前关注较多的曲线钢箱梁和组合钢桁架桥梁,其他桥梁结构暂未涉及,可参照本书中提供的方法进行抗火性能分析、抗火设计与火灾防控。

本书可作为研究生和高年级本科生学习用书,亦可作为高等院校教师教学及研究参考用书,也可供从事桥梁及结构工程专业的高级技术人员参考使用。

图书在版编目(CIP)数据

钢结构桥梁抗火分析与设计 / 张岗等著.

北京 : 人民交通出版社股份有限公司, 2025.7.

ISBN 978-7-114-19854-0

Ⅰ. U448.365.1

中国国家版本馆 CIP 数据核字第 2025Z2Y656 号

Gangjiegou Qiaoliang Kanghuo Fenxi yu Sheji

书 名:	钢结构桥梁抗火分析与设计
著 作 者:	张 岗 王世超 李徐阳 汤陈皓
责任编辑:	岑 瑜
责任校对:	赵媛媛 刘 璇
责任印制:	张 凯
出版发行:	人民交通出版社
地 址:	(100011)北京市朝阳区安定门外外馆斜街 3 号
网 址:	http://www.ccpcl.com.cn
销售电话:	(010)85285857
总 经 销:	人民交通出版社发行部
经 销:	各地新华书店
印 刷:	北京科印技术咨询服务有限公司数码印刷分部
开 本:	787×1092 1/16
印 张:	11.75
字 数:	320 千
版 次:	2025 年 7 月 第 1 版
印 次:	2025 年 7 月 第 1 次印刷
书 号:	ISBN 978-7-114-19854-0
定 价:	68.00 元

(有印刷、装订质量问题的图书,由本社负责调换)

前　言

　　桥梁作为重要的交通枢纽,承载着人们的出行和货物运输。然而,随着公路交通的快速发展和运载工具密度的增加,桥梁火灾事故的发生频率逐渐增高,给桥梁的安全性和耐久性带来了严峻挑战。火灾作为一种低频但后果严重的极端灾害,在防控设计中其对桥梁结构的影响往往被低估。基于此,本书旨在深入探讨钢结构桥梁在火灾条件下的安全性能,特别是针对曲线钢箱梁和组合钢桁架桥梁的抗火性能进行系统的研究,以期起抛砖引玉之用。本书可为钢结构桥梁的抗火设计提供指导与参考,为全面推进钢结构桥梁的全寿命建造与安全运维提供借鉴,为实现交通运输高质量发展提供助力。

　　本书共分为 10 章,以钢结构桥梁抗火设计为目标,主要涉及钢结构桥梁火灾分析方法与试验,以及抗火设计与火灾防控策略等知识,第 1 章为钢桥火灾研究现状;第 2 章为简支钢箱梁耐火试验研究;第 3 章为连续钢箱梁耐火试验研究;第 4 章为钢箱梁火灾响应分析;第 5 章为钢箱梁抗火设计参数分析与防控策略;第 6 章为简支钢桁架桥梁耐火试验研究;第 7 章为连续钢桁架桥梁耐火试验研究;第 8 章为钢桁架桥梁火灾响应分析;第 9 章为钢桁架桥梁抗火设计与防控策略;第 10 章为结论与展望。本书作为研究生、高年级本科生学习用书,亦可作为高等院校教师教学及研究参考,也可供从事桥梁及结构工程专业的技术人员参考使用。

　　本书大纲由张岗教授拟定,章节内容由张岗教授和王世超博士编著完成,试验测试工作与分析由李徐阳和汤陈皓博士完成。本书的数据由丁宇航核实,数据编排及文字校稿工作得到了赵晓翠、陆泽磊、万豪、熊鑫、徐峰、李明轩、陈博浩、韩俊谨、周俊毅、褚艳敏、张永飞的大力帮助。在工程实践方面,得到了湖南大学刘志文教授,内蒙古大学李国栋教授,中冶检测认证有限公司傅彦青正高级工程师、常海林工程师,中交第一公路勘察设计研究院有限公司袁卓亚正高级工程师、侯旭正高级工程师,安徽省交规院工程智慧养护科技有限公司程华才正高级工程师,广东交科检测有限公司许肇峰正高级工程师,甘肃交通规划勘察设计院武维宏正高级工程师,陕西省交通控股集团有限公司赵宝俊正高级工程师等设计、建设、养护单位及高校同仁的有力支持。本书也得到了国家自然科学基金(项目批准号:52378476;52408505)、陕西省创新能力支撑计划(2023-CX-TD-38)、陕西省杰出青年科学基金(2022JC-23)和长安大学中央高校基于科研业务费专项资金(300102214903;300102214401)等项目的资助。

本书在编撰中引用了国内外专家的文献资料,在本书的每一章节后列出了主要参考文献,无论是否一一列出,在此一并向相关专家和学者表示衷心感谢和敬意。

希望本书能为读者的学习和工作提供帮助。限于作者的水平,书中难免有不妥之处,欢迎读者批评指正。(E-mail:zhangg_2004@126.com)

作 者

2025 年 5 月于西安

目　　录

1

钢结构桥梁火灾研究现状

1.1 研究背景

桥梁火灾虽被视为罕见的极端事件,但伴随公路交通建设的快速发展,其发生频率远超公众预期[1-4]。截至2024年底,中国公路桥梁总数已达到111.81万座,铁路营业里程增至16.2万公里[2],同时机动车保有量激增,超过4.5亿辆[3]。这些增长导致交通流量急剧上升,例如,某跨海大桥日均交通量超11万辆,各种交通事故的出现使得桥梁火灾的发生几乎成为了必然[1-4]。根据2022年国家消防救援局统计数据分析获知,2022年一季度全国各类交通工具火灾1.9万起,新能源汽车火灾增幅较大,达到640起,同比上升32%[4]。近年来,危险化学品运输车辆数量的显著增长和电动车的迅速普及,使桥梁火灾事故呈现出多发性、多样性、复杂性和极端性特征。这些火灾不仅频繁发生,而且对桥梁结构造成的损害极为严重[1-15]。

钢结构桥梁具有自重轻、跨越能力大、便于制造、施工快捷等诸多优点,在桥梁工程中广泛应用。但是,钢结构桥梁的耐火性能一直是一个棘手的工程问题,近年来备受关注。虽然钢材本身不是可燃物,但其材料的力学性能(屈服强度、弹性模量等)在高温下会迅速衰退,使得钢材的高温耐受性能极差。当温度超过600℃,普通钢材便会丧失其大部分的强度与刚度[5]。在火灾高温环境中,钢材应力会快速超过该温度下的屈服强度,出现大幅塑性变形,即所谓的"软化"现象,此时构件发生极端变形。当钢结构桥梁遭遇火灾时,轻则中断交通,重则影响结构安全,可能发生主要构件损伤甚至主梁整体垮塌,严重危害社会公共安全,造成国民经济损失[5-10]。

近年来,全球各地桥梁火灾事故频发,引起桥梁火灾的原因繁多,有桥下堆积的易燃易爆物燃烧引起的火灾,有施工过程中不当操作引起的火灾,有油罐车翻倾、碰撞引起的火灾,有行驶的电动车由于电路短路等原因导致电池爆燃而引起的火灾,也有因其他交通事故而引起的火灾,还有电缆火灾、闪电火灾等[9-10]。其中,由于油罐车以及危化品运输车辆等发生交通事故而引起的油源类火灾对桥梁结构的威胁最大,该类火灾会发生短时间内的爆燃,具有燃烧温度高、升温快、灭火难度极大等特点[11-13]。根据相关的研究调查,火灾导致的钢结构桥梁垮塌数量是地震造成的钢结构桥梁垮塌数量的三倍之多[14-15]。

1

以下列举几个典型事故[6-20]来说明交通类火灾对于桥梁在全寿命运营期间的危害性。

2002年1月5日,美国亚拉巴马州伯明翰市I-65和I-59号洲际公路交会处,一辆载有37475L燃油的油罐车为了躲避前方轿车,撞上了I-65南行桥的桥墩引发了爆燃,温度一度达到1100℃,致使主梁产生巨大的下挠变形,事故发生后该桥的上下部结构全部拆除重建,如图1-1所示。

a)中跨大幅下挠

b)底部严重屈曲

图1-1 伯明翰I-65桥梁火灾[6]

2007年4月29日,美国加州奥克兰高速公路枢纽上的麦克阿瑟迷宫立交桥,一辆装载32.6m³的油罐车侧翻引发了剧烈的火灾,导致在短短22min内该条线路上的两跨高架钢桥发生垮塌,如图1-2所示。事故造成整条线路的瘫痪,最终维修与重建所产生的费用高达900万美元,维修期间每日造成旧金山湾区的损失达600万美元。

a)上层桥梁垮塌

b)下层交通中断

图1-2 奥克兰麦克阿瑟迷宫桥梁火灾[6,8]

2020年7月,一辆由美国联合太平洋铁路公司营运的,并装有木材以及易燃易爆的化学物品货运列车,在经过美国亚利桑那州坦佩镇湖铁路大桥时发生事故,造成12节货车脱轨,如图1-3所示。脱轨事故导致部分危化品运输车厢泄漏引发火灾,木栈桥与第一个组合钢桁架桥梁相连的地方遭到了严重破坏,仅受火15min后,部分组合钢桁架桥梁便出现了垮塌,造成直接经济损失高达1000万美元。

a)列车起火   b)桥梁垮塌

图 1-3 亚利桑那州坦佩镇湖铁路大桥火灾[16]

2021 年 10 月,罗马南部奥斯蒂恩塞区的台伯河上的工业桥发生火灾,如图 1-4 所示。此次火灾起因,仅仅是因为桥下的灌木丛先发生了燃烧,后引燃了桥梁外部的电缆,进一步导致桥梁火灾的发生。此次桥梁火灾事故,不但中断了周边部分区域电力、自来水和燃气供应,也导致了组合钢桁架桥梁在电缆火灾作用下的部分结构坍塌,直接中断了该区域的陆上交通,造成了巨大的经济损失和严重的负面社会影响。

a)电缆火灾   b)桥梁垮塌

图 1-4 意大利罗马台伯河工业桥火灾[17]

2024 年 4 月,G60 沪昆高速公路北盘江大桥发生货车自燃事故致大桥吊索受损,如图 1-5 所示[18]。火灾导致上行 55 号、56 号吊杆 PE 护套大面积融化,55 号至 57 号吊杆之间主缆涂层大面积烧毁,桥面钢护栏高温变形、桥面板熏黑等,具有较大的安全隐患,维修期间实施全面交通管制[19]。同年 10 月,深中通道深中大桥一辆满载货物的汽油小货车突然自燃,因扑救及时,未出现火灾蔓延,经初步评估,本次事件未对主缆等主要受力构件造成影响。2025 年 4 月,北京市顺义区潮白河大桥遭遇意外的电缆火灾而发生连续垮塌[20]。

尽管火灾在人们的通常认知中被视为小概率事件,然而火灾事故一旦发生,其造成的社会经济损失是不可估量的。对于桥梁这种大型空间结构更是如此,由于桥梁常位于道路交通网中的咽喉部位,一旦发生火灾,其造成的间接损失(封路、绕道等)往往远大于直接损失(加固、重建等)。

a)G60沪昆高速公路北盘江大桥   b)深中通道大桥火灾

图1-5   国内大型桥梁大火[18-19]

桥梁在建设与运营的过程中,火灾是严重危害桥梁结构安全性与耐久性的重要风险之一,亟须提高重视。并且,桥梁火灾不同于建筑结构火灾[21,34],主要区别于以下几个方面:

(1)火源类型不同:建筑火灾中起火源主要是隔间中的木材与塑料类的可燃材料,而桥梁火灾中的起火源主要是燃油及化学品。

(2)所处环境不同:绝大部分建筑火灾处于封闭环境,受到通风量的限制,发生火灾时氧气量不充足,而桥梁位于露天空旷地带,发生火灾时氧气量非常充足。

(3)火灾强度不同:桥梁火灾通常比建筑火灾要剧烈得多,前期升温迅猛,通常以碳氢类火灾升温趋势来表征。

(4)防火保护不同:建筑结构有主动防火系统(洒水装置等)与被动防火措施(防火涂装层等),而桥梁上目前没有特殊的抗火构造与防火保护措施。

(5)荷载条件不同:建筑结构承担的荷载主要为恒载,而桥梁结构承担的荷载除了恒载外,还有活载,因此,发生火灾时桥上的荷载状况难以确定。

(6)边界状态不同:建筑结构中的梁通常是固端约束,转动与轴向变形均被约束,而桥梁结构通常是底板支承于支座上,因此,两者的耐火性能与破坏形式区别很大。

1.2   钢结构桥梁火灾研究进展

1.2.1   钢结构桥梁火灾分析方法

对于钢结构桥梁的火灾响应分析,目前主要是借助大型通用有限元软件进行超高次的非线性迭代计算,先确定火灾场景的温度分布,然后将温度场的计算结果导入结构分析模型中,进行热-力耦合分析,进一步得到桥梁的高温力学行为、承载能力衰退和破坏模式。

Alos-Moya等[35]基于计算流体动力学(CFD)软件建立火灾模型,并通过有限元软件获取桥梁的热-力结构响应,考虑了溢出燃料的热释放率、从CFD到有限元模型的转换过程中火焰温度的离散化以及边界条件。鞠晓臣等[36]针对铁路桥梁火灾,采用大涡模拟法对桥面列车火灾、开放式桥下火灾、半开放式桥下火灾的场景开展了研究,通过火灾动力学模拟工具(FDS)建立了火灾危险场景模型并分析了升温过程,从而确定了火灾发生时的桥下安全高度。Quiel等[37]提出了一种流线设计框架,采用改进的离散固体火焰模型来表示油池火灾,可有效计算开放空间中的钢桥在油罐车火灾下的响应,框架包括四个计算步骤:火灾特性和几何形状;火源到结构的传热;结构构件的温升;结构单元的材料和力学响应。Liu 等[38]和 Xu 等[39]提出了一种分析桥梁火灾热-力响应的 CFD-FEM 耦合数值方法,先通过 CFD 模拟燃烧过程和火焰烟气流动场,然后采用一个界面提取火灾模型的热边界,将热-力分析有限元法(FEM)与 CFD 模型相结合,借助多尺度建模实现对大型桥梁的局部火灾分析。

Aziz 和 Kodur[40]提出了一种方法用于评估受火钢梁的剩余强度,包括了三个阶段的分析:常温下、受火期间、冷却后。第一阶段,对常温下梁的承载能力进行评估;第二阶段,在给定的标准火灾曲线和荷载条件下,获取桥梁的热响应与结构响应;第三阶段,通过增加荷载直至梁破坏来评估其剩余承载能力。采用该方法通过数值分析得到了火灾最高温度是影响受火钢梁剩余强度的首要因素,钢梁在受火冷却后仍保持有较大剩余承载能力。Kodur 和 Naser[41]提出了一种评估受火组合梁抗剪承载能力退化的简化方法,考虑了高温引起的强度退化、截面失稳效应以及组合界面处的协同作用,并通过数值模拟计算和火灾试验数据的验证,说明了该方法的有效性。研究发现火灾下钢梁抗剪承载能力的下降不仅受到高温引起的强度损失影响,还受到腹板失稳的影响。

从现有研究来看,借助 CFD 软件的桥梁火灾分析尽管可以较为真实地模拟火场的分布和风速等情况,但 CFD 分析的计算代价是非常大的,需要较大的模型体积才能充分表示火灾所需的水平和垂直空间,网格的尺寸以及计算参数的选取会显著影响计算结果,求解过程十分耗时,并且将 CFD 计算的火场空间温度结果应用到桥梁的热-力耦合有限元模型中是十分复杂的。为避免进行火灾特征的复杂计算,通常使用标准升温曲线去模拟火灾场景,该方法简单有效,但对于火灾影响的估计偏保守,因为考虑了火灾增长的最不利情况。但此类简化的火灾模型结合复杂的热-力耦合有限元模型,能够将研究重点聚焦于桥梁在火灾下的结构响应,并提高分析计算的效率[6-8]。

机器学习(ML)的思想逐渐被应用于结构工程与防火领域。Naser 等[42]开发了一种监督学习 ML 算法的基准测试,所选算法包括:决策树(DT)、随机森林(RF)、极端梯度增强树(ExGBT)、光梯度增强树(LGBT)、TensorFlow 深度学习(TFDL)和 Keras 深度残差神经网络(KDP),并使用它们的默认值建立一个针对 6 个数据库的适当基准。所编译的数据库和开发的机器学习算法可用于工程结构抗火研究。机器学习在抗火研究中的应用尚处于起步阶段,需要借助大量的样本与数据库。因此,未来若在桥梁火灾中应用,仍需要大量的火灾分析计算与耐火试验的数据作为研究基础。

1.2.2　钢结构桥梁耐火试验

钢结构桥梁耐火试验的研究难度较大，不同于建筑结构火灾研究可制作足尺试件开展试验，通常只能通过近似等效的缩尺试件进行耐火试验[43-47]。并且受到缩尺模型梁尺寸效应的影响，火灾强度、荷载形式和边界条件等都难以达到实际的效果。其目的在于通过获取实测的温度场与结构变形，验证数值模拟结果并得出结构高温响应的一般规律，从而为实际工程提供可靠的设计建议。目前主要在火灾试验炉中按照标准升温曲线开展试验，也有少数学者在露天环境下进行室外火灾试验。

现有的钢结构桥梁耐火试验的研究对象多集中于钢板-混凝土组合梁，并围绕其进行了试验的参数研究。Aziz 和 Kodur[48]对三根钢板-混凝土组合梁进行了 ASTM E119 标准火灾下的耐火试验，试验梁的研究变量为荷载比、腹板长细比和加劲肋的间距，并建立了数值分析模型进行验证。试验结果表明腹板长细比、加劲肋间距以及火灾暴露类型对试验梁的耐火极限与破坏模式影响很大，当腹板长细比大于 100 时，破坏模式由之前的弯曲破坏转变为剪切屈曲破坏。但该试验中模型梁的高跨比较大，故对于实际桥梁火灾响应的参考价值有限。Naser 和 Kodur[49]对弯剪复合作用下的钢板-混凝土组合梁开展了 ASTM E119 标准火灾暴露试验，考虑了不同受力状态和组合梁界面的抗剪水平。该试验揭示了结构在某些高剪力状态下，可能在达到抗弯极限状态前会先发生剪切破坏；弯剪作用下梁的破坏形式为局部屈曲而非整体弯曲；组合梁界面采用完全连接能有效传递钢梁与混凝土板之间的应力，从而具有更好的耐火性能。

对于不同形式的桥梁，也有研究人员制作缩尺模型梁开展了耐火试验研究。张岗等[50]对不同截面形式的钢-混凝土组合连续梁开展了碳氢火灾下的破坏试验，并与简支梁的受火破坏进行了对比，通过观察升温、变形、试验现象以及破坏模式，分析了结构体系以及截面类型对于组合梁火灾响应与耐火性能的影响。并借助数值模拟计算剖析了其高温破坏机理，提出了连续组合梁在高温下产生的塑性铰是一种区别于常温下的刚度随时间降低的塑性铰。继而，张岗等[51]对单箱双室的连续钢箱模型梁开展了不同受火工况的耐火试验研究，获知钢箱梁的耐火行为与钢-混凝土组合箱梁的耐火行为差异显著。Song 等[52]制作了三个不同截面形式的钢-混凝土组合梁(单肋、双肋、箱型)，通过开展火灾炉内的燃油辅助耐火试验，研究了钢-混凝土组合梁在碳氢火灾下的变形破坏，并通过数值模拟进行了参数分析。研究表明试验梁均为大挠度产生的受弯破坏；闭口结构比开口结构的升温过程要更为缓慢，因而具有更优的抗火性能；腹板长细比会影响主梁的耐火时间与局部破坏模式。周焕廷等[53,54]对预应力钢-混凝土组合简支梁在火灾试验炉中开展了耐火性能测试，考虑了预应力束的直线与折线布索方式，并探究了预应力度和荷载比的影响。通过试验结果得出了折线形布索方式要比直线形的耐火极限更高，预应力钢束的松弛可导致试验梁的破坏，预应力度的大小对结构破坏时间影响不大。

还有学者选定特定的试验场地，开展了室外的露天火灾试验。Alos-Moya 等[55,56]在室外露天场地搭建了缩尺的桥梁墩台，并制作了一个单跨的双肋钢板组合梁，考虑并测量了空气的竖向温度梯度和风速,进行了露天油池火灾试验。通过不同工况下的测试,研究了火灾的热释放率、受火净空、受火位置对组合梁的影响。通过实测结果说明了实际火灾沿纵桥向的温度分布显著,火灾的大小与发生位置是影响桥梁高温响应的关键因素。并且根据试验开发了验证模型,对简化和改进的数值计算方法进行了对比分析,提出了其适用的情况。Shashank 等[57]对弹性橡胶支座开展了火灾后的力学性能研究,通过制作带有橡胶支座的单跨足尺模型梁,开展了露天碳氢火灾试验。试验过后,测得支座处最高温度达到400℃,根据现有标准测试了支座的硬度、剪切模量、压缩形变和黏结强度,发现除了压缩形变外,其余材料性能指标仅发生微小变化且处于可接受范围。可以看出,室外露天火灾试验可以更加真实地反映桥梁火灾,但由于露天环境下的不确定影响因素较多,试验开展的难度非常大,也很难达到预期的效果。

对于火灾后钢结构桥梁的力学性能,也有学者进行了试验研究。武芳文等[58-59]对火灾后钢-混凝土组合梁的力学性能开展了试验研究,对高温冷却后的钢-混凝土组合梁进行了静力加载破坏试验,对比了不同冷却方式对于梁的剩余承载能力的影响,还研究了高温后玄武岩纤维增强复合材料(BFRP)筋钢-混凝土组合梁的破坏模式与力学性能。Tang 等[60]通过试验研究了结构钢高温后的力学性能,建立了高温应力-应变模型,分别用纤维单元和壳单元计算钢结构的剩余承载能力,并分析了某钢桁梁桥的火灾后剩余强度。还有研究人员对实际钢桥遭遇火灾后的性能进行了检测与试验研究。Chi 等[61]对某座火灾后的钢桥开展了无损检测,进行了 X 射线荧光光谱法、超声波法和金相复制试验。提出了火灾发生时该钢桥温度未超过420℃,钢材没有出现裂纹等缺陷,其微观的金相组织成分未见明显变化。并通过原子发射真空光谱分析、拉伸试验、冲击试验、硬度试验,确定了钢材的材料等级。蔡正东等[62]对某座受火后的钢结构桥梁进行了现场检测与评估,借助全站仪和里氏硬度计测量了过火受损钢梁的变形和硬度,并通过数值模拟溯源了事故发生时的结构高温变形情况。检测结果表明钢结构的受火变形满足规范要求,未见钢梁屈曲以及混凝土板的剥落,且钢材强度变化不大。因此,判定了该桥可不采取结构性的加固措施。

也有一些学者针对桥梁局部构件的高温工作性能开展了耐火试验研究。陈玲珠等[63]对栓钉连接件的高温抗剪性能进行了研究,将混凝土板与钢梁的组合形式作为试验变量,对24个栓钉推出试件开展了高温下的推出试验,揭示了试件的不同破坏模式,并拟合给出了栓钉在高温下的抗剪承载力计算公式。朱美春等[64]针对大跨桥梁中的预应力拉索锚头开展了足尺试件的抗火性能试验,研究了6个有应力状态的锚头试件在火灾下的温度分布和锚固性能衰退过程。试验发现了锚头内部的温度存在显著差异,底端温度最高而前端温度最低,将火灾下拉索锚头的高温滑移归纳为三个发展阶段:初期拉索无滑移、随后发生滑移且稳定增长、最终发生锚头破坏,并给出了不同锚固系统的耐火极限与临界温度。

综上所述,钢结构桥梁耐火试验的开展难度较大,且试验过程中的不确定因素较多,目前最为常用的方法是基于缩尺模型梁进行试验研究,并辅以数值模拟。现有的钢结构桥梁耐火试验中,模型梁的结构形式较为单一,主要以钢-混凝土组合梁为主,并且所模拟的受力状态、受火工况和边界支承条件都相对简单。此外,还缺少对钢结构桥梁在弯扭耦合等复杂受力状态下的耐火试验研究,也未考虑实际支座的支承效应及其高温下的性能衰退。目前对于简支梁火灾响应的试验研究已经开展较多,但对于连续体系桥梁在不同受火工况下的试验研究还有待开展[65-70]。

1.2.3 钢结构桥梁耐火性能

钢结构桥梁的耐火性能研究是对实桥建立数值分析模型,进一步开展热-力耦合的火灾响应分析。通常用计算 CFD 软件得到火场分布,或直接采用标准升温曲线,获取结构的温度场,进而得到主梁的高温力学响应与结构的破坏模式,再通过进一步的参数分析来探究桥梁的耐火性能。

Kodur 等[71-72]对钢板组合梁桥进行了不同工况的火灾响应模拟分析,考虑了火灾场景、防火涂层以及钢与混凝土的界面连接。研究发现了火灾场景与防火保护层是影响组合梁耐火性能的重要因素,钢梁与混凝土界面之间的剪力钉连接复合作用能够有效提升钢桥的耐火性能,并建议在设计中应予以充分考虑。Gong 和 Agrawal[73-74]针对纽约市的一座大跨钢桥的火灾事故开展了数值模拟分析,对火灾全过程进行了溯源,模拟得到的结构损伤能够较好地还原实际情况,与实测变形吻合较好。另外,对缆索体系桥梁中典型的正交异性钢箱梁也开展了不同火灾场景的模拟分析,从火灾强度、持续时间和主梁轴向压力三个方面研究了火灾下的稳定性。发现了主梁的轴力作用在火灾下可能会导致桥面的屈曲破坏,斜拉桥与悬索桥的主梁火灾易损性主要取决于受火位置与主梁轴力。徐克勤等[75]对碳氢(HC)升温下的多肋式 I 形钢-混凝土组合梁进行了分析,对比了全桥受火和部分受火的变形差异。还研究了钢箱梁桥在不同火灾场景与荷载布置下的高温响应,提出箱梁的高温扭转变形应在抗火设计中得到重视。张岗等[76-82]对钢-混凝土组合箱梁桥在不同火灾工况下的变形规律、破坏模式以及耐火极限进行了分析研究,通过划分不同阶段剖析了其在火灾下抗弯承载能力的衰变规律,并且开展了相关的参数分析,包括受火范围、荷载等级、加劲肋数量和腹板形式。

对于不同几何形态的钢结构桥梁,一些学者也进行了相关的耐火性能模拟研究。李国强等[83]和 Hu 等[84]均对某两跨钢板组合梁建立了斜交桥与正交桥的数值模型,对其抗火性能进行了对比研究,并且考虑了桥梁几何形式、火灾工况、荷载比以及梁端桥台约束的影响。通过研究发现了两者破坏模式的差别,正交桥主要是整体破坏,而斜交桥是局部屈曲破坏;斜交桥的抗火性能要优于正交桥;桥台约束不会显著影响结构的破坏时间。根据研究结果针对此类钢-混凝土组合梁桥提出了有关抗火设计的具体措施和思路。宋超杰等[85-87]对三跨连续的钢-混凝土组合连续弯梁开展了不同受火工况下火灾响应数值模拟分析,研究了火灾强度、曲率半径、荷载比等参数的影响,发现了弯梁相比于直梁更为不利的高温弯扭变形会造成受火弯桥内外侧挠度的显著差异,并提出了弯梁的外侧刚度是决定其耐火性能的关键,应在实际设计中注重防火保护。但其研究手段主要是通过有限元的参数分析进行研究与归纳,并未从试验和理论的角度深入揭示高温下弯桥的弯扭耦合力学响应机理。

也有一些学者对不同类型的钢结构桥梁开展了耐火性能研究。Nahid 等[88]对比了三肋式钢板组合梁和箱型组合梁的火焰热流传递差异,研究了在重型货车火灾下结构的火灾响应,并探究了在多肋梁之间添加火焰防护罩的影响。发现了两者火焰羽流传热模式的显著区别;火灾下闭口结构比开口结构具有更大的抗弯抵抗矩,从而拥有更优的抗倒塌能力;火焰防护罩的设置并不会延缓桥梁受火后的倒塌。周焕廷等[89-93]对火灾下预应力钢-混凝土组合梁的力学响应开展了相关的有限元分析研究,考虑了荷载比、预应力比、拉索相对截面面积、高跨比等因素对其耐火性能的影响,指出了预应力度主要影响结构受火的初始阶段。研究了在结构不同位置采用耐火钢进行替换对抗火性能的提高,并将初始残余应力加入模型中,发现其决定了截面的纵向应力分布,从而影响截面刚度。对波纹腹板钢-混凝土组合梁也进行了热力耦合参数分析,重点研究了结构波角变化的影响。刘晓光等[94]分析了单跨铁路钢桁梁遭遇桥面列车火灾时的力学响应,发现当钢桁梁的跨中挠度达到限值时,结构并未发生倒塌并仍有较大的承载能力。康俊涛等[95]借助 FDS 软件获取大空间火灾温度分布,对大跨钢桁拱桥进行了火灾下的热-力耦合分析,通过研究两种火灾场景下结构内力和位移的变化规律,提出了该类桥的防火管养应重点关注拱肋部分。Cui 等[96]考虑了三塔悬索桥的中间钢塔附近发生油罐车火灾的情况,先通过火灾场模拟确定火焰到中塔的传热过程,然后分析了不同火灾场景下的钢塔稳定性能。张岗等[97]对下承式简支钢桁-混凝土组合梁开展了桥面和桥下的火灾场景分析,并提出了其耐火性能的提升方法。

还有研究人员针对钢-混凝土组合梁的局部构件开展了耐火性能的分析研究。鞠晓臣等[98]对火灾下钢-混凝土组合梁的剪力钉抗拔性能进行了数值模拟研究,通过对推出试件建立有限元模型,考虑了钢板侧、混凝土侧和双面的三种受火模式,计算得出了推出试件的荷载-位移曲线、抗剪承载力以及破坏模态。研究发现了当钢板侧受火时热量会通过剪力钉较快传入内部,不同受火条件下的栓钉破坏模式表现不同,高温下栓钉的抗剪承载力在前期衰退较快而 30min 后减缓。陈玲珠等[99]以栓钉连接件的高温推出试验为依据,对推出试件进行了有限元的精细化模拟,对混凝土强度和栓钉直径开展了参数分析,探究其对高温下组合梁抗剪承载能力的影响。

目前钢结构桥梁耐火性能的研究主要是在耐火试验的验证基础上,先建立热-力耦合的有限元精细化分析模型,再通过高温响应的模拟以及相关的参数分析来进行研究,从而为进一步的抗火设计提供参考和依据。可以看出,现有研究针对直线梁桥的耐火性能已经做了较多工作,而对于曲线梁桥这类具有复杂受力状态的结构,其高温下的力学响应研究还鲜有涉及。目前对于耐火性能的参数研究主要依赖于单一参数的敏感性分析,往往需要开展多个工况的大量分析,且非线性的迭代计算分析过程复杂耗时,还缺乏针对多个参数的耦合分析以及简便计算方法。

1.2.4 钢结构桥梁抗火设计方法

目前在现行规范中关于钢结构桥梁的抗火方面还没有明确的设计指导,桥梁结构的火灾安全问题由于火灾来源、荷载条件和边界状态等因素与建筑结构存在较大差异,故建筑结构中基于耐火试验的传统抗火设计方法并不能直接适用于桥梁结构。一些学者[100-109]聚焦于桥梁火灾安全防控领域中的特点,对其抗火设计方法开展了研究。

Kodur 等[100-102]提出了一套用于指导桥梁进行抗火设计的权重因子,考虑了桥梁遭遇火灾的易损性、结构几何特征、材料、交通风险以及预期经济后果等因素,赋予各项权重并进行综合计算以识别桥梁的火灾危险性。对识别存在火灾高风险隐患的关键桥梁,通过简化计算方法与非线性有限元分析,进一步制定相关防治策略以尽可能减轻火灾威胁。最后给出了一套系统的钢桥抗火设计流程,并通过完整的实例分析说明了该方法的实用性与适用性。

Ma 等[103]提出了考虑桥梁车辆火灾且基于性能的设计方法,给出了实用的设计流程框架,其中详细定义了火灾场景、热-结构耦合分析方法、耐火水平和基于风险分析的养护成本评估思路。并通过一个实际案例说明了该设计方法的适用性和合理性,使得结构既能满足安全水平,又能满足管理养护费用的限制。

Lin 等[104]针对钢结构桥梁的火灾安全,提出了火灾损失分布函数以及钢桥的火灾安全设计流程,并通过实桥案例介绍了一整套防火消防系统的设置,包括了消防动力系统、预警系统、灭火系统和疏散系统。该研究所提出的措施为钢结构桥梁的火灾安全设计提供了有力参考。

Li 等[105]通过计算钢箱梁在火灾下的温度场与结构变形,并分析结构承载能力在高温下的退化规律,研究了箱内不同位置的纵向加劲肋类型与数量对结构耐火极限的影响。发现通过增加底板纵向加劲肋的数量和采用 T 形加劲肋能够有效提高结构的耐火性能,并提出了此类钢箱梁抗火设计的实用方法。

Dwaikat 等[106]针对约束钢梁提出了一种基于性能的抗火设计方法,该方法遵循平衡方程和协调性原则,考虑了火灾场景、梁端约束、热梯度、荷载水平和失效准则等多重因素的影响,结合有限元模型计算验证了其有效性,并通过一个算例说明了对约束钢梁进行火灾分析与设计的步骤。

目前对于钢结构桥梁的抗火设计研究还相对较少,研究还处于起步阶段,尚未形成系统的和通用的设计方法。由于在设计中需要考虑的因素众多,不同学者的研究切入点和采用的设计原则也各不相同,未来还需进一步开发出简便实用的抗火设计方法,或针对实际工程提出切实可行的防控建议[107-109]。

1.3 本章小结

桥梁火灾作为一种低频但高危的极端灾害,随着公路交通的快速发展,其发生频率远超人们的预期。近年来,随着桥梁数量的激增、机动车保有量的增加以及交通量的持续增长,桥梁火灾事故的风险愈发凸显。桥梁火灾对结构的损害程度通常比其他极端灾害更为严重,可能导致结构不同程度损伤,甚至在极端情况下使结构拆除重建,从而对路网造成重大影响。

钢结构桥梁因其自重轻、跨越能力大、施工便捷等优点被广泛应用于现代交通基础设施建设中,然而,其耐火性能一直是工程领域面临的重大挑战。研究表明,钢材在高温环境下的力学性能会迅速衰退,特别是当温度超过600℃时,钢材的强度和刚度会显著降低,导致结构变形加剧,最终严重影响钢结构桥梁的安全性。近年来,全球各地频繁发生的桥梁火灾事故,尤其是由油罐车及危险化学品运输车辆引发的火灾,给桥梁结构带来了巨大的威胁。这类火灾通常具有燃烧温度高、升温迅速、灭火难度大等特点,往往在很短的时间内对桥梁结构造成不可逆转的严重损伤。

因此,为确保钢结构桥梁在其生命周期内的安全服役,深入研究钢结构桥梁在火灾条件下的承载性能及刚度衰退规律显得尤为重要,提出合理的钢结构桥梁抗火分析与设计方法,是保障桥梁及人民生命财产安全的必要手段。通过开展对钢箱梁桥和钢桁架桥梁耐火性能及承载能力的分析研究,揭示复杂火灾场景下钢箱梁桥和钢桁架桥梁的火损机理,研究其在高温条件下的力学响应及承载力分析方法,将为钢箱梁桥和钢桁架桥梁的灾后准确评估提供重要依据。这不仅为抗火设计提供了丰富的资料,也为完善钢结构桥梁抗火设计规范奠定了坚实的基础。通过这些研究,我们能够更好地应对桥梁火灾带来的挑战,提升桥梁的安全性与韧性,推进交通基础设施可持续发展。

本章参考文献

[1] 张岗,宋超杰.桥梁火灾安全理论与控制方法[M].北京:人民交通出版社股份有限公司,2023.

[2] 交通运输部.2024年交通运输行业发展统计公报[EB/OL].[2025-06-12].https://xxgk.mot.gov.cn/2020/jigou/zhghs/202506/t20250610_4170228.html.

[3] 《道路交通管理》编辑部.强化驾驶人源头管理共创文明出行新风尚[J].道路交通管理,2024(1):10-11.

[4] 国家消防救援局.全国一季度火灾21.9万起,死亡625人![EB/OL].[2022-04-04].https://www.119.gov.cn/gk/sjtj/2022/28761.shtml.

[5] 李国强,韩林海,楼国彪,等.钢结构及钢-混凝土组合结构抗火设计[M].北京:中国建筑工业出版社,2008.

[6] 张岗,贺拴海.桥梁结构火灾理论与计算方法[M].北京:人民交通出版社股份有限公司,2020.

[7] 张岗,贺拴海,宋超杰,等.钢结构桥梁抗火研究综述[J].中国公路学报,2021,34(1):1-11.

[8] ZHANG G,ZHAO X C,LU Z L,et al. Review and discussion on fire behavior of bridge girders [J]. Journal of Traffic and Transportation Engineering (English Edition),2022,9(3):422-446.

[9] HU J Y,CARVEL R,USMANI A. Bridge fires in the 21st century:a literature review[J]. Fire Safety Journal,2021,126:103487.

[10] KODUR V K,NASER M Z. Fire hazard in transportation infrastructure:review,assessment,

and mitigation strategies[J]. Frontiers of Structural and Civil Engineering, 2021, 15(1): 46-60.

[11] GARLOCK M E M, PAYA-ZAFORTEAZ I, KODUR V K, et al. Fire hazard in bridges: Review, assessment and repair strategies[J]. Engineering Structures, 2012, 35: 89-98.

[12] SONG C J, ZHANG G, LU Z L, et al. Fire resistance tests on polypropylene-fiber-reinforced prestressed concrete box bridge girders[J]. Engineering Structures, 2023, 282: 115800.

[13] 崔闯, 杨正祥, 王昊, 等. 桥梁抗爆与抗火2020年度研究进展[J]. 土木与环境工程学报 (中英文), 2021, 43(S1): 207-221.

[14] LIU Y J, LIU Q, SONG F C. Bridges in fire: state-of-the-art and research needs[C]//Applied Mechanics and Materials. Trans Tech Publications Ltd, 2013, 353: 2263-2268.

[15] LIU Y J, YAO Y, LI X X, et al. Review on study of fire behavior of bridges in China[C]// Applied Mechanics and Materials. Trans Tech Publications Ltd, 2014, 580: 2717-2721.

[16] TOM B. Fire destroys part of historic bridge in Rome[EB/OL]. 2021. https://www.independent.co.uk.

[17] Associated Press. Arizona train derailment causes bridge collapse and big fire[EB/OL]. 2020 https://www.bostonglobe.com.

[18] 贵州网络广播电视台. 突发! 沪昆高速北盘江大桥一货车发生自燃, 现场已实施交通管制[EB/OL]. 2024. https://www.gzstv.com/a/4c2ae849a93d403ab1abe124022f.

[19] 沧海阅铭. 深中大桥车辆自燃, 桥梁主缆被烧, 专家: 无法更换, 换它等于重建[EB/OL]. 2024. https://www.163.com/dy/article/JFHOM3NE05565Y17.html.

[20] 北京市交通委通报顺平路潮白河大桥事故直接原因[EB/OL]. https://news.cnr.cn/native/gd/kx/20250423/t20250423_527146173.shtml.

[21] KODUR V K, KUMAR P, RAFI M M. Fire hazard in buildings: review, assessment and strategies for improving fire safety[J]. PSU Research Review, 2020, 4(1): 1-23.

[22] 杜咏, 李国强. 大跨度建筑钢结构抗火性能研究进展与趋势[J]. 建筑钢结构进展, 2022, 24(1): 53-66.

[23] 李国强, 吴波, 韩林海. 结构抗火研究进展与趋势[J]. 建筑钢结构进展, 2006(1): 1-13.

[24] 李国强, 吴波, 蒋首超. 工程结构抗火研究进展与建议[J]. 建筑钢结构进展, 2010, 12(5): 13-18.

[25] 余志武, 丁发兴. 钢-混凝土组合结构抗火性能研究与应用[J]. 建筑结构学报, 2010, 31(6): 96-109.

[26] 韩林海, 宋天诣, 谭清华. 钢-混凝土组合结构抗火设计原理研究[J]. 工程力学, 2011, 28(S2): 54-66.

[27] 王卫永, 李国强. 钢-混凝土组合梁抗火性能研究综述[J]. 建筑钢结构进展, 2014, 16(5): 1-8.

[28] 李国强, 王卫永. 钢结构抗火安全研究现状与发展趋势[J]. 土木工程学报, 2017, 50(12): 1-8.

[29] 张岗, 赵晓翠, 宋超杰, 等. 桥梁火灾科学与安全保障技术综述[J]. 交通运输工程学报, 2023, 23(6): 94-113.

[30] 《中国公路学报》编辑部. 中国桥梁工程学术研究综述: 2021[J]. 中国公路学报, 2021, 34

(2):1-97.

[31] 王卫永,张艳红,李国强.高强结构钢高温下和高温后力学性能指标的标准值研究[J].建筑结构学报,2022,43(9):138-150.

[32] 中华人民共和国住房和城乡建设部.建筑钢结构防火技术规范:GB 51249—2017 [S].北京:中国计划出版社,2017.

[33] 刘未钦,刘禹尧,刘鹏,等.桥梁耐候钢 Q345qDNH 高温力学性能试验研究[J].铁道学报,2022,44(11):136-143.

[34] 焦宇,王子意,熊湿,等.火灾环境下钢结构力学响应行为研究回溯与前瞻[J].安全与环境学报,2021,21(4):1496-1505.

[35] ALOS-MOYA J,PAYA-ZAFORTEZA I,GARLOCK M E M,et al. Analysis of a bridge failure due to fire using computational fluid dynamics and finite element models[J]. Engineering Structures,2014,68:96-110.

[36] 鞠晓臣,刘晓光,赵欣欣,等.基于大涡模拟法的铁路桥梁火灾场景研究[J].桥梁建设,2019,49(6):78-83.

[37] QUIEL S E,YOKOYAMA T,BREGMAN L S,et al. A streamlined framework for calculating the response of steel-supported bridges to open-air tanker truck fires[J]. Fire Safety Journal,2015,73:63-75.

[38] LIU Z,SILVA J C G,HUANG Q,et al. Coupled CFD-FEM simulation methodology for fire-exposed bridges[J]. Journal of Bridge Engineering,2021,26(10):04021074.

[39] XU C,LIU Z. Coupled CFD-FEM Simulation of Steel Box Bridge Exposed to Fire[J]. Advances in Civil Engineering,2022.

[40] AZIZ E M,KODUR V K. An approach for evaluating the residual strength of fire exposed bridge girders[J]. Journal of Constructional Steel Research,2013,88:34-42.

[41] KODUR V K,NASER M Z. Approach for shear capacity evaluation of fire exposed steel and composite beams[J]. Journal of Constructional Steel Research,2018,141:91-103.

[42] NASER M Z,KODUR V K,THAI H T,et al. StructuresNet and FireNet:Benchmarking databases and machine learning algorithms in structural and fire engineering domains[J]. Journal of Building Engineering,2021,44:102977.

[43] 李兵,王玉镯,高英,等.型钢混凝土 T 形柱耐火性能试验[J].长安大学学报(自然科学版),2018,38(6):59-68.

[44] 单波,刘其元,吕哲玮,等.钢筋 RPC 梁高温全过程抗弯性能试验研究[J].湖南大学学报(自然科学版),2023,50(3):92-101.

[45] 吕俊利,蔡永远,李莹,等.铰接叠合板组合梁抗火性能试验研究[J].建筑结构学报,2021,42(3):144-153.

[46] 王文达,陈润亭.方钢管混凝土柱-外环板式组合梁节点在地震损伤后的耐火性能分析[J].工程力学,2021,38(3):73-85.

[47] 李俊华,张幸锵,周春恒,等.火灾后型钢混凝土柱-钢筋混凝土梁节点抗震性能试验研究[J].建筑结构学报,2021,42(增刊2):143-151.

[48] AZIZ E M,KODUR V K,GLASSMAN J D,et al. Behavior of steel bridge girders under fire conditions[J]. Journal of Constructional Steel Research,2015,106:11-22.

[49] NASER M Z,KODUR V K. Comparative fire behavior of composite girders under flexural and shear loading[J]. Thin-Walled Structures,2017,116:82-90.

[50] 张岗,宋超杰,李徐阳,等.碳氢火灾下钢-混组合梁破坏试验研究[J].中国公路学报,2022,35(6):135-146.

[51] 张岗,李徐阳,汤陈皓,等.连续钢箱梁抗火性能试验与演变机理[J].中国公路学报,2023,36(6):58-70.

[52] SONG C J,ZHANG G,LI X Y,et al. Experimental and numerical study on failure mechanism of steel-concrete composite bridge girders under fuel fire exposure[J]. Engineering Structures,2021,247:113230.

[53] 周焕廷,聂河斌,张健,等.预应力简支钢梁高温性能试验研究[J].中国公路学报,2016,29(8):59-66.

[54] ZHOU H T,LI S Y,CHEN L,et al. Fire tests on composite steel-concrete beams prestressed with external tendons[J]. Journal of Constructional Steel Research,2018,143:62-71.

[55] ALOS-MOYA J,PAYA-ZAFORTEAZ I,HOSPITALER A,et al. Valencia bridge fire tests:experimental study of a composite bridge under fire[J]. Journal of Constructional Steel Research,2017,138:538-554.

[56] ALOS-MOYA J,PAYA-ZAFORTEZA I,HOSPITALER A,et al. Valencia bridge fire tests:Validation of simplified and advanced numerical approaches to model bridge fire scenarios[J]. Advances in Engineering Software,2019,128:55-68.

[57] SHASHANK M,EYOSIAS B,NUR Y. Hydrocarbon fire performance of reinforced elastomeric bridge bearing pads[J]. Journal of Performance of Constructed Facilities,2019,33(4):04019038.

[58] 武芳文,冯彦鹏,王广倩,等.高温后钢-混组合梁抗剪性能试验研究[J/OL].工程力学:1-14[2023-01-25]. http://kns. cnki. net/kcms/detail/11. 2595. 03. 20221024. 1423. 033. html.

[59] 武芳文,陈中村,何岚清,等.BFRP筋钢-混组合梁高温后力学性能试验[J/OL].复合材料学报:1-13[2023-01-25]. DOI:10. 13801/j. cnki. fhclxb. 20220804. 004.

[60] TANG Z Z,WEI T,MA Y,et al. Residual strength of steel structures after fire events considering material damages[J]. Arabian Journal for Science and Engineering,2019,44(5).

[61] CHI J H,PENG P C. Study of the structural safety assessment of steel bridge subjected in post-fire[J]. Construction and Building Materials,2020,247:118587.

[62] 蔡正东,叶敏.某钢结构桥梁火灾后检测评估和安全鉴定[J].桥梁建设,2019,49(S1):62-67.

[63] 陈玲珠,李国强,蒋首超,等.高温下栓钉剪力连接件抗剪性能试验[J].同济大学学报(自然科学版),2013,41(8):1151-1157.

[64] 朱美春,孟凡钦,张海良,等.预应力拉索锚头抗火性能试验[J].中国公路学报,2020,33(1):111-119.

[65] 周焕廷,王峥峥,张苏鹏,等.手风琴效应对预应力波纹腹板钢-混凝土组合梁抗火性能影响研究[J].建筑结构学报,2022,43(8):174-184.

[66] ALOS M J,PAYA Z I,HOSPITALER A,et al. Valencia bridge fire tests:Validation of simpli-

fied and advanced numerical approaches to model bridge fire scenarios[J]. Advances in Engineering Software,2019,128:55-68.

[67] 施磊. 多因素影响下双层悬索桥火灾燃烧特性及温度分布规律研究[D]. 徐州:中国矿业大学,2023.

[68] XU G,AGRAWAL,ANIL K. Numerical simulation of fire damage to a long-span truss bridge[J]. Journal of Bridge Engineering,2015,20(10).

[69] 王莹,刘沐宇. 大跨径悬索桥缆索抗火模拟方法[J]. 中南大学学报(自然科学版),2016,47(6):2091-2099.

[70] 王莹,王盼. 油罐车火灾下大跨径双层钢桁梁悬索桥高温力学性能[J]. 建筑科学与工程学报,2019,36(3):91-100.

[71] KODUR V K,AZIZ E M,DWAIKAT M M. Evaluating fire resistance of steel girders in bridges[J]. Journal of Bridge Engineering,2013,18(7):633-643.

[72] KODUR V K,GIL A. Enhancing fire resistance of steel bridges through composite action[J]. Steel and Composite Structures,2022,43(3):353-362.

[73] GONG X,AGRAWAL A K. Numerical simulation of fire damage to a long-span truss bridge[J]. Journal of bridge Engineering,2015,20(10):04014109.

[74] GONG X,AGRAWAL A K. Safety of cable-supported bridges during fire hazards[J]. Journal of Bridge Engineering,2016,21(4):04015082.

[75] 徐克勤,毛小勇. 钢箱梁桥抗火性能研究[J]. 苏州科技大学学报(工程技术版),2018,31(3):13-18.

[76] 张岗,宗如欢,施颖,等. 钢-混组合简支箱梁耐火性能研究[J]. 桥梁建设,2017,47(3):41-46.

[77] 张岗,宗如欢,黄侨,等. 油罐车火灾致简支钢-混组合箱梁抗弯承载力衰变机理[J]. 长安大学学报(自然科学版),2018,38(6):31-39.

[78] ZHANG G,KODUR V K,SONG C J,et al. A numerical model for evaluating fire performance of composite box bridge girders[J]. Journal of Constructional Steel Research,2020,165:105823.

[79] ZHANG G,SONG C J,LI X Y,et al. Fire performance of continuous steel-concrete composite bridge girders[J]. KSCE Journal of Civil Engineering,2021,25(3):973-984.

[80] DING Y,ZHANG G,ZHAO X,et al. Shear performance of horizontally curved steel box bridge girders under hydrocarbon fire exposure conditions:numerical investigation and design implications[J]. Thin-walled Structures,2024,205,112479,doi:10. 1016/j. tws. 2024.112479.

[81] ZHANG G,YUAN Z,DING Y,et al. Fire Behavior of Composite Steel Truss Bridge Girders:Numerical Investigation and Design Strategies[J]. Adv. Bridge Eng. 2024,5,36,doi:10. 1186/s43251-024-00150-4.

[82] 秦智源,张岗,王高峰,等. 油罐车火灾下钢-混组合连续箱梁性能及失效机理[J]. 长安大学学报(自然科学版),2018,38(6):98-108.

[83] 李国强,许炎彬,USMANI A. 油罐车火灾下钢-混凝土组合梁桥结构响应研究[J]. 防灾减灾工程学报,2016,36(3):444-452.

[84] HU J Y,USMANI A,SANAD A,et al. Fire resistance of composite steel & concrete highway bridges[J]. Journal of Constructional Steel Research,2018,148:707-719.

[85] SONG C J,ZHANG G,KODUR V K,et al. Fire response of horizontally curved continuous composite bridge girders[J]. Journal of Constructional Steel Research,2021,182:106671.

[86] 宋超杰,张岗,贺拴海,等.钢-混凝土组合连续弯箱梁抗火性能与设计方法[J].交通运输工程学报,2021,21(4):139-149.

[87] 宋超杰,张岗,秦智源,等.钢板组合连续桥梁的耐火极限[J].长安大学学报(自然科学版),2019,39(6):89-98.

[88] NAHID M N H,SOTELINO E D,LATTIMER B Y. Thermo-structural response of highway bridge structures with tub girders and plate girders[J]. Journal of Bridge Engineering,2017,22(10):04017069.

[89] 周焕廷,郑志远,郝聪龙,等.预应力连续钢-混组合梁抗火性能[J].长安大学学报(自然科学版),2018,38(6):40-48.

[90] ZHOU H T,HAO C L,ZHENG Z Y,et al. Numerical studies on fire resistance of prestressed continuous steel-concrete composite beams[J]. Fire Technology,2020,56(3):993-1011.

[91] 周焕廷,郑志远,伍先兴,等.预应力耐火钢-混凝土连续组合梁抗火性能研究[J].防灾减灾工程学报,2020,40(6):902-909.

[92] 周焕廷,郑志远,陈志华.初始残余应力对预应力钢-混凝土连续组合梁抗火性能影响[J].建筑结构学报,2022,43(5):130-139.

[93] 周焕廷,秦晗,薛伟杰,等.波纹腹板组合梁抗火性能参数分析[J].钢结构(中英文),2020,35(4):19-27.

[94] 刘晓光,鞠晓臣.危险火灾场景下铁路钢桥温度场和极限承载力研究[J].铁道建筑,2020,60(2):5-8.

[95] 康俊涛,王伟.火灾下大跨度钢桁架拱桥结构性能分析[J].哈尔滨工业大学学报,2020,52(9):77-84.

[96] CUI C J,CHEN A R,MA R J. Stability assessment of a suspension bridge considering the tanker fire nearby steel-pylon[J]. Journal of Constructional Steel Research, 2020, 172:106186.

[97] 张岗,汤陈皓,宋超杰,等.钢桁-混凝土组合结构桥梁耐火性能研究[J].建筑结构学报,2023,44(9):214-226.

[98] 鞠晓臣,赵欣欣,刘晓光,等.火灾作用下剪力钉抗拔性能研究[J].桥梁建设,2018,48(2):55-60.

[99] 陈玲珠,蒋首超,李国强.高温下栓钉剪力连接件的结构性能数值模拟研究[J].防灾减灾工程学报,2012,32(1):77-83.

[100] KODUR V K,NASER M Z. Importance factor for design of bridges against fire hazard[J]. Engineering Structures,2013,54:207-220.

[101] KODUR V K,AZIZ E M,NASER M Z. Strategies for enhancing fire performance of steel bridges[J]. Engineering Structures,2017,131:446-458.

[102] KODUR V K,NASER M Z. Designing steel bridges for fire safety[J]. Journal of Constructional Steel Research,2019,156:46-53.

［103］ MA R J,CUI C J,MA M L,et al. Performance-based design of bridge structures under vehi-
cle-induced fire accidents：Basic framework and a case study［J］. Engineering Structures,
2019,197:109390.

［104］ LIN H,MENG S T,LUO C H,et al. Fire safety design methods of steel bridges［J］. Applied
Mechanics and Materials,2012,204-208,2172-2175.

［105］ LI X Y,ZHANG G,KODUR V K,et al. Designing method for fire safety of steel box bridge
girders［J］. Steel and Composite Structures,2021,38(6):657-670.

［106］ DWAIKAT M M S,KODUR V K R. A performance based methodology for fire design of re-
strained steel beams［J］. Journal of Constructional Steel Research,2011,67(3):510-524.

［107］ 万豪,张岗. 开放火灾下拉索截面温度效应计算方法［J］. 工程力学,2023,40(12):
113-123.

［108］ Wan H,Zhang G,Xiong X. A chain approach for evaluating thermal behaviors downwind of
rectangular fires［J］. International Communications in Heat and Mass Transfer,2025,161:
108533.

［109］ WAN H,ZHANG G,XU F,et. al. Experimental investigation and numerical analysis on fire
response of parallel-wire cable exposed to open-air fire［J］. Engineering Structures,2025,
338:120546.

简支钢箱梁耐火试验研究

2.1 耐火试验设计概况

目前对于桥梁结构的耐火试验研究非常有限,尤其是复杂受力状态下的桥梁结构(如弯桥等)[1-2]。本章设计并制作了四榀缩尺的单箱双室简支钢箱梁,对模型梁采用横向偏位加载以等效弯桥的弯扭耦合受力状态,开展了碳氢火灾下的耐火试验,以研究此类桥梁在火灾下的温度响应与结构响应[3]。试验变量包括钢箱梁的截面配置和加载方式。通过试验可获取双室结构钢箱梁真实的截面温度分布与结构的高温变形规律,为数值模拟提供数据验证,从而为后续的实桥火灾模拟分析与火灾防护对策提供试验基础。

2.1.1 试验梁的设计与制作

试验梁均设计为单箱双室的薄壁钢箱结构,顶板上现浇一层混凝土薄板以等效模拟实桥铺装层中的混凝土刚性基层,并以此来保证耐火试验中钢箱模型梁的热边界条件和结构受力尽可能与实际状况一致。简支钢箱试验梁的构造如图 2-1 所示,与 SBG1 相比,SBG2 在底板和中腹板增加了纵向加劲肋;SBG3 取消了箱内顶板及纵向加劲肋,但混凝土层的厚度增加了 1cm 以保证与 SBG1 有几乎相同的承载能力;而 SBG4 与 SBG1 的构造完全相同。

试验梁的长度均为 5m,计算跨径为 4.5m。所有试验梁的截面尺寸均为 600mm(顶板宽)×250mm(钢梁高度)×300mm(底板宽),顶板上的纵向加劲肋布置间距为 75mm 以增强局部稳定性,沿梁纵向每隔 450mm 布置横隔板以保证箱梁的抗扭刚度。模型梁的钢材选用 Q345D,钢板厚度为 5mm,全部采用焊接连接。在钢梁顶板上焊接螺杆(直径 6mm,高度 25mm),并通过螺母连接悬挂镀锌钢丝网(直径 1mm,网格 15×15mm),以等效代替混凝土刚性基层中的钢筋网。顶板上的混凝土层厚度为 30mm(仅 SBG3 为 40mm),选用 C50 细集料商品混凝土进行浇筑。钢箱试验梁的加工制造过程如图 2-2 所示。

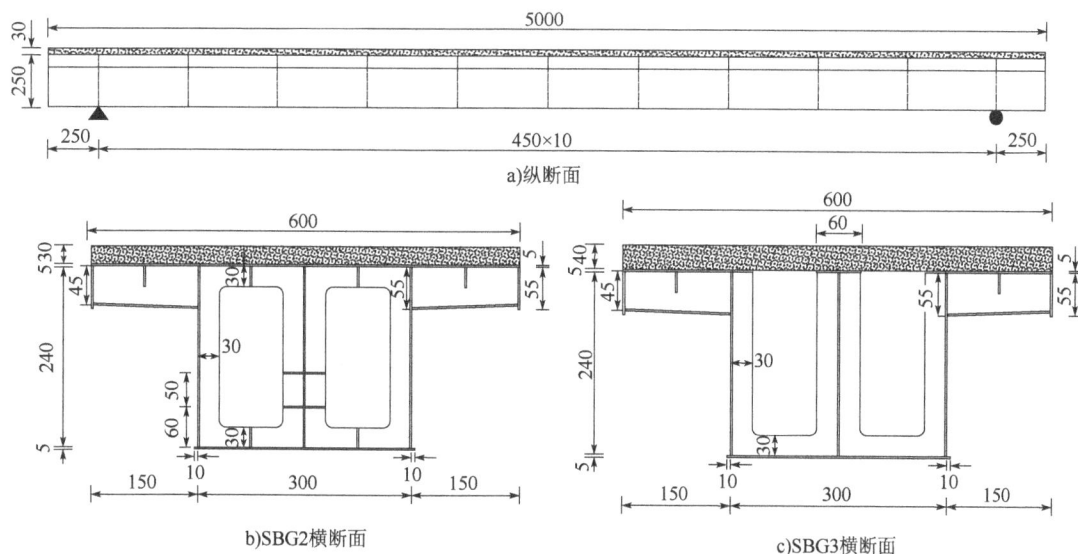

a)纵断面

b)SBG2横断面   c)SBG3横断面

图2-1 简支钢箱试验梁构造图(尺寸单位:mm)

图2-2 钢箱试验梁加工制造

2.1.2 材料性能

依据《金属材料 拉伸试验 第1部分:室温试验方法》(GB/T 228.1—2021)[4],在钢梁的加工过程中选取同批次的钢板,制作了3个标准拉伸试件钢材,其实测屈服强度与极限强度经计算列于表2-1,为消除试验数据的偶然性,将三个试件的数据取平均值以作为后续计算模型的实测修正值,钢材的实测弹性模量平均值为205.8GPa。依据《混凝土物理力学性能试验方法标准》(GB/T 50081—2019)[5],在浇筑试验梁混凝土层的过程中用同批次混凝土浇筑一批立方体标准试块(150mm×150mm×150mm),混凝土的材料性能汇总于表2-2。

钢材拉伸强度   表2-1

试件	屈服强度(MPa)	极限强度(MPa)
S1	395.5	525.5
S2	437.5	572.7
S3	441.7	577.3
平均值	424.9	558.5

混凝土材料性能 表2-2

试件	龄期(d)	立方体抗压强度(MPa)	含水率(%)
C1	160	55.1	4.14
C2	160	51.5	3.83
C3	160	49.7	3.71
平均值	—	52.1	3.89

2.1.3 试验方法

由于现有试验场地与条件的限制,考虑试验梁与火灾炉的匹配问题,目前难以在火灾炉中直接对曲线梁开展耐火试验。曲线梁区别于直线梁的最大特征就是其弯曲变形与扭转变形相互耦合的受力特点。因此,在本试验中采用横向偏位加载的方式,通过跨中加载引起弯矩,通过横向偏位加载引起扭矩,由此实现试验梁的弯扭耦合受力状态,从而近似等效曲线梁的受力状态以探究火灾响应的一般规律。图2-3为钢箱梁在横向偏位加载作用下的受力示意简图,由图2-3可知,偏心加载的作用可分解为中心竖向加载和横向扭转,使试验梁分别产生弯矩和扭矩。

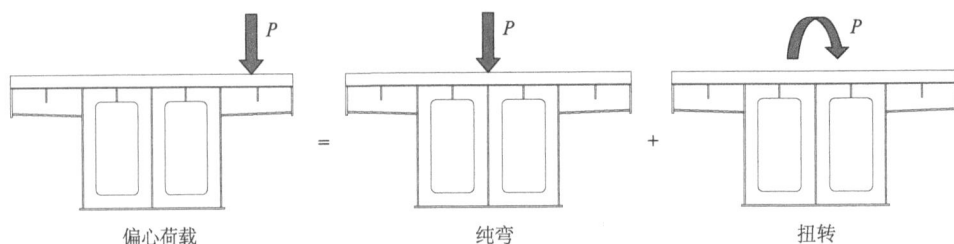

偏心荷载　　　　　　　纯弯　　　　　　　扭转

图2-3 钢箱梁偏心加载受力示意简图

2.1.4 试验设备

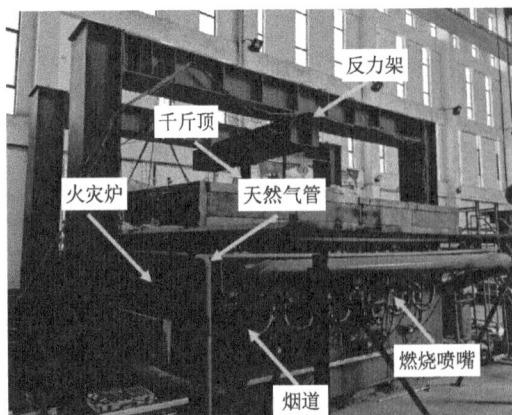

图2-4 水平火灾试验炉

耐火试验在水平火灾试验炉中开展,如图2-4所示,炉子的内部尺寸为长4m,宽3m,高1.5m,炉子四周安装有反力架,可实现试验梁加载与升降温的同步进行。炉壁两侧装有14个天然气燃烧器提供持续稳定的热源进行升温,并在炉内装有8个S形陶瓷热电偶以监测升降温全过程中的炉温变化。在计算机屏幕通过火灾炉操作系统调节燃烧器阀门的进气量以实时调整温度,使炉温尽可能与设定的升温曲线保持一致。

2.1.5 测点布置

分别通过热电偶和线性可变位移传感器(LVDT)监测试验梁的温度响应和结构响应。试验梁横截面上的温度和位移测点(侧边为 Tb1、Tw1、Tt1、Tc1,中间为 Tb2、Tw2、Tt2、Tc2)位置如图 2-5 所示,温度和位移传感器的实际布置如图 2-6 所示。每个试验梁选取两个断面布置温度传感器以保证数据采集的稳定性,在钢梁的加工过程中,分别在箱内底板和边中腹板上布置铠装热电偶,箱内每个测试断面共布置 4 个测点,用小铁片进行焊接固定。顶板与混凝土层中的 4 个测点在浇筑前进行布置,热电偶均套有陶瓷管保护,顶板的热电偶通过小铁片压住焊在钢梁顶板上,混凝土层的热电偶固定于砂浆块中整体粘在钢梁顶板。LVDT 用于监测跨中和四分点处的竖向位移以观测火灾过程中的力学行为。在试验梁跨中截面的两侧焊接两根钢筋支架,钢筋支架上粘有玻璃片以确保测点的接触面光滑,2 个用于测量四分点位移的 LVDT 安装在混凝土层顶部。

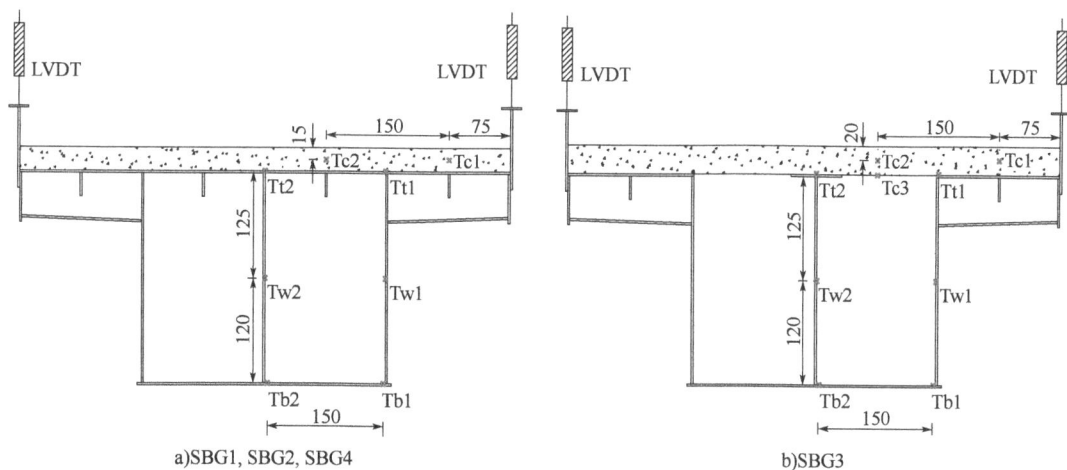

a)SBG1, SBG2, SBG4   b)SBG3

图 2-5　试验梁横截面上的温度和位移测点位置(尺寸单位:mm)

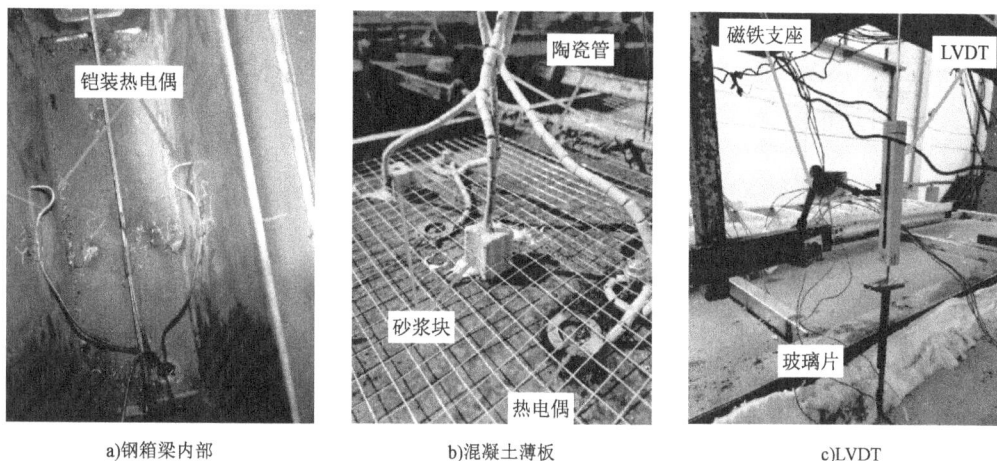

a)钢箱梁内部　　　　　b)混凝土薄板　　　　　c)LVDT

图 2-6　温度和位移传感器的实际布置

2.1.6 荷载施加

图 2-7 为试验梁的具体布置细节,每根试验梁都简支放置在炉壁上,两端采用滚轴支座,支座间距为 4.5m。在火灾试验炉中考虑此类桥梁最不利的桥下火灾场景,试验梁三面受火,受火长度为 4m。在梁上施加横向偏心荷载(横向偏移 200mm)以实现弯扭耦合受力状态,通过连接千斤顶的分配梁在试验梁上施加间距为 1m 的两点荷载。考虑到桥梁运营期间的恒载和部分活载,采用 10% 的荷载比(施加荷载与常温极限承载能力之比)进行加载。SBG1、SBG3、SBG4 的荷载为 37kN,而 SBG2 的荷载为 42kN,因为其常温下承载能力稍高。

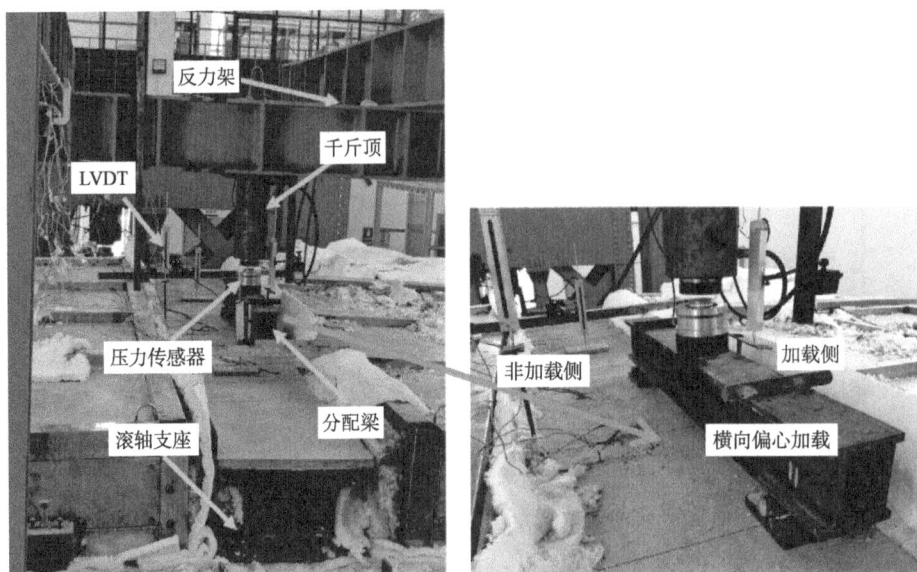

图 2-7　试验梁布置

2.1.7 试验步骤

在试验开始前,为消除试验梁和支座以及传感器之间可能存在的间隙,先预加载至目标荷载的 50%,然后卸载。随后将试验加载力逐级增加至目标荷载,并在点火前持荷 10min。点火后,通过控制试验炉,使炉温尽可能与碳氢(HC)升温曲线相匹配。对于试验梁 SBG1、SBG2、SBG3,当跨中最大挠度超过 $L/25$(L 为梁的计算跨径)时停火并卸载,对于 SBG4,在点火 5min 后进行卸载,并在停火前保持一段时间的持续升温。结合前述的试验条件,将模型梁在耐火试验中的关键参数列于表 2-3。

试验梁关键参数 表2-3

试验梁编号	试验工况的目的	目标荷载(kN)(横向偏心两点加载,间距1m)	加载状况	受火工况
SBG1	单箱双室钢箱梁的火灾响应,并作为基本对照	18.5 + 18.5	恒定荷载	下部三面受火,受火长度4m
SBG2	纵向加劲肋的影响	21 + 21	恒定荷载	
SBG3	钢箱梁顶板的影响	18.5 + 18.5	恒定荷载	
SBG4	受火过程中卸载的影响	18.5 + 18.5	受火5min卸载	

2.2 耐火试验结果与分析

钢箱梁在弯扭耦合状态下的火灾响应可以通过试验结果来揭示,包括温度分布、高温变形和破坏模式。

2.2.1 炉温

图2-8为试验的实测炉温曲线,由炉内布置的8个S型热电偶所测得的平均炉温与HC火灾升温曲线进行比较。在升温阶段,实测炉温与HC曲线吻合良好,只有在受火前3min有微小差异,主要由于封闭的炉体未能在初期提供充足的进气量。受火期间试验梁SBG1、SBG2、SBG3、SBG4的炉内最高温度分别达到了1056℃、1073℃、1002℃和1070℃。停火后由于炉内的吹风降温,炉温出现了快速的下降趋势。

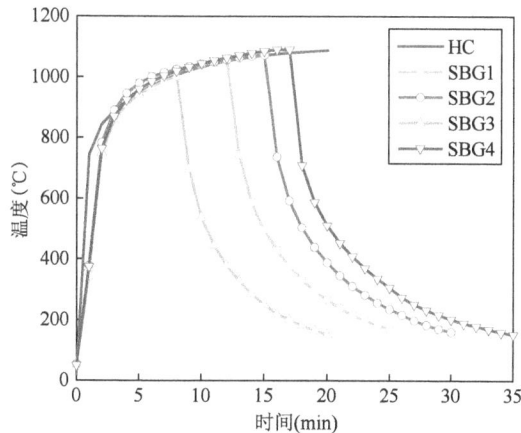

图2-8 实测炉温曲线

2.2.2 结构温度场

在整个耐火试验过程中,布置在试验梁上的热电偶的温度变化如图2-9所示。点火后,沿试验梁高度方向上的温度呈现出明显差异,并且温差随受火时间的延长逐渐增大。

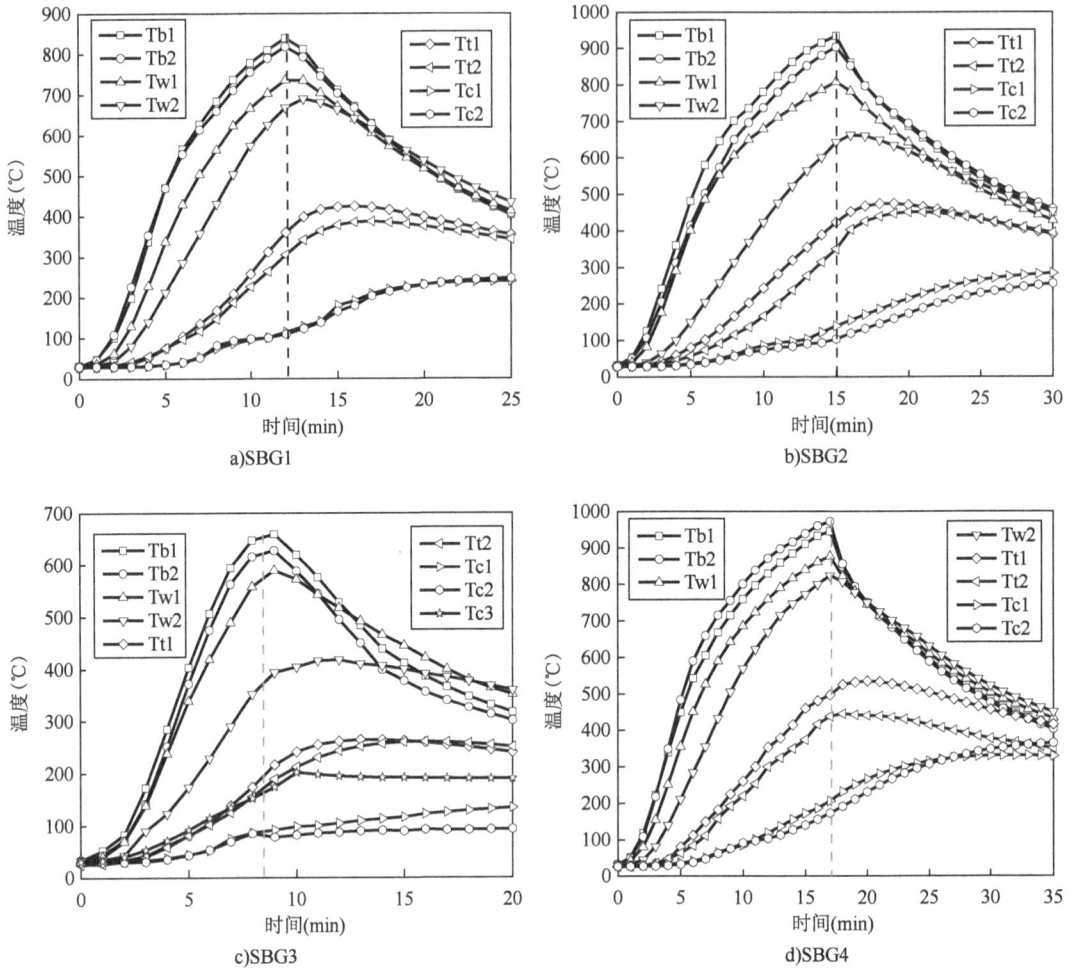

图 2-9　试验梁温度曲线

在受火的第 5min,试验梁顶部和底部之间的最大温差已达到近 500℃。由于混凝土的热惰性,顶板的温度远低于腹板和底板。试验梁的底板和腹板迅速升温,二者之间的温差是由于热流沿炉子高度方向上的衰减。中腹板的升温速度要慢于边腹板,因为中腹板未直接受火,因此中腹板的升温主要依赖于底板的热传导。

在降温阶段,钢梁底板和腹板的温度在停火后快速下降。相反,由于混凝土导热性较差,混凝土层中的温度在此阶段持续升高。对于 SBG3,混凝土层的温度没有明显升高,因为混凝土板中产生了裂缝使其散热。停火后测点 Tt1 和 Tt2 没有明显的温度变化,这是由于它们位于钢梁顶板和混凝土层的交界面,因而同时受到了钢和混凝土导热系数的影响。最终,随着降温时间的延长,各部分之间的温度逐渐接近。

试验梁的上部混凝土层由于温度高于 100℃,内部的孔隙水分开始以水蒸气的形式排出。如图 2-10 所示,在耐火试验中 SBG3 的传热模式明显不同于其他试验梁,水蒸气从 SBG3 两端散出,其他试验梁的水蒸气从混凝土层顶面散出。SBG3 的钢梁由于没有箱内顶板,为开口截面。因此,当箱内混凝土层底部直接受热后,钢箱内部的水蒸气通过两端快速排出。而对于其他具有闭口截面的钢箱梁,热量从钢梁顶板传到混凝土层,水蒸气最终从混凝土层的顶面散发。

a)SBG3

b)其他梁

图 2-10　试验中水蒸气扩散

图 2-11 选取 SBG1、SBG2 为代表,展示了试验梁高度方向的温度梯度分布,包括侧边($Tb1$、$Tw1$、$Tt1$、$Tc1$)和中间($Tb2$、$Tw2$、$Tt2$、$Tc2$)的测点温度。试验梁的竖向温度梯度随受火时间的延长而愈发显著,在截面横向上也存在明显的温度梯度,主要反映在中腹板和边腹板的温差。中腹板位于钢箱梁内部,其升温主要来自底板的热传导。

SBG1、SBG4 中腹板和边腹板间的最大温差超过100℃,而 SBG2、SBG3 的腹板最大温差分别达到300℃和200℃。SBG2 的中腹板增加了纵向加劲肋,从而具有更大的吸热面积,故在同一高度位置处 SBG2 的腹板升温比 SBG1 和 SBG4 的要缓慢。SBG3(开口截面钢箱梁)由于中腹板直接与混凝土层连接,受混凝土导热性的影响,故经历了相对缓和的升温过程。在受火后期,钢箱梁内侧与外侧的温差逐渐减小,温度分布逐渐趋于均匀。

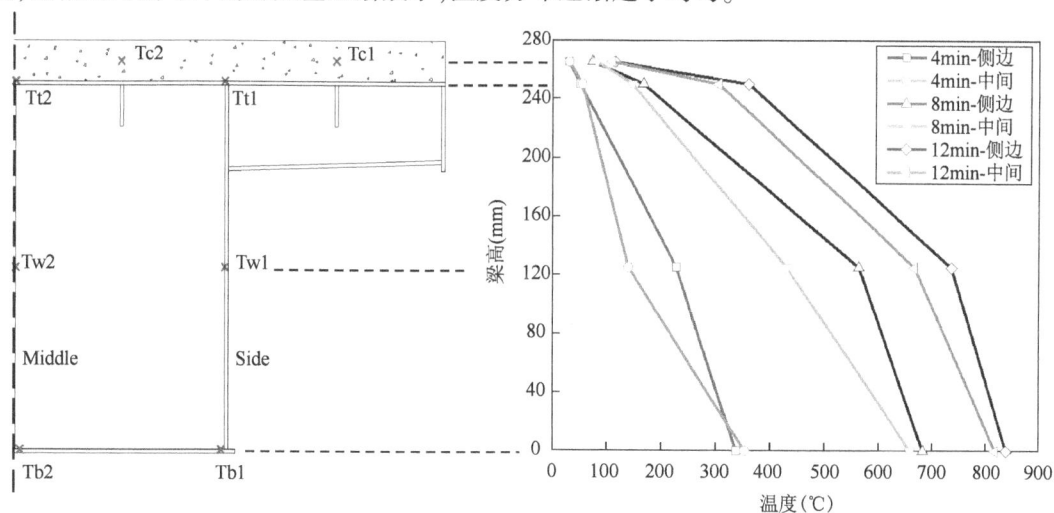

a)SBG1

图　2-11

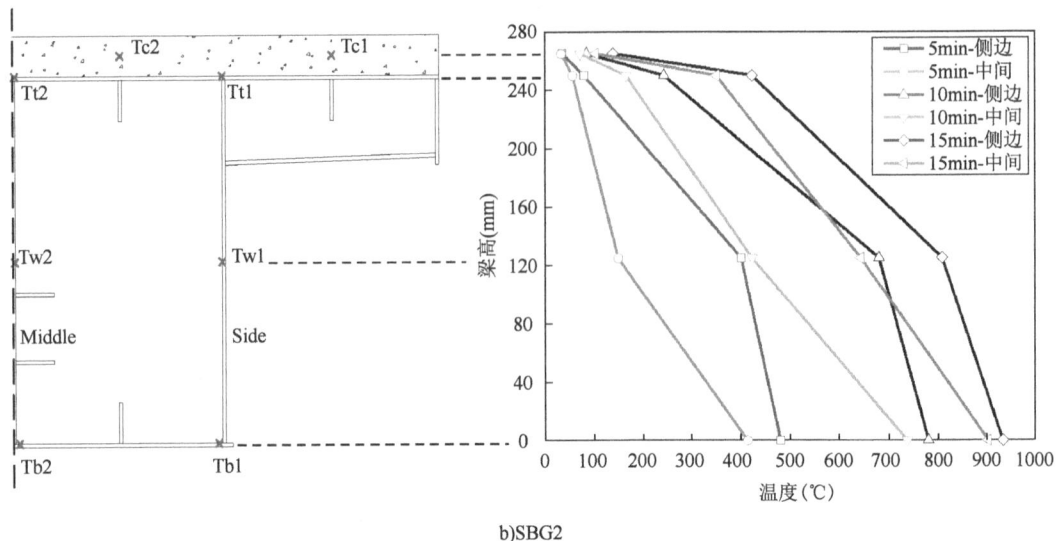

b)SBG2

图 2-11　试验梁温度梯度

2.2.3　结构变形

图 2-12 给出了试验梁的实测跨中挠度随受火时间的变化曲线,对比了试验梁跨中截面的加载侧和非加载侧的挠度,跨中位移测点如前所述。梁的跨中挠度在受火初期(前 4min)迅速增加,4 个试验梁在该阶段具有基本相同的位移发展趋势,因为此时跨中挠度主要由截面初始温度梯度引起的热弯曲产生。受火 5min 后,钢梁下部的温度超过 400℃,这导致钢材强度下降以及主梁进一步变形。最终,随着主梁强度和刚度的快速衰退以及钢材高温蠕变的影响,试验梁(SBG1 和 SBG2)的跨中挠度迅速增加并超过 $L/25$(180mm)。随着受火时间的延长,跨中截面两侧的挠度呈现出明显差异。在受火末期,加载侧和非加载侧的挠度差值显著增加,这也对应了主梁挠度急剧增长的阶段。停火时,SBG1、SBG2、SBG3 的两侧挠度差值分别为 14mm、19mm 和 11mm。两侧的挠度差值说明了试验梁因火灾发生了横向扭转变形,即钢箱梁的弯扭耦合效应在高温下会被加剧。

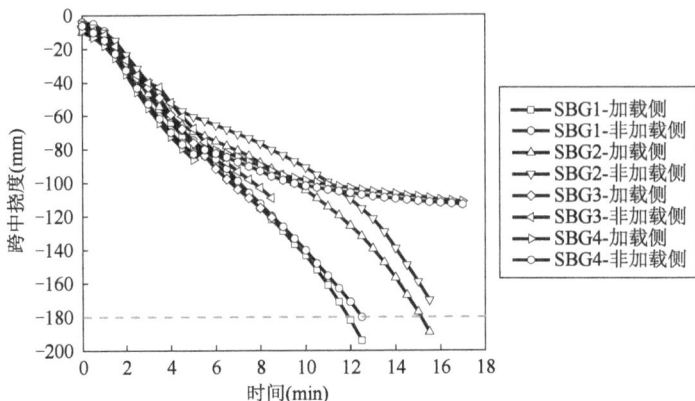

图 2-12　试验梁跨中挠度曲线

与 SBG1 相比,SBG2 经历了较为缓慢的变形过程,因为有底板和中腹板上的纵向加劲肋增强,这些增加的纵肋可提高主梁的抗弯刚度,从而抵抗结构高温变形。此外,还可以提供更大的吸热面积,使 SBG2 的中腹板经历相对缓和的升温,从而延缓受火后期的挠度发展。SBG3 的变形趋势和速率基本与 SBG1 一致,但 SBG3 的最大挠度仅达到了 120mm,由于混凝土板发生纵向开裂而停火(原因将在下节中讨论)。SBG4 也保持了与 SBG1 和 SBG3 相同的变形趋势,直到在受火的第 5min 进行了卸载,然后跨中变形由于卸载出现了轻微反弹。随后,仅承受自重的试验梁的挠度持续缓慢增加了一段时间,然后变形在受火后期不再显著增加。SBG4 的最大挠度在受火的 17min 内仅达到 113mm,而 SBG1 和 SBG2 在此之前已经因变形过大而破坏,故可认为在火灾暴露期间撤离钢箱梁上的可变荷载能够有效延缓其高温变形,从而避免结构的突然垮塌。

2.2.4 破坏模式

根据停火后试验梁 SBG1、SBG2、SBG3、SBG4 所观察到的破坏模式,可以看出弯扭耦合作用下的试验梁在经历碳氢火灾后产生了不同程度的竖向变形和横向变形。图 2-13 和图 2-14 为试验梁 SBG1 和 SBG2 的破坏模式,SBG1 和 SBG2 在火灾期间的抗弯承载能力持续下降,最终由于跨中挠度过大而破坏。在停火后观察到 SBG1 和 SBG2 的跨中出现了明显的横向扭转变形,如图 2-15 所示,跨中混凝土板的加载侧顶面与水平面之间存在一个明显的扭转角度。对于 SBG1,钢梁弯剪区的边腹板有轻微的屈曲,梁端的混凝土层和钢梁的交界面有轻微滑移。而在 SBG2 中未观察到这些现象,因为停火时 SBG1 的竖向变形更大一些,导致主梁端部的剪应力较大。在 SBG1 和 SBG2 的顶面均可观察到混凝土被压碎,这是由于截面中性轴随着钢材性能退化而不断上移,从而导致受压区面积减小。在混凝土层的侧面观察到竖向裂缝,说明截面中性轴已经移动到了顶板附近。

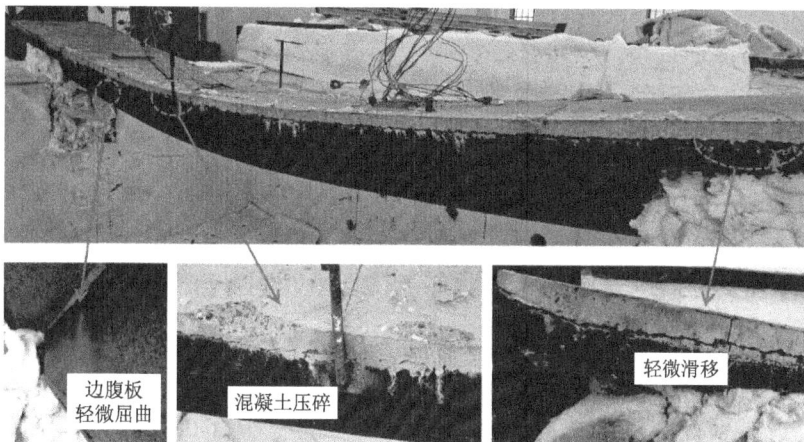

图 2-13 SBG1 破坏模式

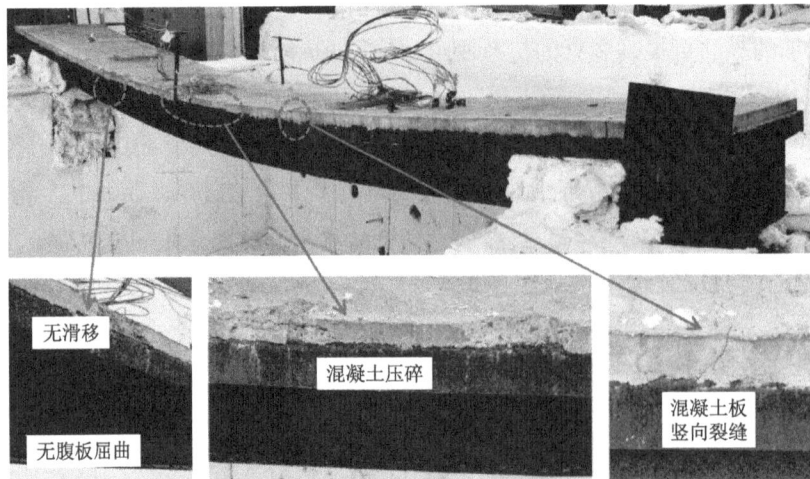

图 2-14　SBG2 破坏模式

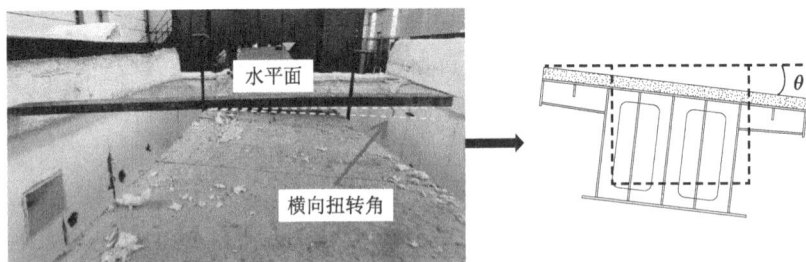

图 2-15　横向扭转变形

图 2-16 为 SBG3 的破坏模式。由图 2-16 可知,SBG3 未观察到明显变形,因为 SBG3 的受火时间最短,停火时最大挠度仅达到了 120mm,其竖向变形在降温阶段恢复较多。在受火期间,混凝土板上突然出现了一道明显的纵向裂缝,从跨中延伸至两端。产生纵向裂缝的原因可解释如下:一方面,由于试验梁的横向扭转,产生了扭转剪应力和翘曲剪应力。对于其他梁,剪力通过钢梁的闭合截面传递,而对于 SBG3,本应由钢顶板传递的剪力现由混凝土板传递。另一方面,由于约束扭转效应产生了纵向翘曲位移(引起翘曲正应力)。对于其他梁,闭口截面钢梁中的翘曲位移相对较小,因为截面各部分的角点都连在一起,故位移相互约束。而 SBG3 的纵向翘曲位移相对较大,因为钢梁的开口截面导致两个箱的扭转变形不一致。鉴于上述原因,SBG3 混凝土板中较大的扭转剪应力和翘曲正应力的共同作用导致了纵向裂缝的产生。尽管 SBG1 和 SBG3 在常温下具有相同的抗弯承载能力,但在弯扭耦合受力状态下经历了碳氢火灾升温,二者呈现出完全不同的破坏模式。

图 2-17 为 SBG4 的破坏模式,由于在受火前期卸载,停火前 SBG4 未出现大变形破坏。由于受火时间最长,沿着钢梁高度方向上有明显的颜色差异,钢梁的颜色从底部到顶部呈现出从铁青色到锈红色的过渡。在受火后期,混凝土层突然发生爆裂,发出巨大的爆炸声,同时跨中局部区域的混凝土板向四周炸成小块。考虑到试验的安全性,并且跨中挠度在此阶段几乎没

有继续增长,故停火。

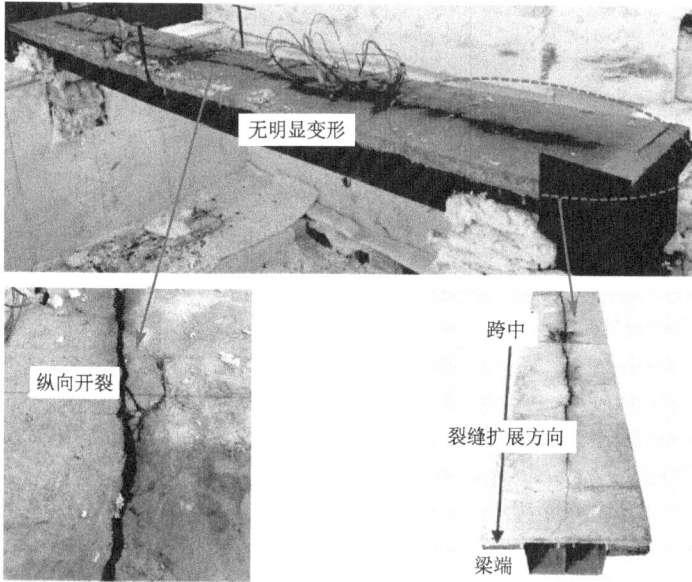

图 2-16　SBG3 破坏模式

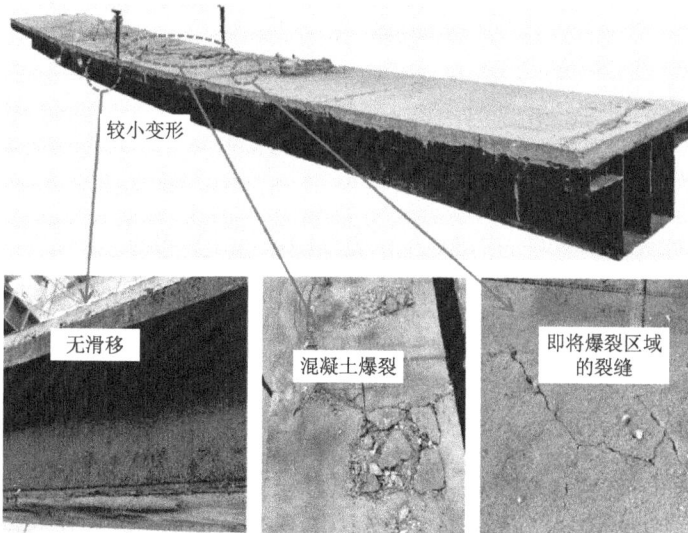

图 2-17　SBG4 破坏模式

试验后,在混凝土层顶面尚能观察到一些局部的集中裂缝,可能是混凝土即将发生爆裂的区域。在现有研究背景下,混凝土的高温爆裂机理仍然较为复杂。与低强度的混凝土相比,高强度混凝土在高温下更容易发生爆裂,因为随着混凝土强度的增加,其渗透性变低。水蒸气的扩散在混凝土内部形成了孔隙压力,竖向温度梯度产生了垂直于混凝土表面的拉应力。一旦孔隙压力超过临界值或热应力大于混凝土的抗拉强度,混凝土薄板就可能发生开裂甚至爆裂。此外,由于跨中混凝土板的顶面在试验期间产生的压应力最大,故火灾引起的混凝土爆裂首先发生在该区域。虽然混凝土层发生的高温爆裂未对试验梁造成破坏性损伤,但它影响了结构的完整性,从而导致了主梁内力的重分布。

对比各试验梁受火后的竖向变形,SBG1 和 SBG2 的跨中变形最大,SBG3 的变形基本完全恢复,SBG4 由于卸载的影响其跨中残余变形较小。表 2-4 对试验梁的关键实测数据进行了总结和比较。SBG2 和 SBG4 在受火期间的钢梁最高温度均达到了 900℃以上,SBG3 破坏时的钢梁最高温度仅达到了 659℃。SBG1 和 SBG2 均出现了大变形破坏,SBG3 由于混凝土板的纵向开裂发生了提前破坏,SBG4 由于试验中的荷载撤离未出现明显的结构变形破坏。

试验梁试验结果总结   表 2-4

试件	SBG1	SBG2	SBG3	SBG4
施加荷载(kN) (两点加载,间距 1m)	37	42	37	37(5min)
最高火场温度(℃)	1056	1073	1002	1090
钢梁最高温度(℃)	839	934	659	972
受火期间跨中最大挠度(mm)	194	189	120	113
受火时长(min)	12	15.5	8.5	17
破坏模式	大变形	大变形	混凝土板纵向开裂	未破坏(仅混凝土局部爆裂)
跨中残余变形(mm)	210	180	—	70

2.3 有限元分析

在 ANSYS(有限元分析软件)中建立了试验梁的数值计算模型,进行热-力耦合分析,通过耐火试验中的实测数据进行验证。随后,基于验证模型开展进一步的参数研究,以深入探究钢箱梁在火灾下的力学行为。

2.3.1 模型建立

如图 2-18 所示,钢箱梁和混凝土层分别采用壳单元和实体单元进行模拟。钢梁和混凝土的热分析单元分别采用 SHELL131 和 SOLID70,用于开展三维、稳态或瞬态热分析。SHELL131 为三维层状 4 节点壳单元,每个节点上有 32 个温度自由度,其热传导能力覆盖面内和整个厚度,由 SHELL131 生成的温度可以传给结构壳单元以模拟热弯曲。SOLID70 是具有三维热传导能力的 8 节点实体单元,每个节点上都有一个温度自由度。而 SHELL181 和 SOL-ID65 用于钢梁和混凝土层在火灾下的结构高温变形分析。SHELL181 为 4 节点壳单元,每个节点有 6 个自由度,可实现在 x、y 和 z 方向上的平移以及绕 x、y 和 z 轴的旋转,适用于薄或中厚的板壳结构的力学行为分析,并可进行大转动或大应变的非线性分析。SOLID65 为 8 节点实体单元,每个节点有 3 个自由度,满足节点在 x、y 和 z 方向上的平移,可针对具有受拉开裂和受压破碎特点的实体进行三维建模,适用于模拟混凝土并处理非线性材料特性[3]。

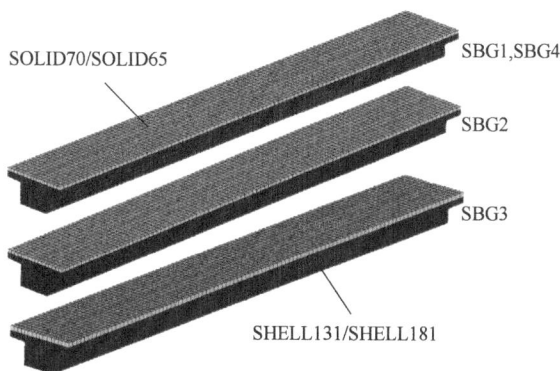

图 2-18　3D 有限元离散模型

钢梁与混凝土的交界面通过实体单元和壳单元共节点的方式连接。箱内纵向加劲肋保证通长,与横隔板及横向加劲肋交接处保持共节点连接。采用线约束模拟两端的滚轴支座。根据试验中分配梁实际加载点的位置大小,采用面荷载的形式在混凝土层表面进行两点加载,间距1m。

有限元分析的精度受网格大小的影响,在热分析与结构分析中采用相同尺寸的网格,以此能调用热分析中的温度结果。对几何模型进行适当切分,考虑到六面体单元质量好且求解时间短,采用映射网格划分技术进行单元划分。网格的大小关乎求解精度与计算成本,网格过大影响计算精度,而网格过小又会增加计算时长。对模型梁的网格尺寸进行了试算,选用了 40mm、50mm 和 60mm 的网格。经过对比发现 40mm 和 50mm 的网格计算结果较为相近,当网格尺寸为 50mm 时,既能满足求解精度又能合理控制求解时间,故模型梁的单元划分尺寸选为 50mm。

2.3.2　传热-结构顺序耦合分析

在热分析中,通过对流和辐射实现试验梁的升温模拟。HC 火灾曲线的对流传热系数为 $50W/(m^2 \cdot K)$,该系数在模拟中根据实际炉温和 HC 火灾曲线之间的差异进行适当调整。Stefan-Boltzmann 常数值取 $5.67 \times 10^{-8}W/(m^2 \cdot K^4)$,底板、边腹板和挑梁的辐射系数分别取 0.7、0.5 和 0.3[6]。钢箱梁内部的传热是通过以空气为介质的空腔辐射,利用 ANSYS 中空腔辐射矩阵的计算来实现。在结构分析中,通过定义材料的高温应力-应变关系,考虑材料非线性,通过打开大变形选项考虑结构的几何非线性。将热分析单元 SHELL131 和 SOLID70 在模型中转化为结构分析单元 SHELL181 和 SOLID65,通过热分析得到的温度结果以整体荷载的形式施加于结构分析模型中,将钢箱梁与温度相关的力学性能输入模型进行结构分析。

有限元模型中钢和混凝土在高温下的材料特性取自欧洲结构设计标准 4[7]。材料的热工性能包含了热传导系数、比热容和重度。钢材的导热性能良好,其导热系数要远大于混凝土,由于高温下内部晶体的变化,钢材的导热系数随着温度上升发生衰减,当温度达到800℃左右时基本保持不变;混凝土的导热系数为温度的二次函数,采用规范中的上限值。钢材的比热容相比于混凝土较小,且当钢材温度达到735℃左右时,由于材料微观结构与内部成分的显著变化,其比热容会出现激增,随后又迅速回落;当混凝土温度达到100℃后内部水分开始蒸发,带走了大量热量,故其比热容在100℃~200℃之间存在峰值,其峰值大小参照欧洲结构设计标准,通过考虑混凝土含水率进行取值。钢材密度在任何温度下均取常数7850kg/m³;而混凝土由于受高温下水分蒸发以及碳酸钙分解的影响,其密度会出现变化,为温度的分段函数。材料的热力学性能包含了热膨胀系数、泊松比、弹性模量和应力-应变关系。钢材和混凝土的泊松比受温度影响较小,分别取常值0.28和0.2[3,8],材料的热膨胀系数以及弹性模量与强度的高温折减系数根据欧洲结构设计标准取值。高温下的材料应力-应变关系根据欧洲结构设计标准中的模型并结合实测的常温下材料强度进行建立,构建了不考虑钢材强化的高温本构模型。

2.3.3 模型验证

图2-19给出了试验梁上温度测点的实测温度和模拟温度的比较。结果表明,数值计算得到的模拟温度能够与受火期间的实测温度吻合良好。曲线中存在的微小差异可归因于模型中所选测点与实际位置的偏差,以及采用的理想热边界条件与实际炉温之间的差异。

图2-20为试验梁的实测挠度与模拟挠度的对比,由于加载侧和非加载侧的实测挠度具有相似的变化趋势,在图2-20中仅给出了加载侧的挠度对比,以保证数据的直观清晰。可以看出,所建立的有限元模型可以很好地预测试验梁的高温变形趋势和破坏时间。实测和模拟的挠度曲线中存在微小差异,其原因是采用的理想应力-应变模型与实际材料特性之间存在差异。

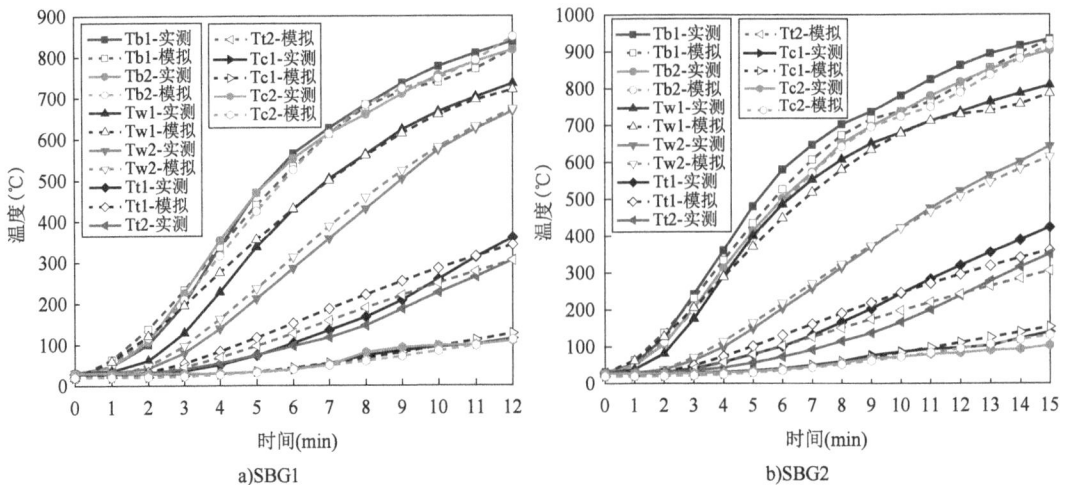

a)SBG1　　　　　　　　　　　　　　　　b)SBG2

图　2-19

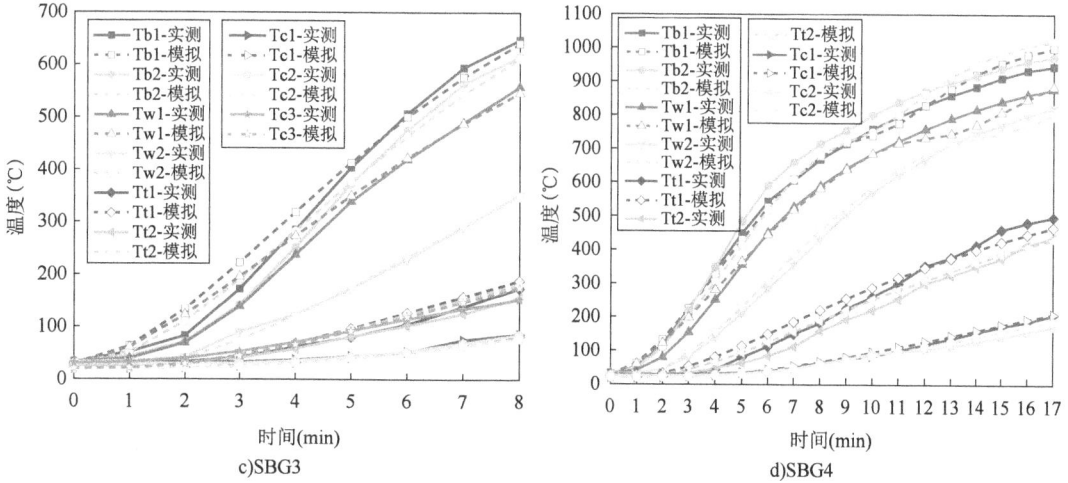

c)SBG3   d)SBG4

图 2-19   试验梁实测温度与模拟温度对比

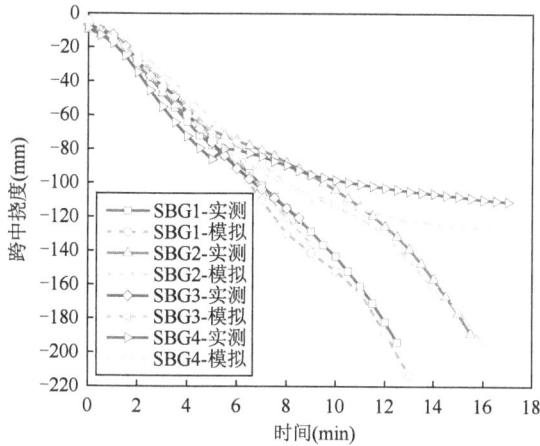

图 2-20   试验梁实测挠度与模拟挠度对比

2.3.4   荷载偏位影响

如前所述,由横向偏心荷载引起的弯扭耦合状态下的 SBG3 在受火期间发生了提前破坏(混凝土板纵向开裂)。而 SBG1 和 SBG3 在常温下具有几乎相同的抗弯承载能力,并且在 SBG3 发生破坏之前,二者的挠度变化趋势几乎相同。因此,有必要研究二者在对称荷载作用下的纯弯曲状态的火灾行为,故在分析模型中将荷载沿试验梁的中心线进行加载(即横向不偏心),从而与偏载作用下的变形进行对比。

图 2-21 为数值模拟的试验梁分别在偏心荷载和横向对称荷载作用下,遭遇 HC 火灾时的跨中挠度对比。对于同一试验梁,偏载作用下梁的最大变形是要大于对称荷载作用下的最大变形。在偏心荷载作用下,SBG3 在受火过程中发生了提前破坏;而在对称荷载作用下,处于纯弯曲状态的模型梁的混凝土板上未出现裂缝,SBG1 与 SBG3 具有几乎相同的变形趋势和破

坏时间。可以说明弯扭耦合状态下无钢顶板的钢箱梁在遭遇火灾时的不利影响,即上部混凝土板存在应力超限而发生开裂的隐患。

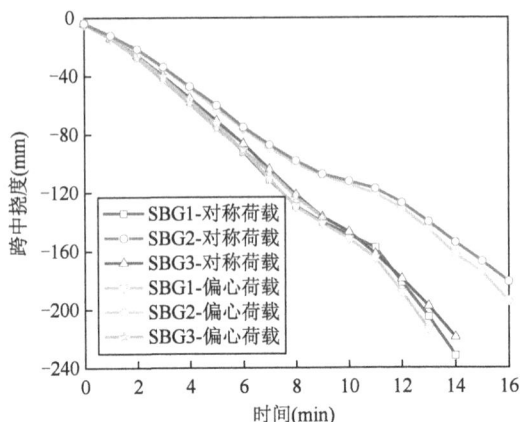

图 2-21　偏心荷载与对称荷载作用下的跨中挠度对比

2.3.5　卸载时间影响

从上述的试验中可以发现,受火期间试验梁上可变荷载的撤离会明显地影响结构变形。因此对试验梁 SBG2 和 SBG4 的分析模型按不同时间段进行卸载,如图 2-22 所示,以研究其力学响应。结果表明,在受火期间任何时刻卸载都可以有效地延缓钢箱梁的高温变形,使其挠度在受火后期不再显著增加,从而延长其耐火极限。可变荷载撤离越早,所造成的残余变形就越小。在 8min 和 11min 卸载后的位移曲线中可以看到轻微的回弹,而在 5min 卸载时的回弹并不明显。这是因为此时尚处于截面初始温度梯度引起的主梁热弯曲阶段,该阶段产生的挠度主要受温度影响较大,几乎不受外部荷载的影响。对于耐火性能更好的 SBG2,在相同时刻卸载的条件下,最终由火灾造成的高温变形是远小于 SBG4 的。

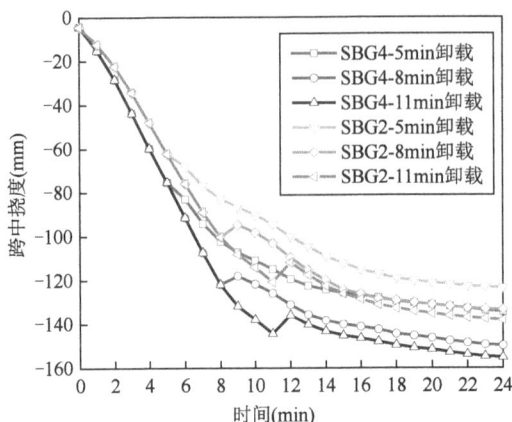

图 2-22　受火试验梁不同卸载时间的挠度对比

2.4 本 章 小 结

本章的研究成果可为后续的连续钢箱梁耐火试验提供研究基础,并且为进一步的实桥火灾模拟分析与火灾防护对策研究提供试验参考。结合本章的试验现象以及研究结果,总结如下:

(1)单箱多室的钢箱梁在经历HC火灾时,中腹板和边腹板之间存在显著的温差,且该温差随受火时间先增大后减小。钢顶板对于钢箱梁的升温传热有较大影响,闭口钢箱梁和无钢顶板的开口钢箱梁具有不同的传热过程。对于有钢顶板的试验梁,水蒸气从混凝土层的顶面排出;而对于无钢顶板的试验梁,水蒸气从主梁的梁端排出。

(2)受弯扭耦合作用的钢箱梁在HC火灾下,主梁截面两侧的挠度具有显著差异,呈现出明显的横向扭转变形。火灾会导致钢箱梁的弯扭耦合效应加剧,截面两侧的挠度差值随着受火时间的延长而逐渐增大。

(3)钢箱梁在弯扭耦合受力状态下遭遇HC火灾时,主梁跨中截面的抗弯承载能力随着温度升高不断衰退,最终钢箱梁因跨中变形过大而破坏。而对于无钢顶板的钢箱梁,上部混凝土板可能发生纵向开裂,从而导致其发生先于大变形的提前破坏。因此,对于受弯扭耦合作用的无钢顶板的钢箱梁,如钢箱-混凝土组合曲线梁桥,在实际中应重点关注其火灾安全性能。

(4)在钢箱试验梁的中腹板和底板增加适量的纵向加劲肋,仅通过增加少量建设成本(约5%),便可以很好地延缓结构的高温变形,从而延长其耐火极限(约30%)。考虑到实际桥梁遭遇火灾时,在主梁横截面上会具有更为显著的温度梯度分布,从而使得纵向加劲肋对于主梁抗弯刚度的增强效果更为明显,因此该措施可以更好地提升实际钢箱梁的耐火性能。

(5)在受火的早期阶段,及时撤离钢箱梁上的可变荷载,可以显著延缓火灾引起的高温变形,从而避免主梁因变形过大而发生突然的整体垮塌破坏。此类桥梁发生火灾时,应将快速疏散桥上交通作为第一要务。

本章参考文献

[1] 张岗,赵晓翠,宋超杰,等.桥梁火灾科学与安全保障技术综述[J].交通运输工程学报,2023,23(6):94-113.

[2] 张岗,贺拴海,宋超杰,等.钢结构桥梁抗火研究综述[J].中国公路学报,2021,34(1):1-11.

[3] ZHANG G, LI X Y, TANG C H, et al. Behavior of steel box bridge girders subjected to hydrocarbon fire and bending-torsion coupled loading[J]. Engineering Structures, 2023, 296:116906.

[4] 全国钢标准化技术委员会.金属材料 拉伸试验 第1部分:室温试验方法:GB/T

228.1—2021[S].北京:中国标准出版社,2021.

[5] 中华人民共和国住房和城乡建设部.混凝土物理力学性能试验方法标准:GB/T 50081—2019[S].北京:中国建筑工业出版社,2019.

[6] BS EN 1991-1-2:2002,Eurocode 1:Actions on structures-part 1-2:general actionsactions on structures exposed to fire [S].London:BSI Standards Limited,2002.

[7] BS EN 1994-1-2,Eurocode 4-Design of Composite Steel and Concrete Structures-Part 1-2:General rules-Structural fire design [S].London:British Standards Institution,2005.

[8] 张岗,宋超杰,李徐阳,等.碳氢火灾下钢-混组合梁破坏试验研究[J].中国公路学报,2022,35(06):135-146.

连续钢箱梁耐火试验研究

由于桥梁耐火试验的复杂性与困难性,目前有关钢桥的耐火试验主要还是集中于简支体系的组合梁,并且在试验中所模拟的受力状态、受火工况和边界支承条件都相对简单。鉴于此,本章设计并制作了两榀单箱双室的两跨连续钢箱梁,分别对其开展单跨受火和中支点受火的耐火试验,通过横向偏位加载以实现弯扭耦合的受力状态,并在中支座处采用预埋温度传感器的板式橡胶支座,以研究火灾过程中的支座性能退化[1]。通过试验获取截面温度场、主梁高温变形、结构破坏形式、火灾后橡胶支座的力学性能等指标,再结合数值仿真分析其火灾下的内力变化与破坏机理,以期对此类桥梁的火灾行为和耐火性能的提升提供有力的参考价值。

3.1 耐火试验设计概况

3.1.1 试验梁设计与制作过程

试验梁设计为单箱双室的两跨连续钢箱梁(BG1和BG2),如图3-1所示,试验梁的设计原则与上一章所述保持一致,在截面形状与原型尽量相似的基础上适当进行局部简化,梁长5m,跨径组合为2.25m+2.25m。为研究高温下支座性能的退化,参照《公路桥梁板式橡胶支座》(JT/T 4—2019)[2],试验所采用的橡胶支座规格根据模型梁的尺寸以及最大承压力进行选取,中支点采用定制的200mm×200mm×42mm板式橡胶支座,两端采用钢滚轴支座。

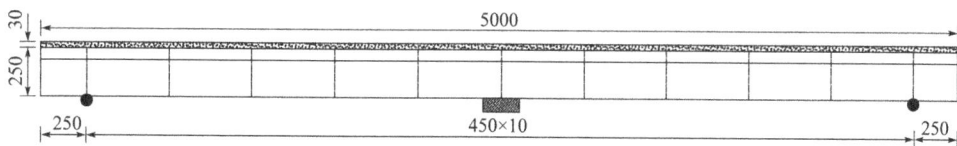

a)纵断面

图 3-1

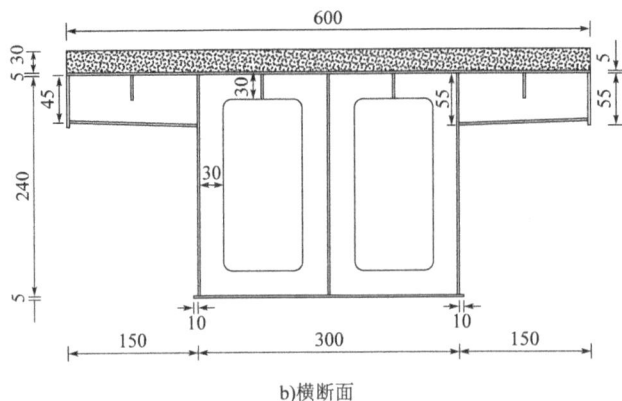

b)横断面

图 3-1　连续钢箱试验梁一般构造图(尺寸单位:mm)

连续梁的制造与加工跟上一章的简支梁同批次完成,钢梁的焊接制作与顶部混凝土层的加工过程完全一致,故在此不过多赘述。

3.1.2　材料性能

试验梁的钢材拉伸强度列于表 3-1,钢材的实测弹性模量平均值为 208.1GPa,混凝土的材料性能列于表 3-2。

钢材拉伸强度　　　　　表 3-1

试件	屈服强度(MPa)	抗拉强度(MPa)
S1	441.3	538.8
S2	452.5	543.7
S3	437.5	525.5
平均值	443.8	536.0

混凝土材料性能　　　　　表 3-2

试块	龄期(d)	立方体抗压强度(MPa)	含水率(%)
C1	160	55.1	4.14
C2	160	51.5	3.83
C3	160	49.7	3.71
平均值	—	52.1	3.89

3.1.3　试验条件

如图 3-2 所示,在可同时实现升温与加载的水平火灾试验炉内进行模型梁的耐火试验,火灾炉的内部尺寸为长 4m、宽 3m、高 1.5m,在炉体中间提前砌好立柱作为连续梁的中支点支撑,将试件沿炉长方向安装于两端炉壁上。用于加载的千斤顶安装于火灾炉上方的反力架上,通过一个分配梁实现两点加载。炉壁上装有 14 个天然气燃烧喷嘴,为炉内升温提供外部热量,并在炉壁四周提前安装 8 个 S 形热电偶,以监测试验全过程中的炉温变化。通过计算机连接火灾控制系统,及时调整天然气和空气的进气量,从而使试验炉温与设定升温曲线尽量保持一致。

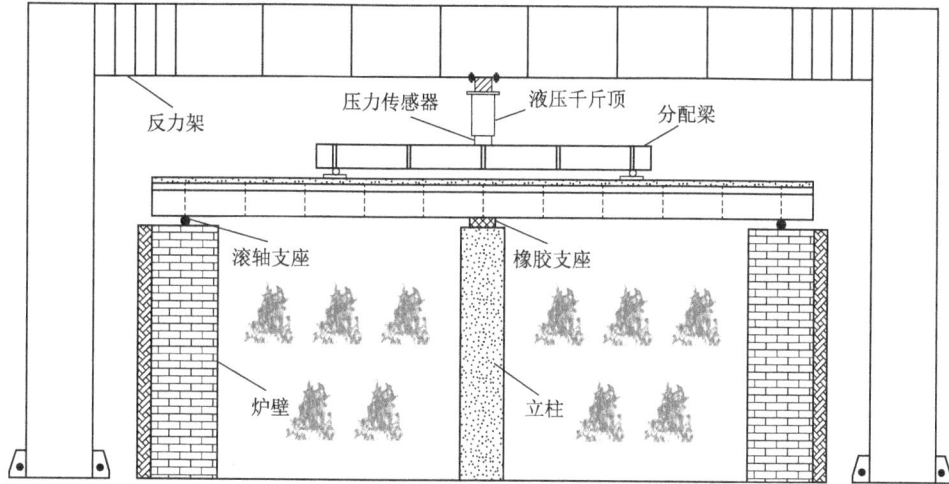

图 3-2   耐火试验布置立面示意图

3.1.4   测点布置

温度测点的具体位置以及传感器的实际布置情况,如图 3-3 与图 3-4 所示。试验梁的热响应与结构响应通过 K 形热电偶和位移传感器(LVDT)来监测。为保证温度数据采集的稳定性,在每个梁的受火区域各选取两个断面设置温度测点,分别在左右箱室对称布置。

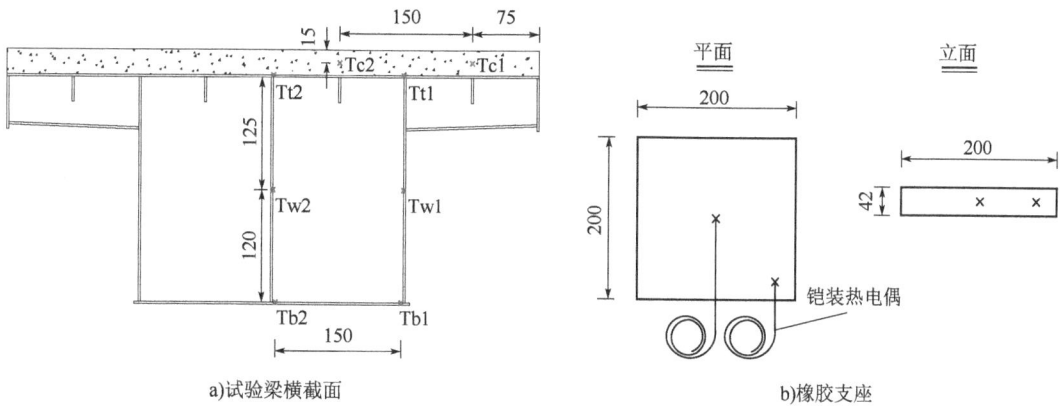

图 3-3   温度测点布置示意图(尺寸单位:mm)

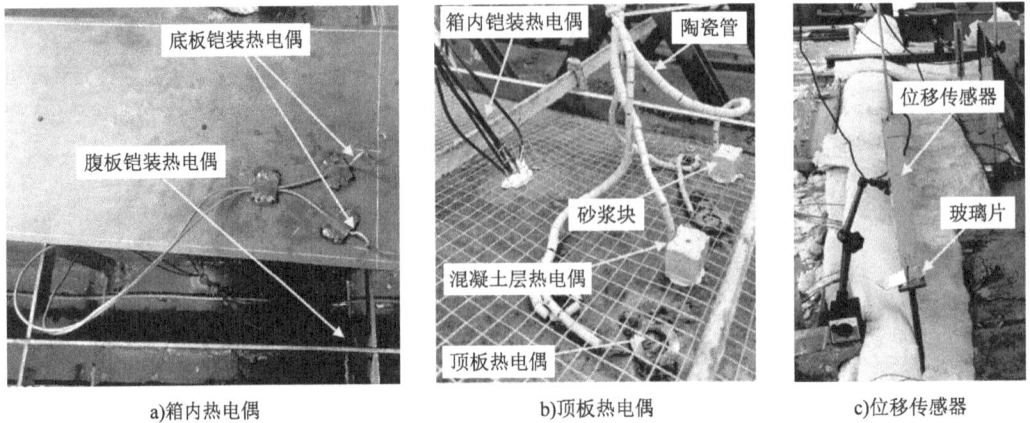

a)箱内热电偶   b)顶板热电偶   c)位移传感器

图3-4 温度和位移传感器布置

箱内的温度测点布置于底板、中腹板和边腹板上,在钢箱梁的加工过程中将铠装热电偶定位安装于箱内,顶板和混凝土层的温度测点采用陶瓷管包裹的热电偶在浇筑之前进行埋置,混凝土层中的热电偶提前固定于顶板的砂浆块上。在矩形板式橡胶支座的制作过程中,在橡胶硫化阶段分别在中心处和角点处的橡胶层中各预埋一个铠装热电偶,以监测试验过程中支座的温度状况。在两跨的跨中和中支点处安装 LVDT 来测量试验全过程中的主梁竖向变形,测点处粘好玻璃片以保证接触面光滑。

3.1.5 试验方案与步骤

图 3-5 给出了试验梁受火工况的示意图。试验分为单跨受火(BG1)和中支点受火(BG2)两种工况,受火区域完全暴露且受火长度均为 2m,非受火区域通过在钢梁表面涂抹耐火胶,随后包裹三层防火棉以达到隔绝热量的效果。

a)单跨受火(BG1)   b)中支点受火(BG2)

图3-5 试验梁受火工况示意图

BG1 的中支点处采用定制的 200mm × 200mm × 42mm 矩形板式橡胶支座,BG2 的中支点处采用同样大小的钢垫块支座作为对照。两端采用滚轴支座进行支撑,侧面通过两个炉盖合住梁体,之间夹有两层防火棉,以保证缝隙处的热量隔绝。通过分配梁对试验梁进行两点加载,两个加载点分别位于两跨的跨中,加载间距为 2.25m。考虑了结构自重和一定比例的活载所产生的效应,千斤顶的加载力(165kN)采用常温下试验梁极限承载能力的 0.1 倍。在横向上,BG1 采用偏心加载(横向偏心距 200mm)以对单跨受火的试验梁提供弯扭耦合受力状态,BG2考虑到试验的实际操作性和安全性采用中心对称加载,同时也可作为对照参考。

试验开始前,提前加载至目标荷载的50%并卸载,以消除试件、支座以及传感器之间的安装空隙,然后逐级加载至目标荷载并在点火前持荷10min。炉温的升温过程按碳氢(HC)升温曲线来设定,通过炉壁上预装的热电偶实时监测炉内温度,并通过进气量的调整及时控制温度发展。对于BG1,当受火跨最大挠度达到$L/25$(L为计算跨径)时停火;对于BG2,当中支点处顶板严重开裂,并且跨中与中支点的位移发生了明显的突变时停火,并在停火后随即卸掉试验荷载。

3.2 耐火试验现象与分析

耐火试验的全过程包括了准备及预加载阶段、受火升温阶段和停火后降温阶段。本节描述了受火过程中两跨连续钢箱梁的高温响应,以及停火后主梁的破坏形态与裂缝开展情况。

3.2.1 试验中现象

单跨受火(BG1)的试验现象,如图3-6所示。试验梁BG1在9min左右时,受火跨的混凝土层顶面可以观察到有水汽开始向上冒出,同时在受火跨的加载点与中支点之间有两条斜向的水渍出现。此时可推断出混凝土层的最底部温度已超过100℃,并且混凝土顶面的水渍说明出现了斜向微裂缝。在受火约15min时,观察到中支点处靠受火跨出现了一条横向水渍,说明此时已有微裂缝形成。混凝土顶面的斜向水渍在受火后期随着水汽蒸发完逐渐消失,试验过程中看不出明显裂缝,而中支点处的横向开裂在水渍出现后就可观察到,并且随受火时间的增长愈发明显。试验全过程中水汽的散发主要发生在受火跨的混凝土顶面,且水汽的蒸发呈现出先剧烈后减缓的过程,而非受火跨未见明显现象,说明前述的隔热措施取得了良好的效果。

a)水汽和裂缝　　　　　　　　　　b)梁体变形

图3-6 单跨受火(BG1)试验现象

在点火后的前10min内,两个梁端的滚轴支座处均出现了轻微的支座脱空,这主要是由于试验梁在受火初期发生了由截面温度梯度导致的自身热弯曲,从而在梁端产生了较大的上拔力。BG1为横向偏心加载,在点火前加载至目标荷载后,梁体未出现扭转;但在点火后,逐渐观察到试验梁出现了横向扭转的趋势,并且扭转程度随着受火时间的增长愈发明显。试验梁的受火跨在前期未见明显下挠,而在后期下挠速率逐渐变快,并且在横向上出现明显的向加载侧偏转的趋势。在停火后能闻到明显的橡胶烧焦味,说明试验过程中已达到了橡胶支座的燃点。

对于中支点受火的试验梁 BG2,受火 20min 左右时在中支点顶部出现了一道明显的横向裂缝(长约 60cm),并可以看到明显的水渍,且伴有大量水汽冒出。在受火前期也可观察到两个梁端的支座处均发生了轻微脱空,其产生原因与前述的单跨受火情况一致。试验梁在整个过程中并未观察到明显的竖向变形,受火末期在中支点两侧出现了较为显著的下挠变形且发生比较突然。

3.2.2 试验后现象

停火待炉温冷却后开启炉盖,以观察火灾后试验梁的破坏情况,如图 3-7 展示了试验梁的破坏模式。对于单跨受火的 BG1,在受火跨的跨中可观察到较大的下挠变形,且受火跨梁体有明显的向加载侧的横向扭转变形,这说明火灾高温显著加剧了钢箱梁的弯扭耦合效应。受火跨靠中支点附近的钢梁发生了明显的屈曲变形,这是由于受压区钢梁随温度升高导致其强度不断退化。中支点的橡胶支座发生了严重的碳化,最外层的橡胶已失去弹性并且硬化形成颗粒状,一触碰就会发生脱落,支座中最上面的两层钢板出现了明显的外露,而靠非受火跨侧(背火面)的支座由于受到部分防火棉的包裹尚有一定的完整性。在受火跨加载点到中支点之间的混凝土层顶面上可以看到横向裂缝(长约 60cm,宽约 5mm)与斜裂缝(长约 40cm,宽约 2mm),横向裂缝的产生主要是由于高温下中支点负弯矩的不断增大以及受火跨的下挠使得顶面混凝土拉应力超限,斜裂缝的产生主要是由于梁体在偏载作用下的扭转引起的主拉应力,这是由弯曲、扭转正应力和扭转剪应力叠加形成的合力。受火区域的钢梁颜色由底部向顶部呈现出由铁青色向锈红色的过渡,这是由于火灾场的竖向温度梯度造成了不同高度位置处的钢梁温度差异。

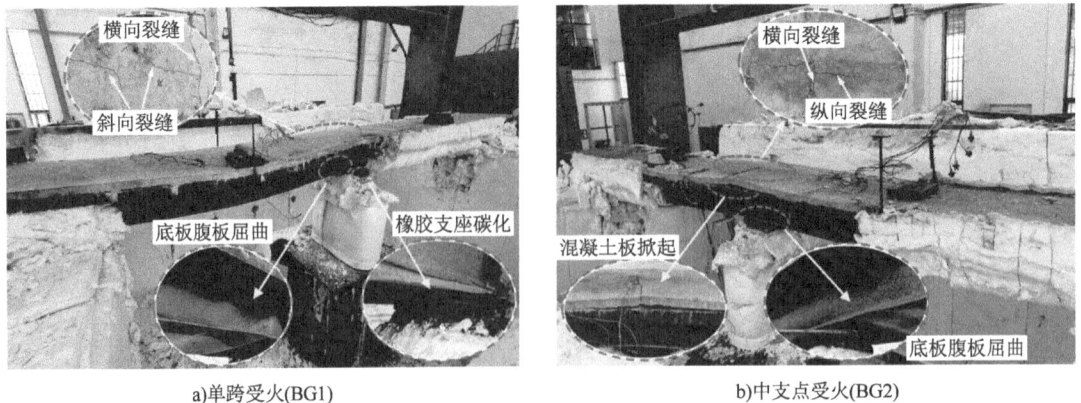

a)单跨受火(BG1)　　　　b)中支点受火(BG2)

图 3-7　试验梁破坏模式

相比于单跨受火的情况,中支点受火的 BG2 未见明显的主梁竖向变形,仅能观察到中支点两侧有下挠变形而中支点顶部相对有轻微隆起。中支座处的钢梁底板整体向内凹陷且附近的腹板也发生了屈曲,这是由于负弯矩区的钢梁随温度升高材料性能不断衰退,从而导致了支座处的局部压溃。中支点处的混凝土薄板因负弯矩区的钢梁变形出现了明显的掀起,中支点两侧的混凝土板发生了整体断裂,并且能看到清晰的横向贯穿裂缝。此外,在中支点处的混凝土顶面还能看到一道位于中心线上的纵向裂缝,从中间向两端扩展(长约1m,宽度从5mm逐渐递减),这是由于中支座处的钢梁底板压溃导致两个边腹板发生了一定程度的相对下沉,在横向上产生了负弯矩,从而导致中支点顶部混凝土的拉应力超限发生了开裂。受火区域顶面的混凝土呈现出轻微的砖红色,而其他部分的混凝土则为灰白色。

将耐火试验后的橡胶支座取出,对其进行了外观与承压能力的评估,图3-8为耐火试验后橡胶支座的各阶段形态。由图3-8可知,BG1的中支点橡胶支座顶部(贴着钢梁底板)的橡胶层碳化剥落严重,最上的两层钢板已经与橡胶层失去黏结力,外层橡胶出现了明显的碳化,支座靠近受火跨一侧损伤严重,靠近非受火跨一侧的底层橡胶仍具有一定的局部完整性。随后在压力试验机上对橡胶支座进行了承压试验,试验荷载采用其最大承压力(361kN)的50%、70%和100%进行分级加载。当荷载施加后,支座内部的橡胶已完全软化被挤出,只有钢板层在承压,说明支座燃烧后橡胶层的弹性模量和剪切模量几乎完全丧失。

a)火灾后支座外观　　　　　　　　b)承压试验　　　　　　　　c)受压后支座

图3-8　火灾后橡胶支座的各阶段形态

3.3　耐火试验结果与分析

3.3.1　炉温

图3-9为炉壁上预装的S型热电偶所测得的试验平均炉温,以及与HC和ISO834升温曲线的对比。其中BG1的炉温与HC曲线的升温模式较为接近,在10~15min之间的温度差距最大,维持在100℃左右。而BG2由于试验时部分燃烧喷嘴出现故障,未能及时点火,导致试验炉温未能跟上预设的HC升温曲线。BG2的炉温在前几分钟仍保持了较为迅猛的升温趋势,但当炉温在10min达到800℃之后升温过程变得较为缓慢,受火末期的升温趋势与ISO834曲线较为接近。试验过程中BG1和BG2的最高炉温分别到达了1040℃和949℃,BG1与BG2的炉温差异在升温过程的中后段基本维持在120~150℃之间。

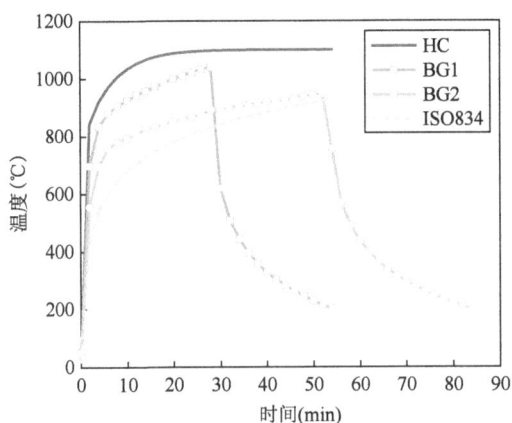

图 3-9　试验炉温曲线

3.3.2　结构温度场

图 3-10 为试验梁中的热电偶在受火过程中及停火后的温度变化情况。点火后,沿试验梁高度方向上的温度测点就呈现出了明显的温度梯度,并且各部分温差随着受火时间的延长逐渐增大,但在受火末期又有减小的趋势。由于混凝土的热惰性,钢梁顶板的温度远低于腹板和底板的温度。底板与腹板的温度在受火后快速增长,二者的温度差异源于热流在梁高方向上的衰减。因为中腹板未直接受火,其升温过程主要源于底板的热传导以及箱内辐射,因此中腹板的升温相比于边腹板要缓慢,中腹板与边腹板的中点位置处在升温过程中的最大温差达到了 160℃,二者的温差在前期较大而在后期逐渐缩小。在停火后的降温阶段,钢梁底板与腹板的温度快速下降,而混凝土由于导热性差,在停火后存在延时升温的情况。最终,随着冷却时间的延长,试验梁各部分的温度都趋于一致,并逐渐接近于炉温。

试验梁 BG1 与 BG2 相比,升温较为迅猛的 BG1 在受火 7min 时试验梁底部与顶部之间的最大温差就已超过 500℃,而 BG2 在受火 15min 时才达到该值。尽管 BG2 的受火时间更长,但由于最高炉温的限制,其底板与腹板的最高温度均低于 BG1。而升温过程更依赖于试验梁内部传热的钢梁顶板与混凝土,停火时其最高温度在 BG2 中要高于 BG1,这是由于更长的受火时间使得试验梁各部分的温差在逐渐缩小。

试验开始前在防火棉包裹的非受火区域的钢梁外表面(底板和顶板)也放置了两个热电偶,由于在整个试验过程中测得其温度均未超过 160℃,故可认为非受火区域的隔热措施良好,其升温主要源于受火跨的热传导,该区域钢材的弹性模量与刚度几乎不发生损失,因此对于整个结构的高温变形不产生影响。

图 3-10a)中还绘制了试验梁橡胶支座中预埋的热电偶在试验过程中的温度变化,可以看出尽管试验中采用的橡胶支座尺寸较小,但橡胶支座整体的隔热性能依然很好。停火前炉温已超过 1000℃,并且直接与中支座接触的底板的最高温度也已超过 900℃,而此时橡胶支座内部的温度未超过 200℃。在停火后支座内部的温度仍在持续增长,并且根据试验后闻到的橡胶灼烧味,可推测出此时支座外表面的橡胶层已达到燃点并发生了燃烧。

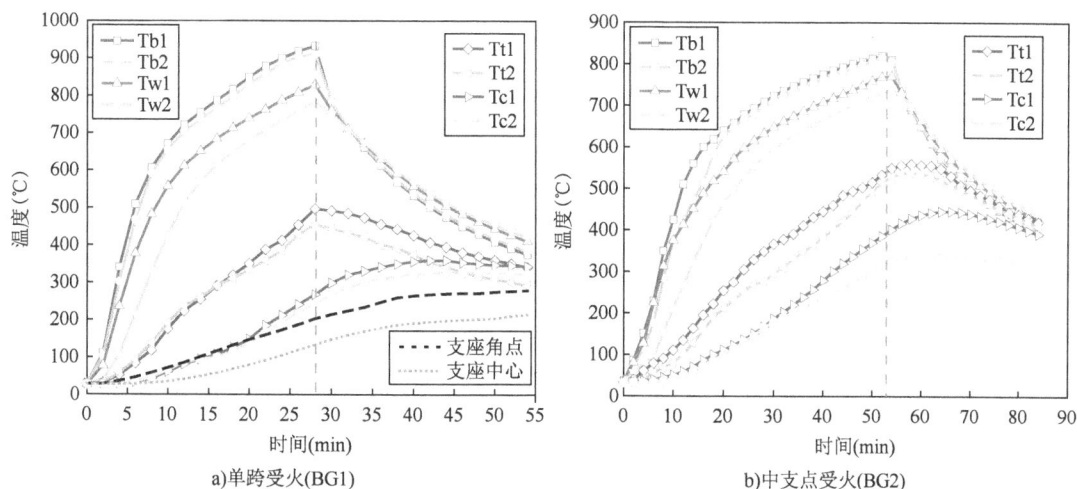

a)单跨受火(BG1)　　　　　　　　　b)中支点受火(BG2)

图 3-10　试验梁温度曲线

3.3.3　结构变形

图 3-11 展示了试验梁的挠度随受火时间的变化曲线。BG1 受火跨的挠度发展可分为 3 个阶段,主要为初始增长段、平缓增长段和急速增长段。第 1 阶段,受火初期截面上显著的温度梯度导致了底部和顶部的热膨胀变形不一致,使得主梁产生了热弯曲变形。第 2 阶段,钢材在高温下的强度与刚度逐渐衰退导致主梁进一步下挠,此阶段受邻跨牵制作用的影响,中支点处的转动和梁的轴向变形均受到约束,从而变形较缓。第 3 阶段,中支点附近逐渐形成的塑性铰使得两跨之间的联系大幅减弱,且塑性铰的刚度不断降低,随着钢材性能的衰退以及高温蠕变的发展,梁的抗弯能力不断削弱并出现结构软化趋势,故在末期出现了快速下挠。BG1 受火跨跨中的加载侧与非加载侧的挠度差值随受火时间的延长显著增大,与试验过程中观察到的主梁横向扭转相对应,这是由于偏心荷载使梁产生了初始扭矩,高温下主梁的抗扭刚度降低导致了横向扭转,说明高温作用显著加剧了钢箱梁的弯扭耦合效应。

BG1 的非受火跨在试验过程中的挠度变化幅度较小,呈现出先上拱后下挠的变化趋势,上拱主要由于受火跨的下挠使得另一跨受变形协调一致性的影响产生了相对变形,且受火初期的边支座轻微脱空也对主梁位移产生了一定影响,随后的挠度恢复是由于中支点附近逐渐形成的塑性铰使得两跨的变形协调性被削弱。BG1 中支点的位移在刚开始受火时出现了一段突变,这可能是由于主梁一开始受火后产生热弯曲变形使得支座处的空隙被压实,在随后的过程中基本保持不变。在受火末期(约 22min 后)出现了明显的下挠,这与受火跨在最后阶段的变形急速增长相对应,可推测此时中支点的橡胶支座由于外层橡胶的燃烧导致其由弹性体转为塑性体,逐渐失去承压能力。

对于中支点受火的 BG2,受火期间主梁未出现明显的挠度变形,跨中挠度基本未出现较大增长,仅在受火末期发生了激增。中支点的位移在受火前期有一定程度的上拱,在末期突然转为下挠,上拱是由于高温负弯矩状态下支点两侧下挠使其产生相对的隆起变形,末期的突然下挠是由于中支点底部钢梁的高温下屈服应力达到临界值,支点的局部压溃导致了主梁整体下沉。可以看出中支点受火最终的破坏是由于支座处钢梁的突然压溃伴随着支点处位移的激增,是一种较为突然的破坏。BG1 与 BG2 的对比也说明了受火位置的不同对于主梁高温变形影响很大,同时也导致了不同的破坏形式。

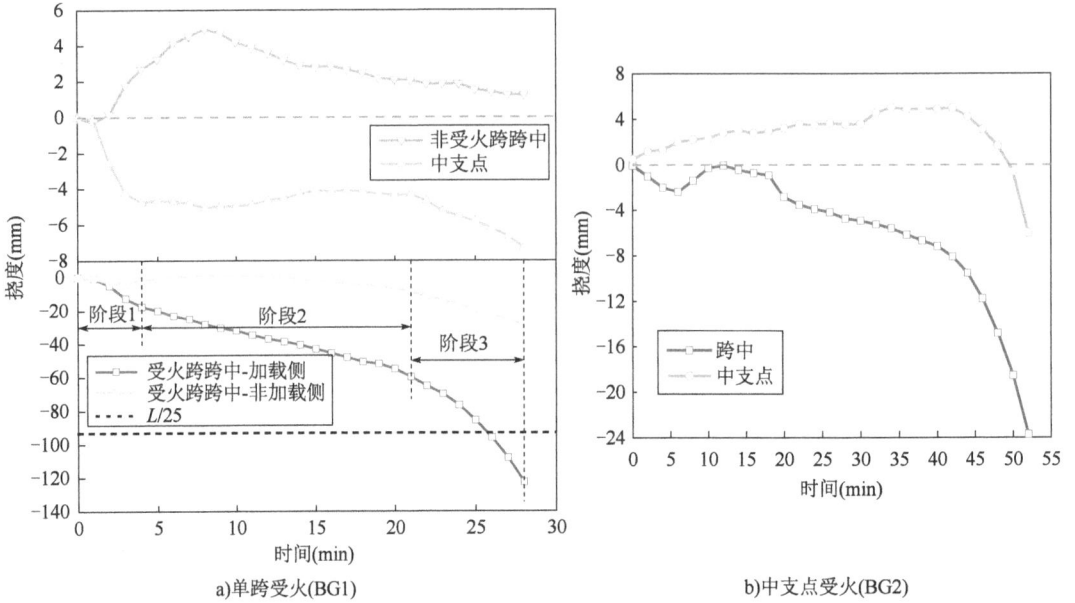

a)单跨受火(BG1)

b)中支点受火(BG2)

图 3-11　试验梁挠度曲线

3.4　有限元分析

根据试验梁的实际升温、加载与边界条件,借助通用有限元软件(ANSYS)建立精细化分析模型,对截面温度场、主梁变形以及破坏模式进行验证,分析了其内力变化,并开展了进一步的参数对比分析,以期深入剖析此类桥梁的火灾行为。

3.4.1　模型验证

如图 3-12 所示,钢箱梁和混凝土层分别使用壳单元和实体单元进行网格划分。SHELL131 和 SOLID70 用于瞬态热分析,而 SHELL181 和 SOLID65 用于火灾引起的结构大变形分析[1,3]。

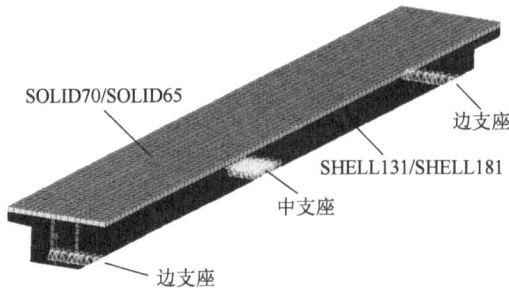

图 3-12　试验梁数值计算模型

46

钢和混凝土的交界面通过壳单元和实体单元以共节点的方式进行连接。采用线约束来模拟两端的滚轴支座,中支点处按支座的实际支撑位置采用面约束来模拟。通过对流和辐射实现试验梁的升温模拟,箱内传热通过空腔辐射矩阵的计算来实现,根据试验的实际加载位置以面荷载的形式施加荷载。分析中的 Stefan-Boltzmann 常数取 $5.67 \times 10^{-8} \mathrm{W/(m^2 \cdot K^4)}$,模型中使用的钢和混凝土的温度相关特性取自欧洲规范[4]。试验梁的尺寸大小与加工细节相同,具体的建模细节、网格划分和材料高温性能参数均与上章保持一致。

图 3-13 为模拟的受火过程中试验梁升温及变形数值和试验实测值的对比。可以看出试验梁的温度模拟值与试验实测值能够较好吻合,温度计算的偏差主要源于测点位置的差异以及热分析参数取值与实际的差异。

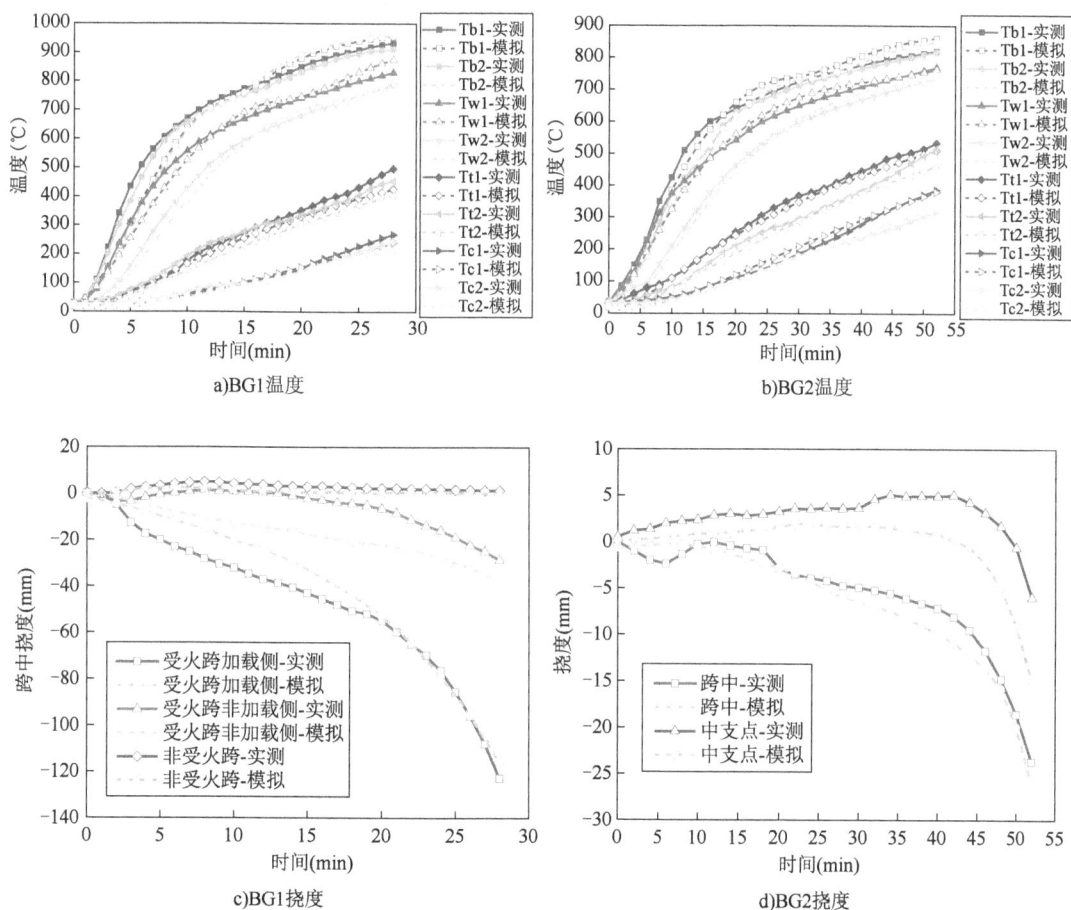

a)BG1温度

b)BG2温度

c)BG1挠度

d)BG2挠度

图 3-13 模拟值与实测值的对比

BG1 在受火前期的变形偏差主要是由于试验与模拟的边界条件差异,即模型中对于梁体横向扭转的约束要强于实际试验中的约束。BG2 的跨中位移偏差主要由于初期边支座的脱空导致了一段轻微上翘,而中支点位移偏差主要由于试验中该处混凝土板的局部掀起导致了其向上的变形。总体而言,所建立的数值计算模型可以很好地预测试验梁在火灾下的变形趋势与破坏时间。

图 3-14 给出了不同受火工况下试验梁实际与模拟的破坏模式对比。对于单跨受火的 BG1,在中支点附近的底板与腹板由于主梁的负弯矩区达到临界应力先发生高温屈曲,并逐渐形成塑性铰,之后塑性铰的刚度不断降低,这是一种承载能力随受火时间逐渐降低的时变塑性铰。结构刚度的变化引起了主梁的内力重分布,塑性铰所承担的弯矩值逐渐减小,而跨中分配的弯矩相对增大。随着截面抗弯承载能力的衰退,在受火跨跨中逐渐形成第二个塑性铰,最终主梁因无法继续承载而被破坏,表现为跨中挠度的急剧增长。对于中支点受火的 BG2,在升温过程中并未出现明显的下挠变形,最终的破坏是由于中支点处钢梁的底板和腹板屈曲,导致钢梁下部发生突然的局部压溃,进而主梁位移出现骤增。该工况由于负弯矩区的局部破坏导致了结构整体稳定性能的下降,是一种较为突然的破坏形式。

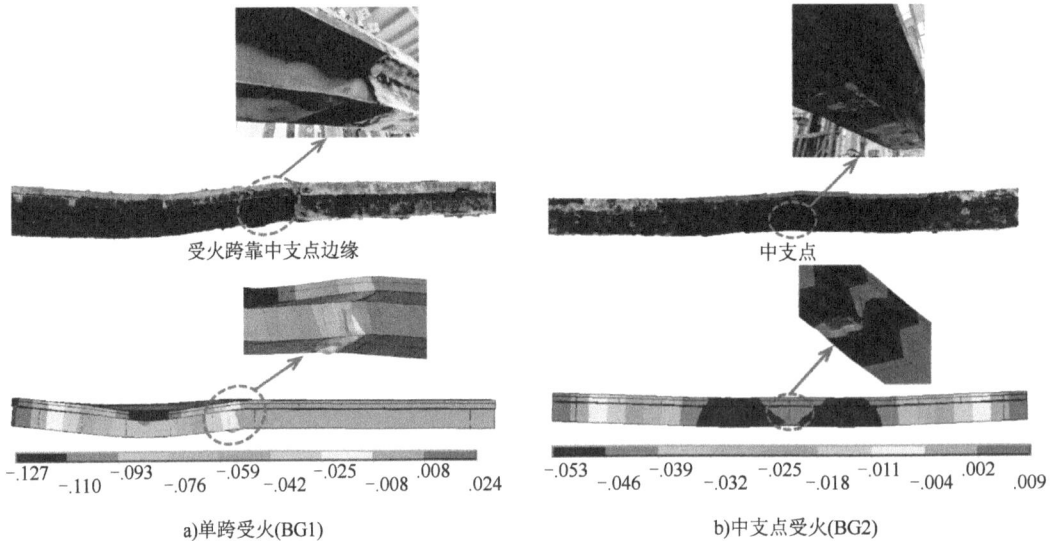

受火跨靠中支点边缘

中支点

-.127 -.110 -.093 -.076 -.059 -.042 -.025 -.008 .008 .024

-.053 -.046 -.039 -.032 -.025 -.018 -.011 -.004 .002 .009

a)单跨受火(BG1)   b)中支点受火(BG2)

图 3-14 破坏模式对比(单位:m)

3.4.2 支座反力

如图 3-15 所示,由上述的验证模型可计算得到试验梁的支座反力随受火时间的变化。中支座的反力先急剧增大后缓慢减小,而两个边支座的反力先急剧减小后缓慢增大,且边支座反力在前期减小的过程中出现了上拔力,这也与试验中所观察到的支座脱空的时间基本一致。

支座反力在受火前期的急剧变化是由于初期截面温度梯度导致钢梁产生了热弯曲,使得连续梁的两端相对上翘,因此两个边支座出现上拔力而中支座反力骤增。BG1 和 BG2 的支座反力的剧烈变化阶段存在较大差异,这与其所经历的火场升温过程有关。

3.4.3 弯矩

通过支座反力和施加的荷载便可求得试验梁的弯矩分布,图 3-16 给出了受火过程中主梁的弯矩变化。试验梁在开始受火后就发生了剧烈的内力重分布,中支点处的负弯矩区急剧增大,连续梁随着两个边支座的脱空在此阶段形成了双悬臂状态,在后期主梁的内力逐渐恢复并接近于常温状态。对于试验梁内力重分布的发展,BG1 较为集中,主要在受火前期比较剧烈,而 BG2 较为均匀,几乎贯穿整个受火过程,这说明内力重分布的过程受火灾强度的影响较大。试验梁停火时的内力状态与常温下相比,BG1 基本不变,BG2 的中支点负弯矩减小而跨中正弯矩相对增大,说明中支点受火致使负弯矩区的抗弯承载能力被明显削弱。

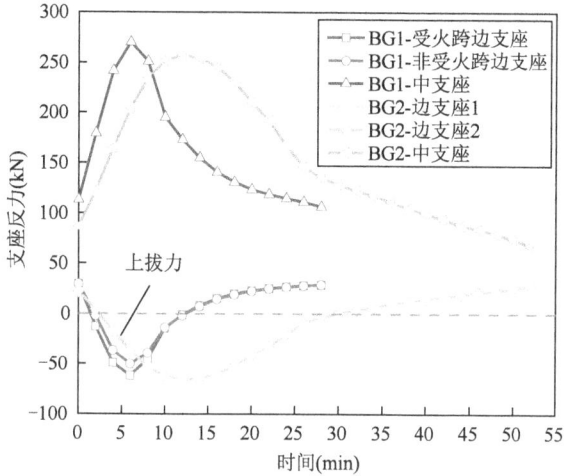

图 3-15　试验梁支座反力变化

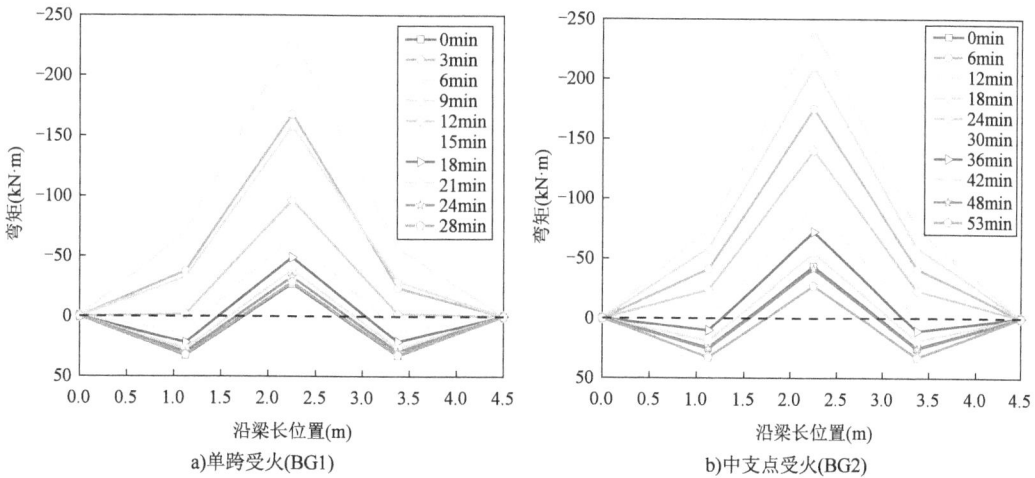

a)单跨受火(BG1)

b)中支点受火(BG2)

图 3-16　试验梁主梁弯矩变化

3.4.4　破坏过程对比分析

现将两个试验梁的数值分析模型统一采用 BG1 的实测炉温曲线,并采用与 BG2 相同的中心对称加载进行分析,以对比不同受火位置对于同一升温模式与加载方式下结构响应的影响。二者的数值分析参数列于表 3-3,其挠度对比,如图 3-17 所示。

49

数值分析参数 表 3-3

编号	升温方式	加载方式	受火位置
BG1′	试验梁 BG1 实测炉温	两点加载,中心对称	单跨 2m
BG2′			中支点 2m

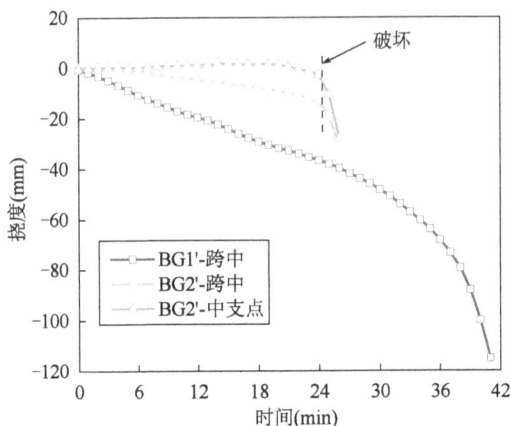

图 3-17　不同受火位置的挠度对比

单跨受火的 BG1′随着受火跨的跨中挠度不断增大最终在 40min 左右达到 $L/25$,发生整跨大变形破坏;而中支点受火的 BG2′在 24min 后挠度出现了明显的激增,此时钢梁底板已产生压溃,发生负弯矩区局部受压破坏。在同一升温模式下,中支点受火的破坏要远早于单跨受火的情况,破坏时间提前了约 40%,且破坏前没有明显的预兆,是一种较为突然的破坏形式。两种工况的对比可说明结构在相同的受力状态下,不同部位的耐火性能存在较大差异,负弯矩区的结构对于高温损伤更为敏感,主要由于受火后主梁中剧烈的内力重分布导致中支点受压区局部应力激增。

桥梁遭遇火灾时的结构性能主要取决于易受高温损伤的薄弱部位,结合上述试验与模拟研究,此类连续钢箱梁的耐火性能指标主要体现在负弯矩区的功能,包含了主梁截面的抗弯承载能力与中支座的高温性能。由前述分析可知,连续钢箱梁的高温破坏均是先从负弯矩区发起的,随着高温下负弯矩区的承载能力逐步失效,中支点附近的局部屈曲或者塑性铰的形成都会影响主梁的内力重分布,进而导致整个主梁的稳定性能下降和破坏。此外,橡胶支座的受火破坏会导致支座的有效支承面积减小,使得支点处承压能力逐步丧失并引起主梁塌陷,不仅会造成支座反力的重分配,对于某些特殊结构(如弯梁),支座的提前失效还可能引起梁体的整体失稳破坏。因此,主梁负弯矩区的承载能力和支座的高温性能应作为连续钢箱梁耐火性能评估的控制性条件,同时也是耐火性能提升的关键点。

3.5　本章小结

本章通过对单跨受火和中支点受火两种工况下的连续钢箱梁开展耐火试验,考虑了弯扭耦合的受力状态和橡胶支座的高温性能退化,得到了结构的高温传热与变形规律,评估了耐火

试验后橡胶支座的性能,并借助有限元数值剖析了连续钢箱梁在火灾下的内力重分布规律与破坏机理,总结如下:

(1)火灾下双室钢箱梁的中腹板与边腹板存在明显的温度差异,最大温差超过160℃,二者的温差随着受火时间的延长逐渐缩小。钢箱梁沿高度方向上的温度梯度分布与火灾强度密切相关,升温越剧烈,各部分之间的温差越大。停火后钢梁温度快速下降,而上部混凝土层仍具有一定的延时升温效应,两组梁的混凝土温度涨幅分别为33%和15%。

(2)连续钢箱梁在单跨受火时,受火跨持续下挠,最终在破坏时下挠速率出现明显增长,破坏前1分钟内的挠度增长达到15mm,非受火跨先上拱后下挠。在中支点受火时,主梁未产生明显的下挠变形,仅在破坏时出现了位移激增。弯扭耦合作用下连续钢箱梁在遭遇火灾后发生了明显的横向扭转变形,截面两侧的挠度变形差值随受火时间的延长显著增大,破坏时两侧挠度差值达到94mm,高温加剧了其弯扭耦合效应。

(3)连续钢箱梁在受火初期由于主梁的热弯曲效应,中支座反力骤增至常温下的2倍以上,而边支座反力骤减,随后均逐渐恢复。受火后主梁内力发生了剧烈的重分布,负弯矩区先急剧增大随后逐渐减小。对于单跨受火,主梁内力在受火后期逐渐恢复至常温状态,而中支点受火最终由于负弯矩区功能的严重失效,破坏时的主梁内力分布表现出由中支点向跨中重分配的趋势。主梁内力重分布的过程与发生火灾时的升温剧烈程度密切相关。

(4)单跨受火时,连续钢箱梁受火跨靠中支点附近的底板与腹板先发生严重屈曲,之后随着跨中挠度的不断增大,最终发生大变形破坏。中支点受火时,随着负弯矩区承载能力的不断衰退,最终中支座的钢梁底板发生压溃并且附近腹板严重屈曲,破坏前无明显预兆,是一种较为突然的破坏形式。在同一升温模式下,中支点受火的破坏要远早于单跨受火的情况,耐火极限缩短约40%,对于中支点附近的防火保护尤为重要。弯扭耦合作用下的连续钢箱梁受火破坏时,上部混凝土层不仅会出现横向裂缝(中支点附近),还会出现因扭转效应产生的斜裂缝。

(5)板式橡胶支座在高温下具有较好的隔热性能,外界火场温度超过1000℃时,其内部的大部分温度尚未超过200℃。但当外层橡胶达到燃点后会引起支座的燃烧,导致橡胶严重碳化,受火后的橡胶层已完全丧失弹性模量与剪切模量,支座的承压完全依赖于钢板层。橡胶支座随着橡胶的燃烧碳化逐渐丧失承压能力,会造成支点处的沉陷。建议对实际桥梁的橡胶支座进行适当的防火保护,以防止支座受火塌陷致使承压能力失效,从而引起上部梁体可能出现的不利变形。

本章参考文献

[1] 张岗,李徐阳,汤陈皓,等.连续钢箱梁抗火性能试验与演变机理研究[J].中国公路学报,2023,36(6):58-70.

[2] 全国交通工程设施(公路)标准化技术委员会.公路桥梁板式橡胶支座:JT/T 4—2019[S].北京:人民交通出版社股份有限公司,2019.

[3] 李徐阳,张岗,袁卓亚,等.燃油火灾下钢-混组合连续箱梁破坏行为[J].长安大学学报(自然科学版):2023,43(5):40-50.

[4] BS EN 1994-1-2:2005,Eurocode 4:Design of composite steel and concrete structures-part 1-2:general rules-structural fire design[S].London:BSI Standards Limited,2005.

4

钢箱梁火灾响应分析

连续曲线钢箱梁在火灾作用下的各项力学响应指标必定与常温下存在明显不同,主要由于高温下材料的力学性能发生了较大改变,使得材料强度与结构刚度出现了快速衰退。考虑弯梁结构在水平方向上的曲率特点使得其弯矩和扭矩相伴而生,再结合高温下材料性能的衰减,连续曲线钢箱梁在高温下的内力与变形必将发生显著变化,可能会出现一些独有的力学行为,从而引发与常温状态下显著不同的潜在破坏形式[1-2]。因此,需要对其开展不同火灾工况下的温度响应及结构响应分析,以研究其高温力学行为以及破坏模式与机理。

4.1 分析方法

4.1.1 研究对象的选取

选取某大型立交桥枢纽工程中的三跨连续曲线钢箱梁作为研究对象,连续钢箱梁的跨径组合为 $3 \times 36m$,曲率半径 $R = 100m$,对应平面圆心角为 $42°$。横断面形式为全封闭的单箱双室结构,梁高 $1.3m$,顶板宽 $9.3m$,底板宽 $4.8m$,挑梁悬臂宽度为 $2.25m$。边支点和中支点处均设有横隔板和竖向加劲肋,以增强支座处的传力性能,横向加劲肋每隔 $1.8m$ 设置一道。在钢箱梁顶板与沥青铺装层之间设有 $80mm$ 的 C50 混凝土刚性基层,其目的在于提升桥面刚度并改善钢桥面板与沥青铺装层之间的受力状况。钢箱梁中的各个部件均采用 Q345D 钢材。三跨连续曲线钢箱梁的具体布置与细部构造如图 4-1 所示,钢箱梁各部件几何尺寸如表 4-1 所示。

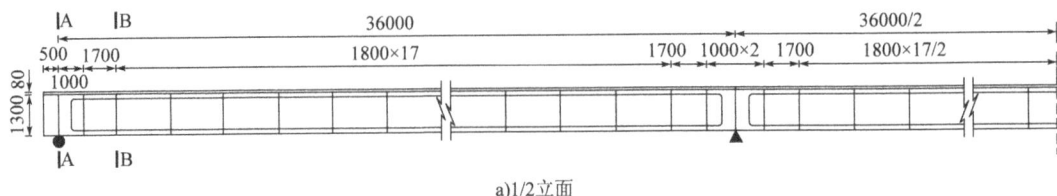

a)1/2立面

图 4-1

b)A-A横断面

c)B-B横断面

d)支座平面布置示意

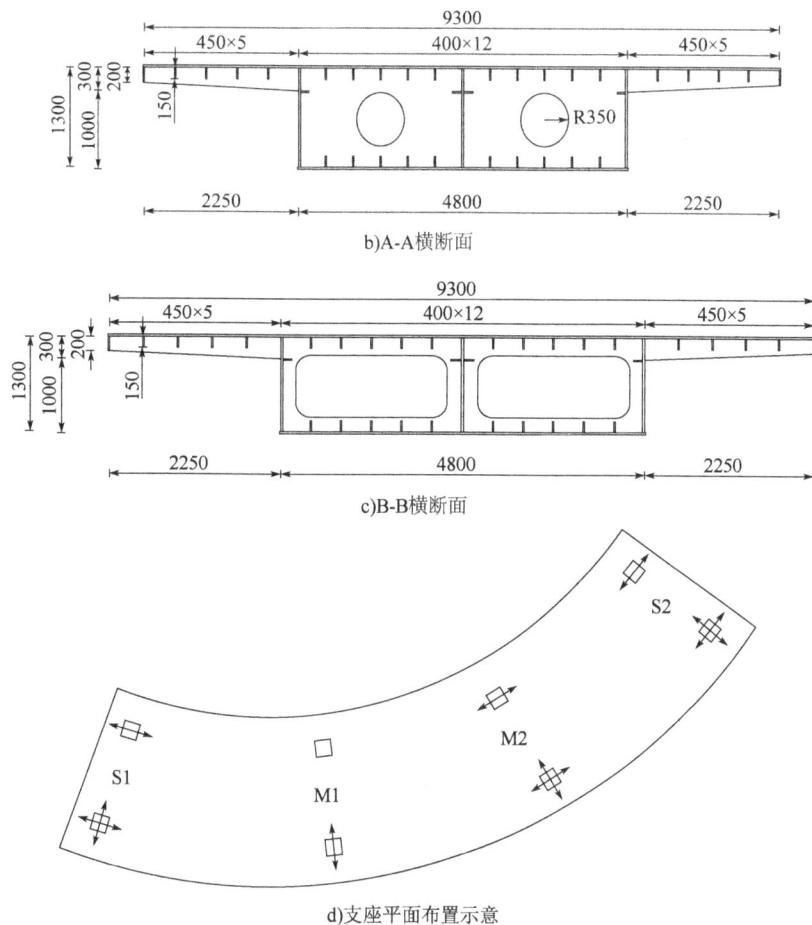

图 4-1 三跨连续曲线钢箱梁一般构造图(尺寸单位:mm)

钢箱梁各部件几何尺寸 表 4-1

部件	宽度/高度(mm)	厚度(mm)
顶板	9300	16
底板	4800	16
腹板	1300	16
挑梁下翼缘	2255	8
纵向加劲肋	150	16
梁端横隔板	—	16
支座处横隔板	—	22
挑梁横隔板	—	12
横向加劲肋	—	12
支座处竖向加劲肋	—	16

4.1.2　模型建立

考虑材料高温性能退化、几何材料非线性、实际约束条件、混凝土刚性基层与钢箱梁协同受力等因素,建立了适用于连续曲线钢箱梁火灾分析的数值分析模型。利用 ANSYS 参数化设计语言,建立了三跨连续曲线钢箱梁的精细化模型,如图 4-2 所示,具体细部位置考虑到数值模型的收敛性进行了适当简化。因为混凝土刚性基层在实际结构中也协同参与受力且对主梁在升温过程中的散热边界条件有所影响,在分析模型中建立了混凝土层,钢箱梁顶板与混凝土层采用共节点的方式进行连接。按支座的实际位置进行约束,中支点处为约束切向变形的固定支座,同时考虑梁的径向变形,在模型中通过旋转节点坐标系与弯梁的柱局部坐标系保持一致从而实现径向与切向的约束。

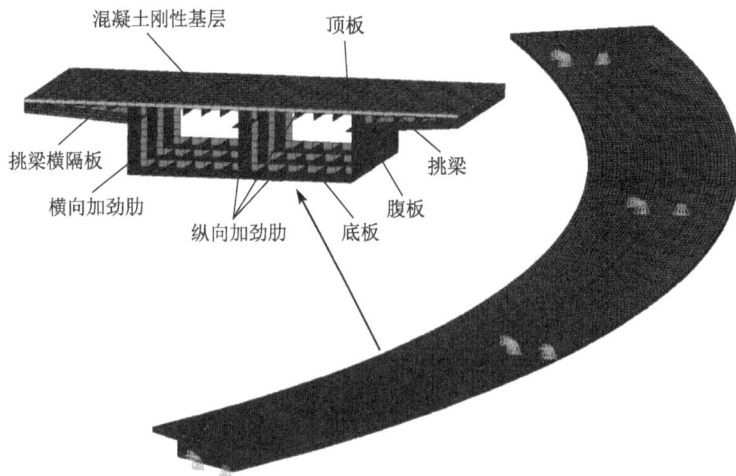

图 4-2　三跨连续曲线钢箱梁的精细化模型

在热分析模型中,选用 SOLID70 和 SHELL131 来模拟混凝土层和钢箱梁[1-2]。这两种单元都适用于三维、瞬态或稳态热分析。通过热对流和热辐射实现火灾暴露的模拟,通过热传导实现结构自身的升温传热过程。在结构分析模型中,通过 SOLID65 和 SHELL181 对混凝土薄板和钢箱梁进行模拟。SOLID65 具有非线性材料特性,可实现混凝土的开裂、压碎或塑性变形。SHELL181 可以实现钢箱梁的线性、大转动或大应变非线性分析。钢箱梁与混凝土层之间的连接忽略滑移变形,通过混凝土层的实体单元和顶板的壳单元在公共界面上的共同节点进行连接。

4.1.3　火灾升温模拟

由于连续曲线钢箱梁地处开放空间,且各条线路纵横交错,通常会有上下多层交错并行的情况,现实中桥梁可能遭遇的火灾形式众多,桥梁火灾的影响因素也十分复杂。主梁的几何形式和尺寸会影响温度分布与传热模式,不同桥梁的空间焰流分布的差异也会改变对流与辐射的强度,此外还受到具体事故情况(车辆位置、事故波及范围、燃油泄漏)和风速对火场改变等的影响[3]。因此,想要构建真实和统一的火场是十分困难的,任何假定的火灾场景和分析手段都无法完全涵盖实际事故的复杂性,故国际上的研究人员通过制定一些标准升温模型用于火灾研究。尽管直接应用标准曲线去定义火灾类型具有一定的局限性,但火场模拟的主要目的在于获取结构在火灾下的温度场,从而为进一步的结构响应分析提供基础。该方法能够大大简化传热的分析过程,使热力耦合计算简便且高效,并将研究重点落在结构的高温力学响应上,对于通常的火灾响应分析具有一般性和代表性[3-6]。目前在现有的火灾分析中已经有了良好的研究基础并得到了大量的应用,被认为是有效的分析手段。

油罐车火灾的特点是突发性强、短时间内升温迅猛、峰值温度高,可以通过碳氢(Hydrocarbon,简称 HC)升温曲线来表征[7]。目前钢桥在设计与养护中对于钢材的腐蚀问题比较重视,钢梁一般都有防腐涂层,但几乎没有任何的防火保护。一旦主梁下部发生火灾,没有防护的钢梁将直接暴露于剧烈高温环境下,结构的安全性能将受到严重威胁。因此,研究重点聚焦于对钢桥危害最大的桥下受火情况,通过最不利的受火工况来反映结构的高温损伤,旨在揭示此类结构火灾响应的一般性规律。通过对已有事故的调研和油罐车火焰流强度的定量分析[3],将油罐车火灾发生时火源与烟气的损伤覆盖范围拟定为20m较为合理。

4.1.4 复杂模型分析细节

通过热对流和热辐射实现火源到结构的传热过程,通过热传导实现结构自身的升温传热。由于曲线钢箱梁下部三面受火,根据现有研究[4-6],考虑火焰对箱型封闭结构的羽流效应,对底板、外腹板、挑梁下缘的辐射系数分别取 0.7、0.5、0.3。Stefan-Boltzmann 常数取 $5.67 \times 10^{-8} W \cdot (m^2 \cdot K^4)^{-1}$,对流换热系数根据欧洲规范 $10^{[7]}$ 的建议值取 $50W \cdot (m^2 \cdot K)^{-1}$。钢材与混凝土的热工性能(热传导系数、比热容和容重)与热力学性能(热膨胀系数、强度、弹性模量)的取值均参考欧洲规范[8-9]。因为欧洲规范[8-9]中给出的高温本构关系部分考虑了金属高温蠕变效应,从而可以更为准确地获得模拟结果。

通过计算和估算,按规范布置车道荷载产生的效应和该桥以均布荷载施加15%荷载水平产生的效应基本相同,其中荷载水平定义为结构所受弯矩与极限抗弯承载能力的比值。并且按均布荷载的形式加载更利于模型收敛性的控制,故施加荷载按照15%的荷载水平考虑。桥上荷载根据受火区域影响线的最不利位置施加,根据规范车道宽度以均布荷载的形式加载,同时计入了桥面沥青铺装层的重量。

曲线钢箱梁的火灾响应模拟是一个超高次的非线性迭代分析过程,最大的分析难点在于模型收敛性的控制,其收敛性受到网格精度、荷载步划分、边界约束等多重因素的影响,任何细节的调整都会影响到分析的收敛性和结果的准确性。因此,需要结合长期的分析经验,通过大量的试算和对比得到理想的模型参数,从而获取可靠的分析结果。在模型分析中,通过定义材料的高温应力-应变关系,考虑材料非线性,通过打开大变形选项考虑结构的几何非线性。

在计算求解中,将每分钟定义为一个时间步,并打开自动时间步,可根据模型计算响应自动划分子步从而优化步长,且有助于非线性计算的收敛控制。通过第一个时间步求解自重与荷载作用下的常温结构响应,通过后续时间步求解火灾下的结构高温响应。模型每一时间步的迭代计算采用 Newton-Raphson 法,收敛准则通过位移的收敛容差来控制。打开非线性求解的时间步回退选项,当解误差过大或求解遇到收敛困难时将自动减小步长,通过在一个时间步长内允许的最大等效塑性应变(25%)来控制,每一子步中平衡迭代的最大次数设置为30。

4.1.5　材料高温性能

钢材在常温下的力学性能非常优异,但其强度和刚度随着温度的升高会迅速降低。钢的高温性能包括热工性能、力学性能和变形性能。钢梁横截面上的温度分布取决于热工性能(导热系数、比热容和密度),材料的强度和刚度随温度的变化取决于力学性能(热膨胀系数、屈服强度、弹性模量和应力-应变关系),而变形特性(热应变和高温蠕变)决定了钢箱梁在火灾中的变形程度。与美国土木工程师协会的 ASCE 手册[10]相比,使用欧洲规范的高温应力-应变关系可以得到更真实的火灾响应预测,这是因为欧洲结构设计标准中所给出的温度相关的应力-应变关系部分考虑了钢材的高温蠕变效应。本研究中混凝土和钢材的温度相关特性(热工性能与热力学性能)参考欧洲结构设计标准 2[8]和 3[9]中的公式进行取值。图 4-3 给出了混凝土和钢材随温度变化的应力-应变关系,将其输入到三维有限元的结构分析模型中,进行热-力耦合分析。

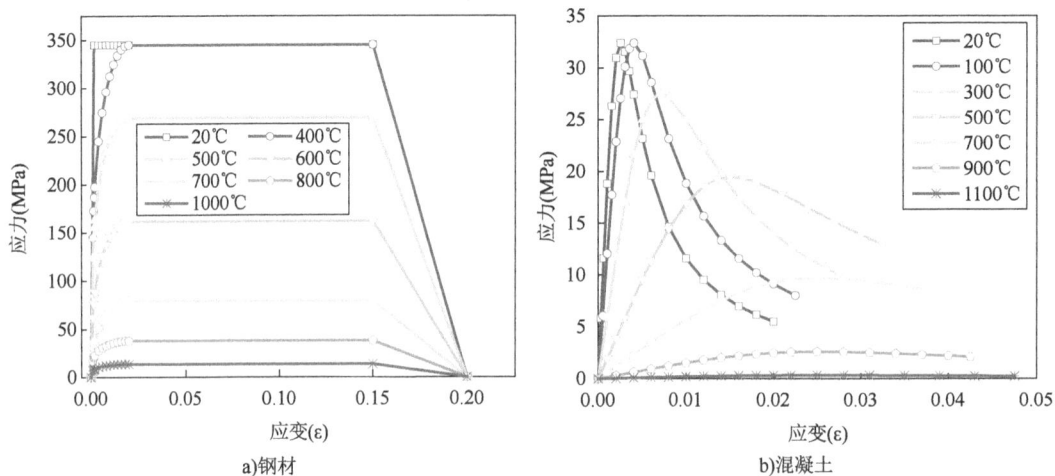

图 4-3　材料高温应力-应变关系

4.1.6　破坏准则

钢箱梁桥是一种以受弯为主的结构,评估结构在火灾下失效的准则主要基于主梁的挠度、挠度变化率和抗弯承载能力。根据英国建筑材料与结构耐火试验规范(BS 476—20∶1987)[11]的规定,当主梁最大挠度达到限值 $L/30$ 或在 1min 内挠度的增长值超过 $L^2/(9000D)$ 时,则视为结构失效,其中 L 和 D 分别为桥梁的计算跨径和梁高。基于截面强度的失效标准,当截面的抗弯承载能力低于截面所承受的弯矩,即主梁不能继续承载时,则认为结构失效。

4.2　复杂火灾场景的重构

实际工程中发生火灾的情况复杂,且火灾发生位置难以预测,已有研究表明钢结构桥梁最不利的受火情况为桥下受火。本章考虑了三种主要的火灾工况,即边跨受火、中跨受火、中支点受火,均为下部三面受火,纵向受火长度为 20m。并且由于三跨连续曲线钢箱梁的中跨受邻跨约束的影响较大,考虑到火灾事故发生时的复杂场景,对中跨受火的情况探究了不同受火覆盖范围的影响。桥上荷载(q)根据受火区域影响线的最不利位置施加,火灾场景及荷载布置,如图4-4所示。

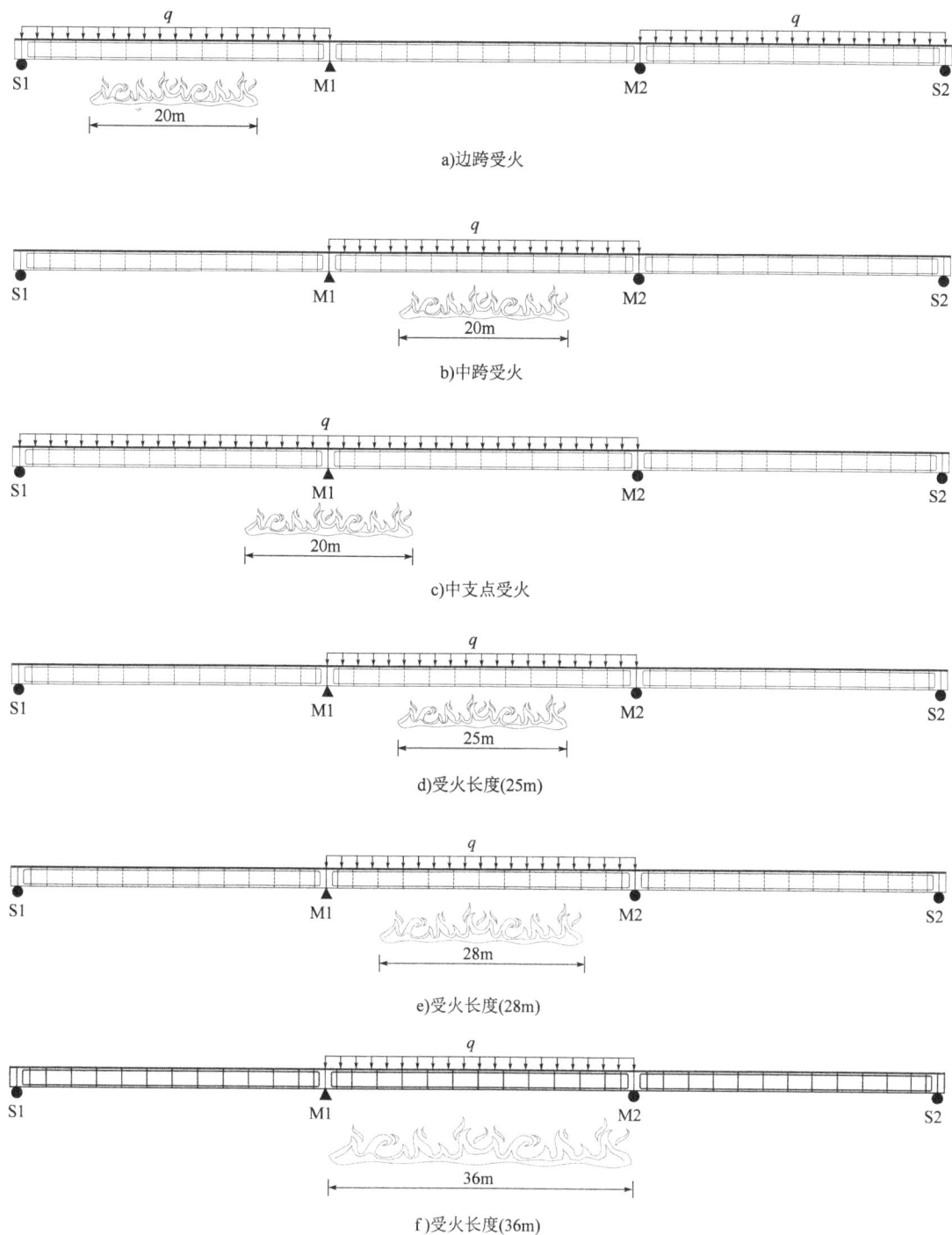

a)边跨受火

b)中跨受火

c)中支点受火

d)受火长度(25m)

e)受火长度(28m)

f)受火长度(36m)

图 4-4

g)受火长度(40m)

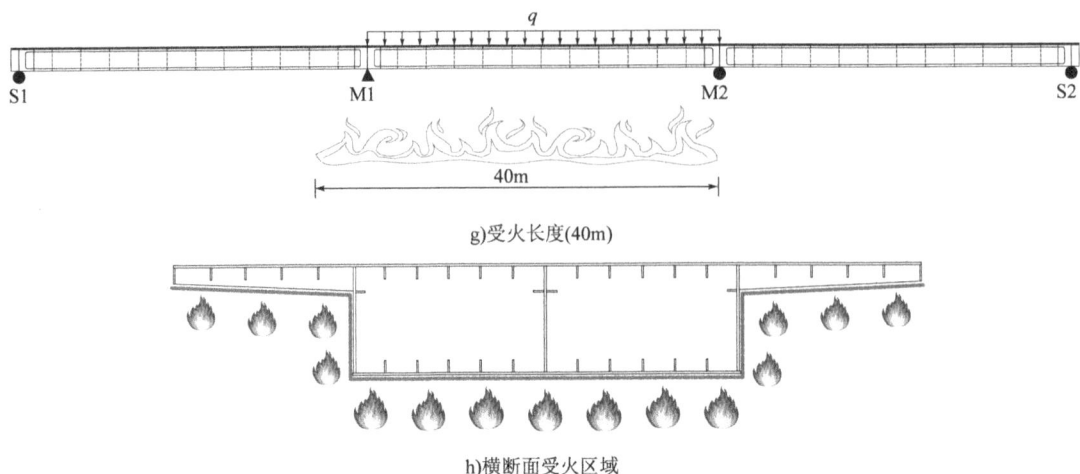

h)横断面受火区域

图4-4　火灾场景及荷载布置

4.3　温度场分析

4.3.1　温度时程

为探究连续曲线钢箱梁在火灾下的升温传热规律,在受火区域的截面选取多个温度测点,提取测点的温度平均值来反映该位置处的温度情况。共 42 个温度测点,温度监测位置为底板 T_{bottom}(5 个)、底板加劲肋 $T_{stiffenerB}$(4 个)、腹板 T_{web}(3 个)、腹板加劲肋 $T_{stiffenerW}$(4 个)、顶板加劲肋 $T_{stiffenerT}$(8 个)、顶板 T_{top}(9 个)、混凝土层 $T_{concrete}$(9 个)。图4-5 给出了钢箱梁截面具体的温度测点位置及编号,以及钢箱梁外部热传递和热辐射、箱内热辐射的路径示意。

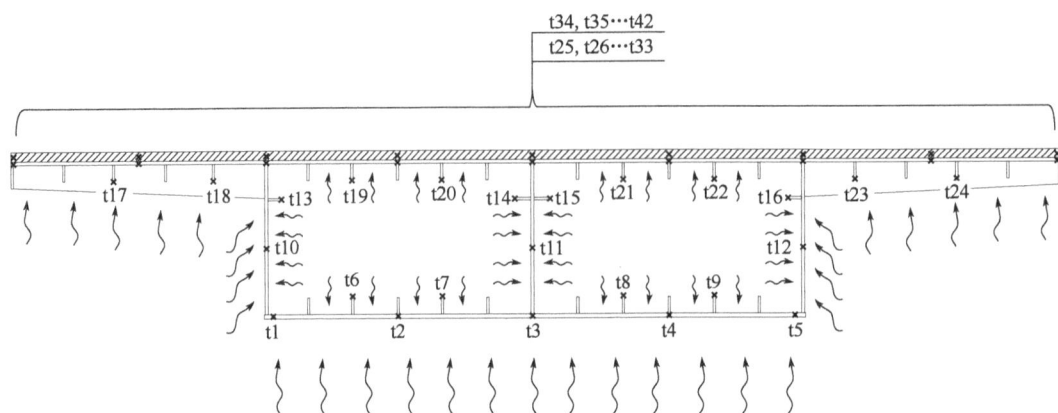

图4-5　钢箱梁热传递及温度测点示意

$$T_{concrete} = (t_{34} + t_{35} + \cdots + t_{42})/9 \quad T_{top} = (t_{25} + t_{26} + \cdots t_{33})/9 \quad T_{stiffenerT} = (t_{17} + t_{18} + \cdots + t_{24})/8$$

$$T_{stiffenerW} = (t_{13} + t_{14} + t_{15} + t_{16})/4 \quad T_{web} = (t_{10} + t_{11} + t_{12})/3 \quad T_{stiffenerB} = (t_6 + t_7 + t_8 + t_9)/4$$

$$T_{bottom} = (t_1 + t_2 + t_3 + t_4 + t_5)/5$$

图 4-6 给出了钢箱梁受火区域截面的各部分在 HC 火灾下的温升变化规律。可以看出，当假定条件为桥下受火时，主梁截面各部位的温度发展存在较大差异。底板由于距离火源最近，故其升温趋势相对其他部位最剧烈。底板纵向加劲肋的温升过程首要依赖于底板的热传导作用，其次受箱内热辐射的影响，在加劲肋的高度方向上产生一定的热梯度。因中腹板位于箱内不直接受火，故与边腹板温度有一定差异，其升温路径源于底板的热传导和箱内的辐射传热，腹板中部的平均温度相比于底板温度发展略为缓慢。腹板纵向加劲肋与顶板纵向加劲肋因位于箱内且靠近顶板，二者的温度变化趋势较为相似且相对平缓。钢箱梁的顶板由于直接与混凝土层相连，混凝土独有的热惰性使得顶板的升温过程最为缓慢。

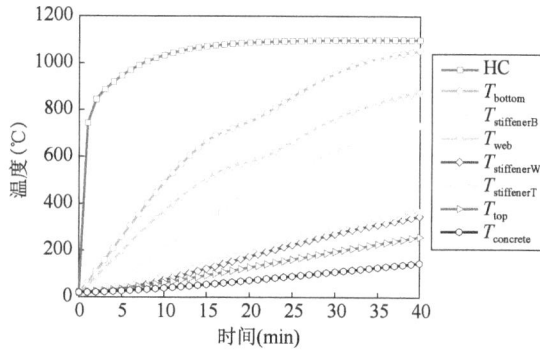

图 4-6　钢箱梁各部分温升曲线

4.3.2　截面温度梯度

钢箱梁截面的温度梯度分布随受火时间的发展规律绘制于图 4-7 中。由图 4-7 可以看出，截面各部位的温度差异在受火初期相对较小，随着受火时间的增长，截面的温度梯度愈发显著。

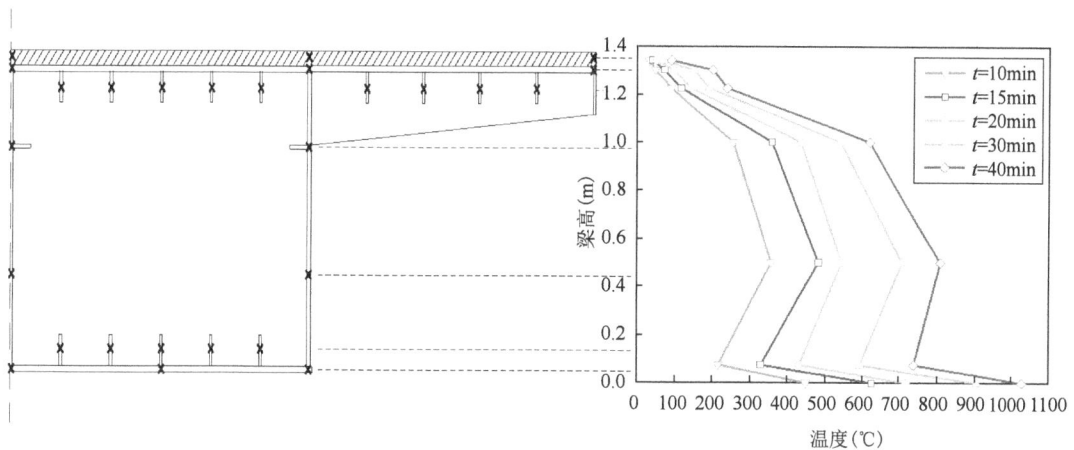

图 4-7　钢箱梁截面温度梯度分布

底板与底板纵向加劲肋的温差是由于钢材热传导的不均匀性所造成,其升温路径主要源于底板直接受火发生快速升温,受火后期这种温度差异有减小的趋势。由于均处于火灾暴露区域,两个边腹板的温度与底板基本相近,但因中腹板不直接受火,故腹板中部的平均温度与底板存在一定差异,温差基本保持在200℃内。底板与顶板的温度差值在受火15min时超过了500℃,并在后期逐渐增大,这种显著的温度差异会诱发钢箱梁在受火初期的自身热弯曲。在受火30min时,底板温度超过了800℃,而腹板大部分区域的温度也超过了600℃,这将导致钢材的强度与刚度严重衰退,进而致使结构在后期的承载能力大幅衰退。

4.4 结构响应

4.4.1 竖向位移

(1)边跨受火。

图4-8给出了三跨连续曲线钢箱梁在边跨受火的情况下,各跨的内外侧挠度随受火时间的变化。受火边跨的挠度发展可分为三个阶段,表现为线性增长段、相对平缓段、急剧下降段。而未受火的中跨和边跨挠度发展可分为两个阶段,表现为线性增长段和缓慢恢复段。

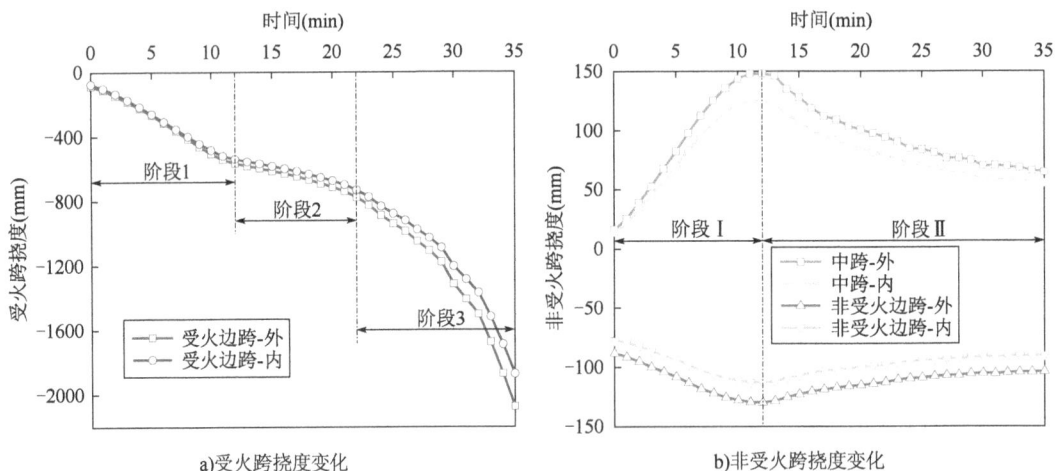

a)受火跨挠度变化   b)非受火跨挠度变化

图4-8 三跨连续曲线钢箱梁边跨受火主梁挠度变化

在受火初期,由于主梁下部的快速升温在整个梁截面上形成了显著的温度梯度,率先受到高温的钢构件产生了明显的热膨胀效应,继而诱发了钢梁的自身热弯曲行为。主梁在第1阶段的变形主要由此产生,受火边跨出现下挠,由于连续梁的整体变形协调性,中跨和非受火边跨相继发生了上拱和下挠。该阶段的变形呈线性增长,外侧挠度的增幅要显著大于内侧挠度,并且随着受火时间的发展内外侧挠度差值逐渐增大。

在该阶段腹板和底板因高温膨胀沿纵桥向不断伸长,边跨受火区域的下部对中支座M1附近区域形成不断挤压的趋势,并且受火边跨的不断下挠导致中支点处的负弯矩迅速增大,这使得中支座M1处下部受压区的大部分区域在第1阶段末逐渐达到屈服。图4-9展示了中支座 M1 附近区域在 12min 内的应力云图,可以看出中支点处的底板和腹板下部基本进入了屈服状态,且内侧的塑性区域要明显大于外侧。此时塑性区域大幅扩展,应力释放并发生了重分配,致使中支点处的转动刚度骤减,从而边跨与中跨的联系受到大幅削弱。

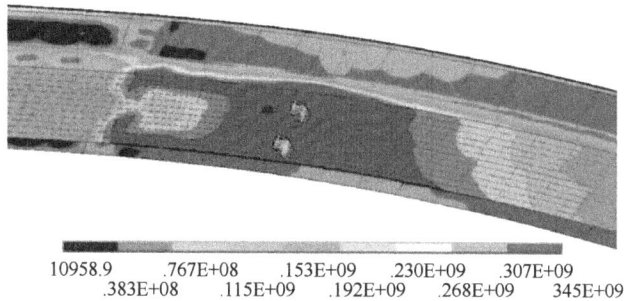

图 4-9　中支座 M1 附近区域应力云图(单位:Pa)

在第 2 阶段中,由于边中跨之间的联系减弱,中跨变形因此呈现出逐渐下挠的恢复趋势,继而未受火边跨由于变形协调性呈现出逐渐上拱的恢复趋势。受火边跨在此阶段的下挠变形趋于平缓,这主要是由于钢的比热容在 735℃ 附近有一个较大峰值,即意味着该阶段吸收相同的热量其升温更加缓慢,因而钢材性能衰退放缓使得受火区的变形进入相对平缓段。此外,钢箱梁这种闭口结构相较于开口结构仅发生单面受火,故结构温升在 700~800℃ 的历程要更长,因此该阶段是钢箱结构梁区别于开口结构的一个显著特点。

在第 3 阶段随着主梁各部分的温度持续升高,主要承力构件的温度超过了 800℃,材料的强度与刚度出现明显的大幅衰退,故主梁受火段的下挠突然开始持续加快。该阶段的内外侧挠度差值随受火时间的延长快速增大,在 30min 后超过了 110mm,挠度变化率也迅速增长并超过了限值。受火区域的梁体最终出现了显著的向外扭转趋势,跨中挠度急剧增长且主梁无法继续承载,受火边跨发生因变形过大导致的突然垮塌。

图 4-10 展示了受火情况下全桥沿主梁中轴线方向上各位置的竖向变形。常温下两个边跨在自重与荷载的作用下均有一定程度的下挠,受火后随着受火边跨发生快速下挠,中跨与另一边跨相继出现了明显的上拱和下挠。在变形发展的第一阶段(前 12min),各跨的挠度由于连续梁的整体变形协调性保持连贯发展,故竖向变形曲线衔接平顺,中跨的上拱在第一阶段末达到了最大值。随后因前述的受火边跨靠中支点 M1 附近区域的钢梁塑性区大幅扩展,最终该位置处的底板与腹板发生严重鼓曲并逐步形成塑性铰,使得受火边跨与非受火跨之间的联系受到削弱。竖向变形曲线不再连接平顺,该位置处出现了折点,图中所标记的曲线折点位置即为塑性铰的区域。当进入最后一个阶段可以明显看出受火边跨的下挠幅度较之前显著增大,最终受火边跨发生突然垮塌。

(2)中跨受火。

图 4-11 给出了三跨连续曲线钢箱梁在中跨受火的情况下,边中跨的内外侧挠度随受火时间的变化,因结构对称,只给出一个边跨的变形情况。可以看出中跨受火的主梁变形要明显小于边跨受火的情况,同样也可分为三个阶段,中跨的挠度发展主要由下降段、挠度恢复段、缓慢下降段组成,而边跨的挠度发展则为先上拱后下挠。

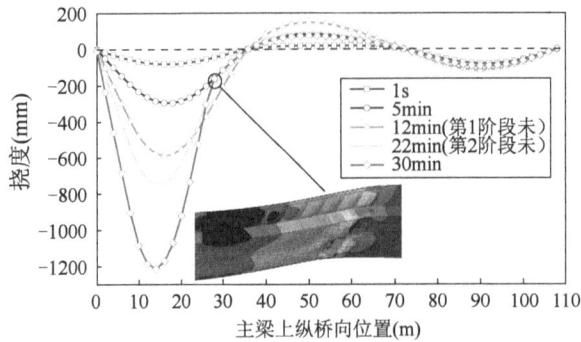

图 4-10 边跨受火情况下沿主梁的竖向变形

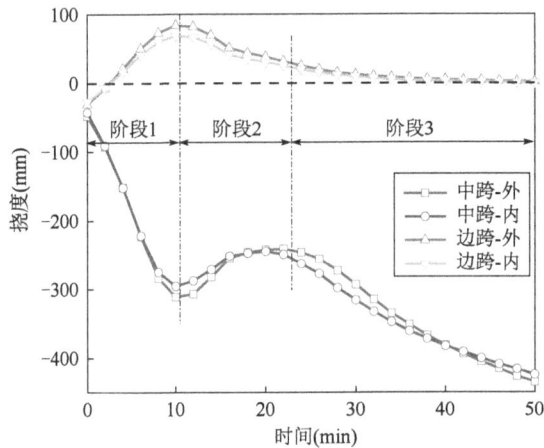

图 4-11 中跨受火情况下主梁挠度变化

第 1 阶段的中跨下挠依然是由于受火初期截面温度梯度引起的主梁热弯曲,两个边跨随即出现上拱,该阶段竖向挠度呈线性增长。在第 2 阶段随着受火区域边缘的塑性区域扩展导致边中跨的联系被削弱,此处的抗弯刚度衰减,两个边跨表现出由上拱转为下挠的恢复趋势,这直接造成了此阶段中跨的小幅上拱。因为存在这个上拱阶段,并且由于弯梁外侧的变形幅度要大于内侧,故内外侧的竖向变形曲线出现了一个交替。在接下来的阶段,中跨的下挠变形并不显著,呈现出缓慢的增长趋势,挠度增长率没有明显增大,主梁在有限的受火时间内并未出现像边跨受火那样的大变形破坏。这是由于连续梁与简支梁的边界约束条件不同,中跨的变形会受到边跨的牵制作用,中跨的轴向热膨胀力与边跨的水平牵制力的合力要高于跨中受火区域的下挠收缩力,因而中跨的变形受到了约束,没有出现如边跨受火在最后阶段因挠度激增引发的突然性垮塌。

图 4-12 为中跨受火的梁段受力示意简图,展示了受火梁段的力学平衡关系。在受火前期由于边跨与中跨保持整体变形协调一致性,边跨与中跨的变形表现出相反的趋势,主要体现于前述的挠度变化的前两个阶段。之后在受火区域边缘由于温度过渡明显导致刚度突变从而引起应力集中,该位置处的钢梁逐步屈曲并形成了两个塑性铰。跨中受火梁段的热弯曲变形、相

邻边跨的水平牵制作用,以及二者之间刚度不断降低的塑性铰,共同影响了中跨受火的主梁变形过程。

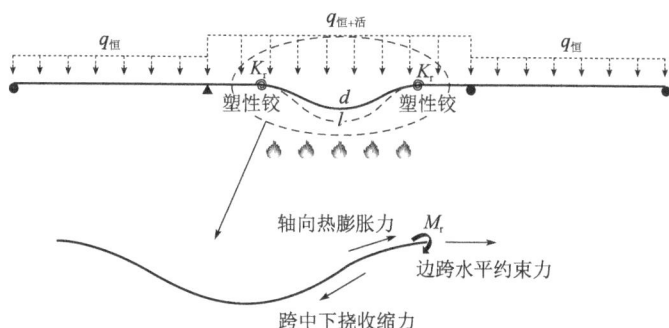

图 4-12 中跨受火情况下梁段受力示意图

跨中受火段的下挠主要源于中跨在荷载与高温作用下导致梁段整体向下弯曲并向跨中方向呈现收缩趋势。同时,受火段钢材的热膨胀使得梁段保持向外伸长的趋势;两边跨在自重作用下对跨中的下挠形成了水平牵制作用;塑性铰处的转动刚度 K_r 对跨中的弯曲形成了约束弯矩 M_r。因此,导致受火段下挠的作用与抑制其弯曲变形的作用相互制衡,共同决定了受火段的变形趋势。当后期跨中下挠增大并受到边跨的水平牵制作用(对跨中的拉力),主梁产生了应力刚化效应,轴力的增大使得主梁的竖向刚度显著增大。这种效应类似于约束钢梁在火灾下表现出的悬链线效应,当主梁达到极限抗弯承载能力后没有发生突然失效,仍具有一定的继续承载能力。因此,中跨的变形在后期并没有出现明显的激增现象,而是缓慢增大,这使得在同样条件下中跨受火相比于边跨受火具有更好的抵抗高温变形的能力。

为了进一步深入研究中跨受火的变形特点,对中跨的受火长度进行了对比分析,对比了受火长度为 20m、25m、28m、36m 和 40m 的情况,如图 4-13 所示。

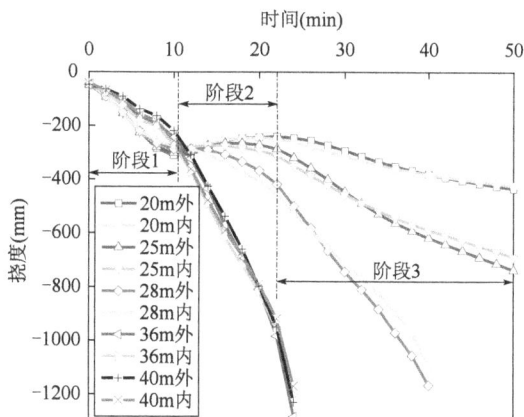

图 4-13 不同受火长度下中跨挠度变化

受火长度对主梁中跨变形的影响显著,随着受火长度的增大,跨中下挠收缩力要高于轴向热膨胀力和边跨水平牵制力的合力,这使得第 2 阶段的上挠变形不再明显甚至消失,最终中跨也出现了变形急剧增大的整体垮塌。对于受火长度为36m和40m的情况,中跨的受火变形趋势较为接近,但受火40m的中跨变形要略小于受火36m的情况,这是由于受火40m时火灾覆盖范围包含了边跨的一部分,而边跨的下挠对于中跨变形有一定的影响作用。考虑到实际火灾事故中出现如此大面积的火焰与热源覆盖范围的概率是极小的,并且中跨受火相比于边跨受火具有更好的结构整体抵抗性,故可认为在有限的火灾影响范围里,连续曲线钢箱梁的中跨受火时不会在短时间内造成主梁的突然性垮塌。

图4-14给出了中跨受火情况下主梁中轴线方向上各位置的竖向变形。常温下三跨均有一定程度下挠,受火后中跨的热弯曲下挠带动了边跨的快速上拱,10min内上挠量达到了近100mm,边跨的上拱在第1阶段末达到了最大值。随后由于钢梁中下部的塑性区大幅扩展导致边中跨之间的联系被削弱,在第2阶段边跨竖向变形的回落带动中跨出现了小幅上拱。之后随着高温区材料强度与刚度的快速衰退,各跨呈现出缓慢的下挠趋势,在后期中跨的受火区域边缘形成了两个刚度逐渐减小的塑性铰,如图4-14中标记所示,对应了此时连续梁竖向变形曲线出现的两个明显折点。

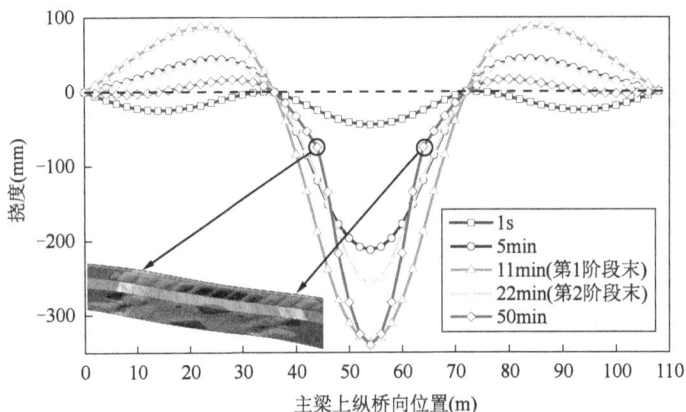

图4-14 中跨受火情况下沿主梁的竖向变形

(3)中支点受火。

图4-15给出了三跨连续曲线钢箱梁在中支点M1受火的情况下,各跨的内外侧挠度随受火时间的变化。中支点受火相较于边、中跨受火,由于存在竖向支撑,在短时间内并不会对主梁造成较大的竖向变形。受火初期中支点的受火区域因截面温度梯度产生热弯曲,带动中支点附近区域向上翘起。随后中支点附近的边中跨因主梁刚度减小逐渐下挠,变形速率较为缓慢,中跨由于受到两侧约束,变形远小于边跨。未受火边跨的挠度随受火区域的变形而变化,保持主梁的变形协调一致性。随着受火区域边中跨的变形逐渐增大,中支点处开始出现下挠,此时中支点附近区域的钢梁高温屈曲变形已十分显著。

图4-16展示了中支点M1受火情况下全桥沿主梁中轴线方向上各位置的竖向变形。受火初期中支点M1附近的主梁受截面温度梯度影响有一个小幅上翘,之后受火中支点两侧的边中跨开始逐渐下挠,并带动中支点处轻微上拱。可以看出在中支点受火的情况下,主梁整体的变形程度不大,主要表现为受火中支点两侧的主梁下挠。随着受火中支点附近区域的钢梁高温屈曲变形显著,中支点两侧逐渐形成两个塑性铰,主梁也趋于破坏。

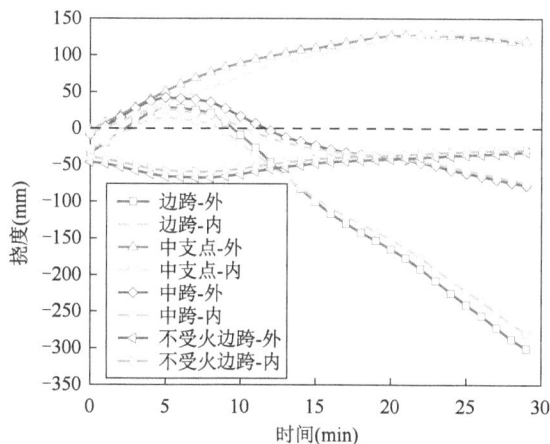

图 4-15　中支点 M1 受火主梁挠度变化

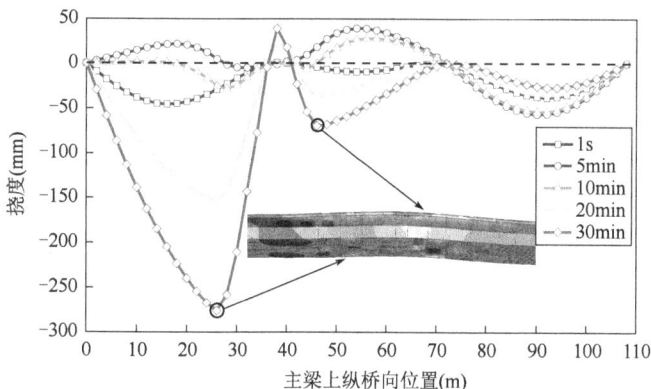

图 4-16　中支点 M1 受火情况下沿主梁的竖向变形

4.4.2　梁端位移

高温下梁端的水平位移受到轴向热膨胀与弯曲下挠变形的共同影响。曲线钢箱梁在火灾下因热膨胀会产生沿梁轴线方向的向外伸长,其轴向的伸长程度与材料的热膨胀系数、截面的温度以及梁的长度均相关。根据曲线梁微段变形的几何关系,结合梁在弯曲之后的微变形分析可知,由曲线梁下挠变形引起的梁端水平位移与梁的竖向变形程度(挠曲线函数)以及曲率半径均相关。因此,梁端沿纵桥向的水平位移的变化过程实质上是梁的轴向热膨胀变形与竖向弯曲下挠变形相互制衡的过程。

(1)边跨受火。

图 4-17 给出了边跨受火情况下梁端沿纵桥向的内外侧位移变化,可以看出梁端的水平位移发展也分为了三个阶段。

与主梁竖向变形的第 1 阶段相对应,钢箱梁受火后沿纵桥向迅速发生热膨胀,致使梁端向外迅速伸长,最大位移超过了 100mm。之后由于主梁挠度的逐渐增大带动梁端也向跨中移

65

动,该阶段梁端沿纵桥向的向外热膨胀与向内移动相互制约,故此阶段的位移基本保持不变。第 3 阶段的梁端位移快速增大与受火后期主梁挠度变化率显著增大相对应,此时梁端位移因主梁的不断下挠向跨中急剧增长,纵桥向的内外侧位移差值也显著增大,最终梁端因位移过大从边支座掉落,受火边跨发生突然垮塌。

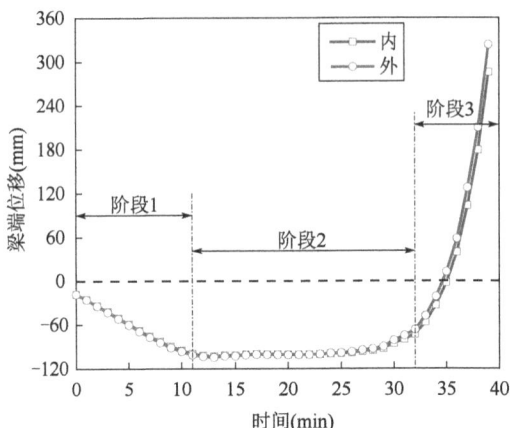

图 4-17 边跨受火情况下梁端纵桥向位移变化

(2)中跨受火。

图 4-18 给出了中跨受火情况下的梁端位移变化,并对比了不同受火长度对其的影响。梁端的位移发展主要分为初期的热膨胀阶段、后期的跨中下挠收缩与热膨胀相互制约的阶段。随着受火长度的增长,梁端在热膨胀阶段的位移也逐渐增加。当中跨的受火长度有限时,中跨的下挠收缩未能克服主梁的向外热膨胀,故此阶段的梁端位移基本保持不变,也未造成较大的跨中挠度。但随着受火长度的增加,中跨的下挠收缩效应显著增大并克服了热膨胀效应的影响,使得梁端在后期向跨中快速移动,这也对应了此时中跨竖向变形的快速发展。

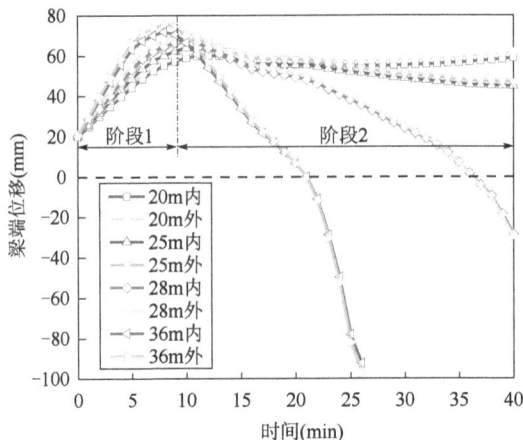

图 4-18 中跨受火情况下梁端纵桥向位移变化

（3）中支点受火。

图 4-19 给出了在中支点 M1 受火的情况下，近火端 S1 和远火端 S2 两个梁端的水平位移变化。可以看出近火端 S1 由于距离火源较近，向外的热膨胀一直占据主导，没有出现向跨中移动的趋势，也对应了该过程中主梁较小的竖向变形。而远火端 S2 由于距离火源较远，并且受到热膨胀的影响较小，全过程的位移变化并不显著，表现为先向外的微小位移，随后向跨中方向移动。

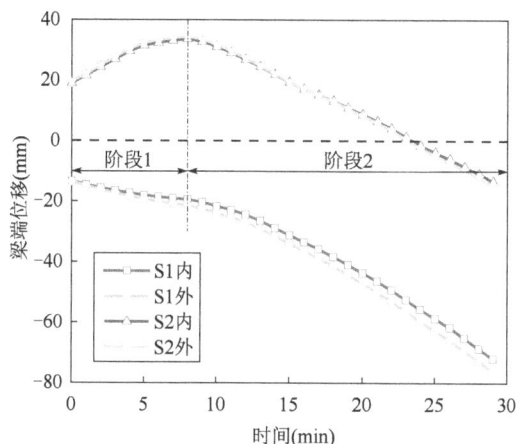

图 4-19　中支点 M1 受火情况下梁端纵桥向位移变化

4.4.3　支座反力与内力重分布

（1）边跨受火。

图 4-20 给出了边跨受火时各支座反力的变化规律，图 4-20a）对应了各支点位置处支座的整体反力，而图 4-20b）对应了各位置处内外侧支座的反力，支座反力的变化分为两个较为明显的阶段。中支点 M1 的支座反力先迅速增大随后逐渐减小，边支点 S1 和中支点 M2 的支座反力先迅速减小随后逐渐增大，边支点 S2 的支座反力基本没有较大变化。第 1 阶段由于边跨在受火初期产生热弯曲，受火区主梁整体表现为中间下挠而两端上翘的变形趋势，使得边支点 S1 和中支点 M2 产生上拔力，中支点 M1 则相对承担了更大的竖向压力，支座反力发生了重分配。在此阶段，受到边跨受火区刚度变化和结构弯曲变形的影响，主梁发生了剧烈的内力重分配，中支点 M1 处的负弯矩显著增大，而受火边跨的跨中正弯矩显著减小。在第 2 阶段随着中跨也开始下挠，并且受火边跨挠度不断增大，边支点 S1 和中支点 M2 开始分担了更多的上部传力，中支点 M1 的反力则相对减小，支座反力再次重分配。该过程中受火边跨的跨中正弯矩开始逐渐增大，中支点 M1 处的负弯矩逐渐减小。

受火边跨两侧的边支座 S1 和中支座 M1 的内外侧支座反力变化存在显著差异，表现为内侧支座反力先增大后减小，而外侧支座反力先减小后增大。这是由于受火边跨在初期产生了明显的热弯曲变形，而弯梁受曲率影响使得外侧的弧长大于内侧，当发生弯曲变形时外侧的上翘要大于内侧，落在支座上的梁致使内外侧的支座反力重分配，内侧支座反力显著增大而外侧支座反力显著减小。之后主梁的下挠主要受材料强度与结构刚度衰退的影响，弯梁的高温变形表现出向外扭转的趋势,故外侧支座反力开始逐渐增大,内侧支座反力相对减小。整个过程中的内外侧支座反力重分配也说明了弯梁的扭矩在受火期间发生了显著变化。

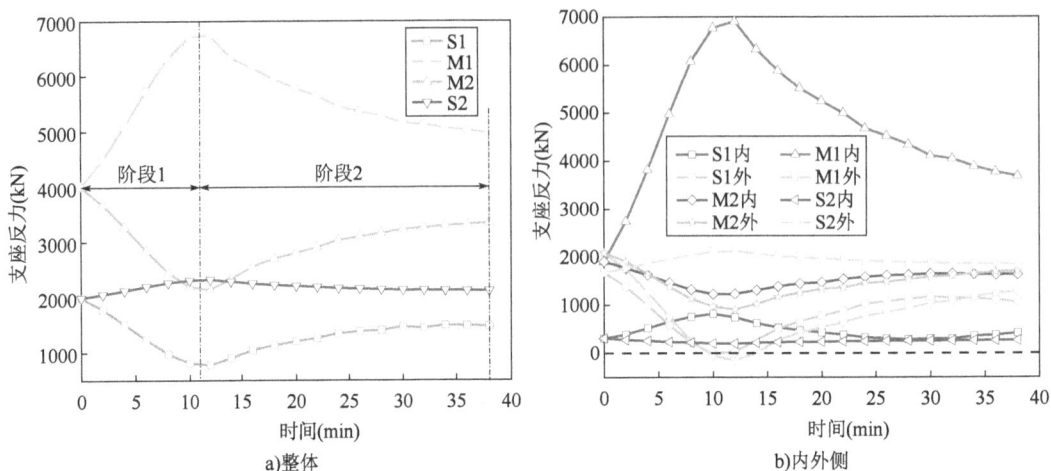

图 4-20　边跨受火时各支座反力变化

(2)中跨受火。

图 4-21 为中跨受火情况下各支座反力的变化规律,由于该工况整体对称,只给出了边支点 S1 和中支点 M1 的支反力发展情况。由于受火初期的主梁热弯曲使得中跨下挠而两边跨上拱,在两个边支座处产生上拔力,故边支座的反力减小而中支座的反力增大,支座反力重分配。该阶段中跨由于高温下刚度骤减从而跨中正弯矩减小,两个中支点处的负弯矩增大。之后三跨均开始下挠,两个边支座开始分担了更多的反力,中支座的反力逐渐减小,支座反力再次重分配。

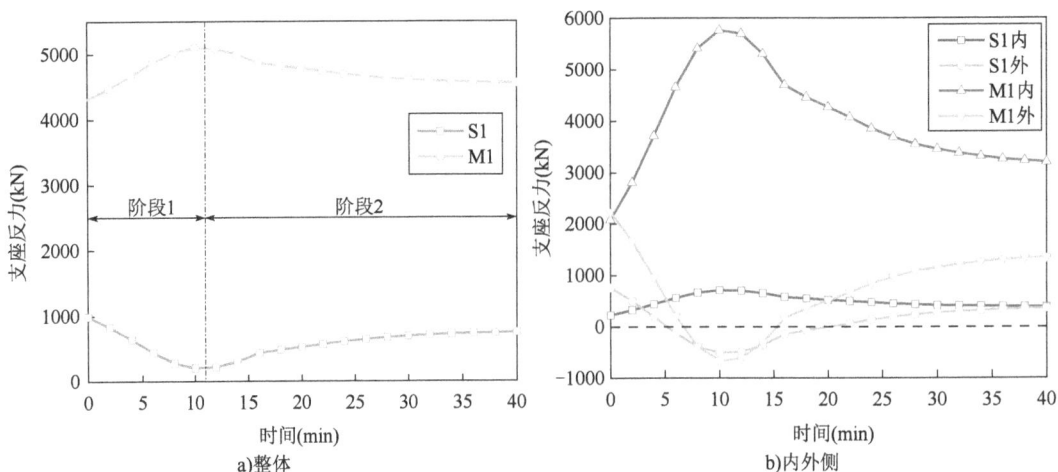

图 4-21　中跨受火情况下各支座反力变化

内外侧的支座反力变化趋势与之前相似,表现为内侧支反力先增大后减小,而外侧支反力先减小后增大。中支点的内外侧支反力变化幅度要显著大于边支点的,并且外侧的支座反力在初期骤减的过程中出现了负反力,说明实际中存在支座脱空的隐患。

（3）中支点受火。

图4-22为中支点受火的支座反力发展情况,整个过程中的支座反力变化幅度明显小于边跨受火的情况,这是由于中支点受火的主梁变形相对较小,从而对支座反力的重分配程度也较小。边支点S1外侧的支座反力在初期的急剧减小过程中出现了负反力,说明中支点受火对于弯梁在梁端S1处产生了较大扭矩。

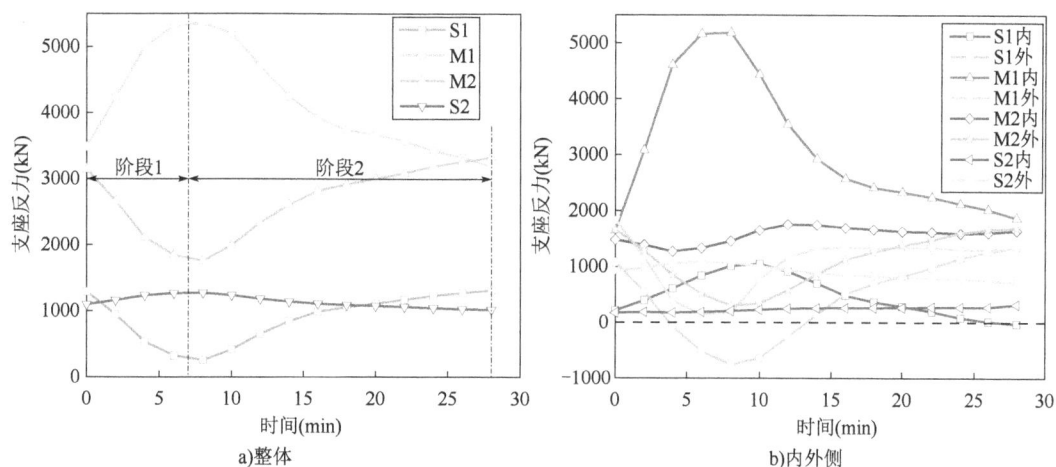

图4-22 中支点受火的支座反力变化

a)整体   b)内外侧

4.4.4 承载能力与刚度退化

对于边跨受火和中跨受火的情况,主梁下部遭遇HC火灾的连续曲线钢箱梁在不同受火阶段时,边跨和中跨的跨中截面抗弯承载能力变化,如图4-23所示。主梁跨中截面的承载能力在高温下显著降低,曲线的初始切线斜率表示该时刻下的结构刚度,也表现出明显的衰退趋势。这是由于火灾下钢梁的温度不断升高,其材料强度和弹性模量显著衰减所导致的。

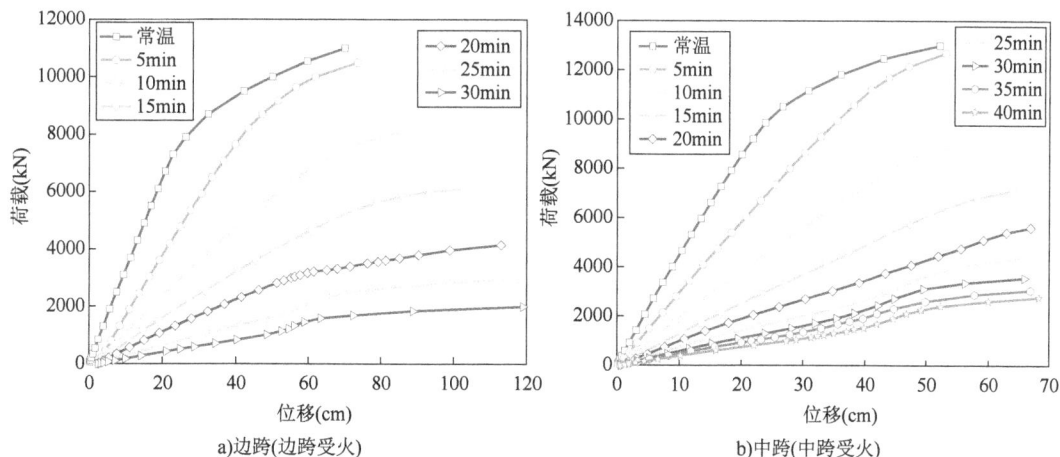

图4-23 不同受火时间的荷载-位移曲线

a)边跨(边跨受火)   b)中跨(中跨受火)

对于边跨受火和中跨受火的情况,图4-24给出了边跨截面和中跨截面在火灾下的极限承载能力衰退曲线,承载能力比表示为各时刻下结构所能承担的最大荷载与常温下的极限承载能力的比值。承载能力的衰退主要分为刚开始的平缓阶段和随后的显著衰退阶段,衰退的速率表现为先增大后减缓。刚开始由于主要构件的温度未超过400℃,钢材强度几乎没有损失,之后截面温度上升使得材料强度显著减小,致使承载能力进一步衰退。中跨的高温下承载能力由于在后期受到两边跨的牵制作用,其衰减过程要明显慢于边跨。边跨与中跨的高温极限承载能力分别于受火30min和40min达到常温下的20%左右,此时受火跨的主梁已处于一个较差的承载状态。

图4-25展示了受火过程中主梁刚度的退化过程,刚度比定义为各时刻下主梁刚度与常温下的比值。可以看出刚度的变化表现出显著减小和逐渐变缓的过程,区别于承载能力的变化过程,在受火刚开始就发生了快速降低。这是由于截面尺寸保持不变,抗弯刚度的变化主要取决于材料的弹性模量,而钢材的弹性模量当温度超过100℃时就会显著降低,致使结构趋于"软化",主梁在受火20min时的刚度就已降低为常温下的20%左右。中跨的刚度退化过程由于受到边跨的牵制作用,在后期显著变缓。

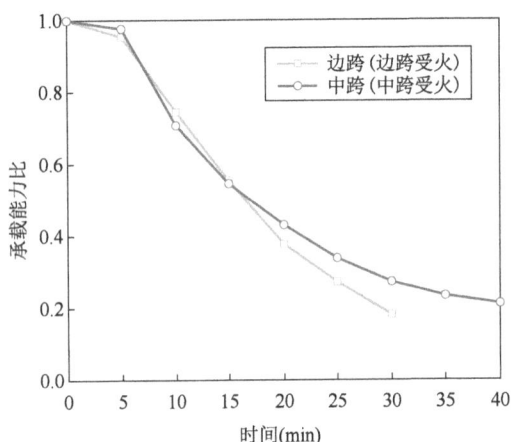

图4-24 极限承载能力衰退曲线

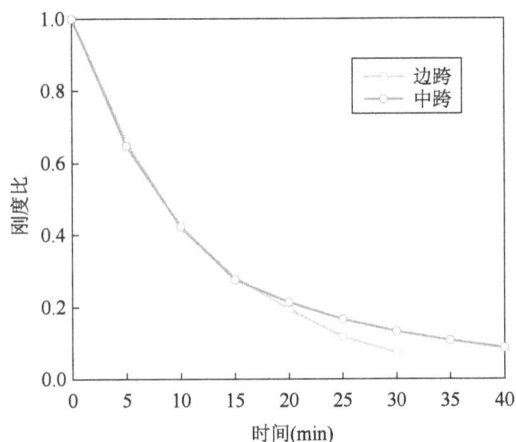

图4-25 刚度衰退曲线

4.5 破坏模式与机理

4.5.1 边跨受火

图4-26展示了边跨受火的破坏模式,为受火边跨的整体垮塌,在跨中和受火区域边缘靠中支点附近形成了两个塑性铰。受火边跨的竖向变形很大,主梁内外侧的挠度差值非常显著,梁体表现出明的向外扭转趋势,并且在梁端存在较大的转角变形。主梁在火灾下的破坏与常温下存在较大差异,主要是由于高温下主梁刚度的快速衰退以及显著的内力重分布。常温下某截面达到极限抗弯承载能力后形成塑性铰,随着荷载的继续增大主梁内力发生重新分配。而高温下的内力重分布则贯穿了整个受火过程,主梁的内力重分布与截面承载弯矩的减小是同步进行的。

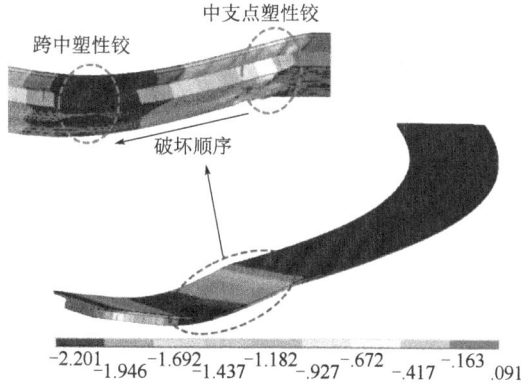

图 4-26 边跨受火破坏模式(单位:m)

靠近中支点的受火区域边缘是高温区与低温区的分界处,是主梁刚度突变的位置,容易形成应力集中,在受火初期由主梁轴向热膨胀产生的挤压力与中支点负弯矩不断增大的双重影响下,该处钢梁率先屈服并随后形成塑性铰。之后随着主梁的刚度不断衰减与变形增大,跨中的挠度变化速率超过限值,截面的抗弯承载能力不足以继续承担荷载,在边跨跨中形成了第二个塑性铰。高温下塑性铰的刚度是不断减小的,其承载弯矩的能力随着受火时间不断降低,是一种时变塑性铰。

4.5.2 中跨受火

图 4-27 为中跨受火的破坏模式,相比于同样受火长度的边跨受火,中跨受火最终未发生整体垮塌,梁体的向外扭转趋势由于受到两个边跨的限制也相对较小。由于受火区域的受热膨胀挤压以及刚度突变处的应力集中,中跨受火区域边缘的钢梁下部发生屈曲并逐渐形成了两个时变塑性铰,随着塑性铰刚度的不断降低,跨中的下挠逐渐增大。中跨由于受到两侧边跨的牵制作用其竖向变形的发展速率较为缓慢,说明相同条件下中跨受火相比于边跨受火具有更好的整体抵抗性,一般情况下发生整体垮塌的可能性较低。

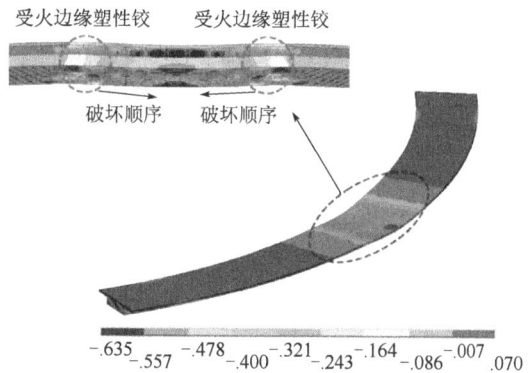

图 4-27 中跨受火破坏模式(单位:m)

当连续曲线钢箱梁的受火覆盖范围足够大时,主梁的跨中变形出现急剧增大,最终在跨中也会形成塑性铰,故中跨也有发生整体垮塌的可能性。因此,当连续曲线钢箱梁的中跨受火时,其最终的破坏形式与程度取决于受火区域的覆盖范围和桥上荷载状况。

4.5.3 中支点受火

图 4-28 为中支点受火的破坏模式,可以看出边跨与中跨并未出现显著的竖向变形,中支点微微隆起,两侧的钢梁严重屈曲并形成塑性铰。中支点受压区受到负弯矩增大以及高温刚度衰减的双重影响,支座附近区域的钢梁较早地发生了高温屈曲,但主梁由于中支点的竖向支撑

作用没有出现明显下挠。相较于边跨与中跨受火的情况,中支点受火的破坏过程更为短暂,并且最终的破坏形式没有明显征兆,伴随着支座附近区域钢梁的压溃,是一个比较突然的过程。

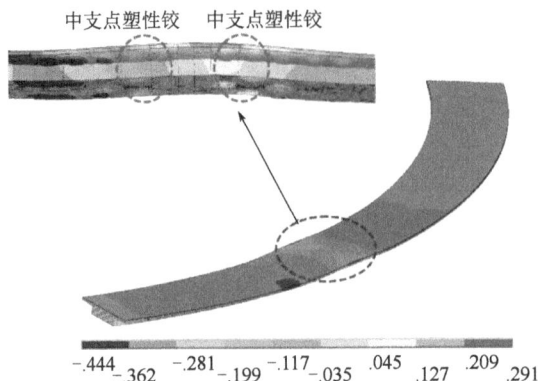

图4-28 中支点受火破坏模式(单位:m)

4.6 本章小结

本章以某三跨连续曲线钢箱梁为研究对象,建立了适用于弯桥的数值仿真模型,通过热-力耦合分析得到了主梁在火灾下的温度响应和结构响应,并对比了边跨受火、中跨受火和中支点受火三种火灾工况下主梁的力学行为与破坏机理,总结如下:

(1)分析了曲线钢箱梁在遭遇桥下碳氢火灾时的温度场。主梁各部件存在较为显著的温度差异,混凝土刚性基层由于热惰性对顶板形成了一定的吸热效应使其升温缓慢,中腹板由于箱内的温度隔绝使其升温相比于直接受火面更为平缓。主梁沿竖向存在显著的热梯度,并且随着受火时间的增长愈发明显,受火初期的竖向热梯度效应对结构的弯曲变形有较大影响。

(2)火灾下连续曲线钢箱梁的弯扭耦合效应被加剧,受火区域梁体表现出较为明显的向外扭转趋势,内外侧的挠度差值随着受火时间的发展不断增大。边中跨受火时,受火跨表现出不同阶段的下挠,而非受火跨先上拱后下挠;中跨受火时由于受到结构变形整体性和边跨牵制作用的影响,具有较好的抵抗高温变形的能力,其跨中的变形程度取决于受火区域的大小;中支点受火则不会产生明显的主梁变形。

(3)主梁的梁端变形由于钢梁受热膨胀先向外伸长,之后随着跨中下挠的增大有向内移动的趋势,其中存在向外热膨胀与跨中下挠向内收缩相互制衡的阶段。梁端的位移在受火后期受到主梁竖向变形的影响,二者的变化趋势密切相关。

(4)连续曲线钢箱梁在受火过程中,从整体上看,中支座的反力先剧烈增大后减小,边支座的反力先剧烈减小后增大,支座反力沿纵桥向发生重分配。从横桥向来看,内侧与外侧的支座反力也发生了重分配,内侧支座反力先剧烈增大后减小,而外侧支座反力的变化与之相反。支座反力在受火初期的变化程度十分剧烈,主梁由于高温下的弯扭变形可能出现单侧支座脱空的隐患。

(5)受结构刚度衰退以及弯曲变形的影响,连续曲线钢箱梁的内力重分布贯穿整个受火过程。在受火初期发生剧烈的内力重分布,体现在中支点的负弯矩急剧增大,而跨中正弯矩相对减小,之后有逐渐恢复的趋势。高温下主梁的内力分布最终表现出由受火区域向非受火区域的转移。

（6）火灾下连续曲线钢箱梁的极限承载能力在受火初期未出现明显降低，之后发生明显衰退，后期逐渐变缓。结构的刚度则在受火后就发生快速衰退，表现出显著的"软化"趋势，后期变化速率减缓。中跨受火相较于边跨受火，由于受到两个边跨的牵制作用，其火灾下的极限承载能力与刚度的退化过程更为缓慢。

（7）连续曲线钢箱梁的高温破坏通常是先从负弯矩区发起的，不同火灾工况下的破坏模式存在较大差别。边跨受火时，主梁的破坏表现为受火区域边缘的中支点附近先形成塑性铰，之后在跨中形成第二个塑性铰，边跨随即发生整体垮塌；中跨受火时，主梁的破坏表现为受火区域边缘形成两个塑性铰，最终跨中是否发生垮塌取决于受火区域的覆盖范围；中支点受火时，主梁的破坏表现为中支点受压区的钢梁严重屈曲形成塑性铰，中支座附近的钢梁发生压溃，破坏过程比较突然。

本章参考文献

[1] 李徐阳,张岗,宋超杰,等.复杂环境下连续弯钢箱梁耐火性能提升方法[J].中国公路学报,2022,35(6):192-204.

[2] DING Y H,ZHANG G,ZHAO X C,et al. Shear performance of horizontally curved steel box bridge girders under hydrocarbon fire exposure conditions: numerical investigation and design implications[J]. Thin-walled Structures, 2024, 205: 112479.

[3] 李雪红,杨星墀,徐秀丽,等.大跨桥梁油罐车燃烧火灾模型计算方法研究[J].中国公路学报,2022,35(6):147-157.

[4] AZIZ E M, KODUR V K. An approach for evaluating the residual strength of fire exposed bridge girders[J]. Journal of Constructional Steel Research, 2013, 88: 34-42.

[5] ZHANG G, KODUR V K, SONG C J, et al. A numerical model for evaluating fire performance of composite box bridge girders[J]. Journal of Constructional Steel Research, 2020, 165: 105823.

[6] LI X Y, ZHANG G, KODUR V K, et al. Designing method for fire safety of steel box bridge girders[J]. Steel and Composite Structures, 2021, 38(6): 657-670.

[7] BS EN 1991-1-2: 2002, Eurocode 1: Actions on structures-part 1-2: general actions-actions on structures exposed to fire[S]. London: BSI Standards Limited, 2002.

[8] BS EN 1992-1-2: 2004, Eurocode 2: Design of concrete structures-part 1-2: general rules-structural fire design[S]. London: BSI Standards Limited, 2004.

[9] BS EN 1993-1-2: 2005, Eurocode 3: Design of steel structures-part 1-2: general rules-structural fire design[S]. London: BSI Standards Limited, 2005.

[10] ASCE Mop 78-1992,Structural fire protection[S],New York: American Society of Civil Engineering,1992.

[11] BS 476-20:1987, Fire tests on building material and structures-part 20: Method for determination of the fire resistance of construction(general principles)[S]. London: BSI Standards limited,2014.

钢箱梁抗火设计参数分析与防控策略

桥梁发生火灾时的不确定因素较多,复杂多变的外部环境和桥梁自身状况都有可能影响结构的耐火性能。前述的试验章节已为此类钢箱梁的耐火性能影响因素提供了一定的研究基础和参考,现结合上一章火灾响应分析的方法与思路,本章旨在探究众多潜在因素对曲线钢箱梁耐火性能的影响[1-2]。进而可根据参数研究的结果,针对此类桥梁提出切实可行的火灾防护策略与耐火性能提升方法,从而为钢箱梁抗火设计奠定基础。

5.1 分析方法

5.1.1 研究对象的选取

由上一章的高温响应分析可知,此类曲线钢箱梁遭遇火灾时的主要破坏形式为大变形破坏,对于连续曲线钢箱梁最为严重的破坏形式为主梁整体垮塌,主要发生于边跨受火的情况。因此,需要探究不同因素对于主梁大变形破坏的影响。由于本章的研究主要聚焦于连续曲线钢箱梁的耐火性能影响因素分析,为达到研究目的并提高分析效率,本章选取曲率半径 $R = 100m$ 的两跨连续曲线钢箱梁(跨径组合为 $2m \times 36m$)进行单跨桥下受火的火灾响应分析,主梁的细部构造尺寸与上一章基本保持一致,在此不过多赘述。本章的理论分析和计算方法也与上一章保持一致。两跨连续曲线钢箱梁的一般构造与有限元模型及受火工况示意,如图5-1和图5-2所示。

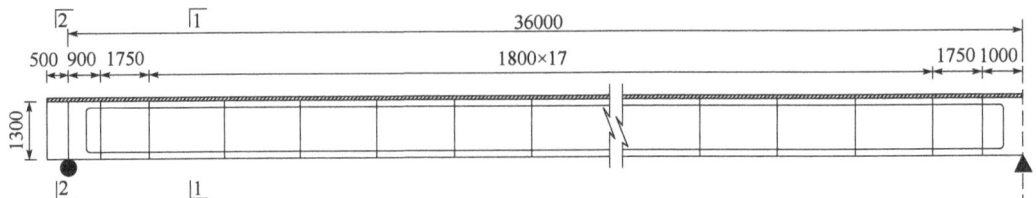

a)1/2立面图

图 5-1

b)1/2横断面图

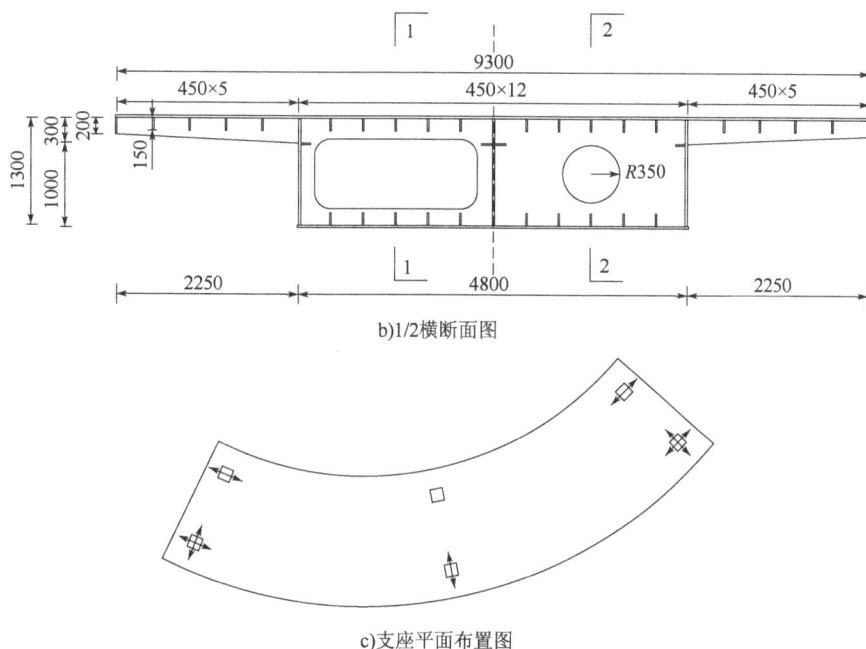

c)支座平面布置图

图 5-1   两跨连续曲线钢箱梁一般构造图(尺寸单位:mm)

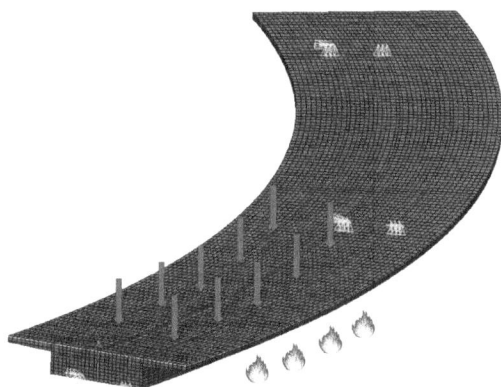

图 5-2   有限元离散模型及受火工况示意图

5.1.2   耐火性能影响因素

　　影响桥梁结构耐火性能的因素从宏观上分为外部因素和内部因素,外部因素包含了火灾发生场景和桥上的荷载状况,而内部因素主要是指桥梁自身的几何形态、结构构造和边界约束情况。根据第 4 章中对于曲线钢箱梁的高温大变形状态的理论分析,并结合推导的大变形状态下的变形函数,可以看出曲线钢箱梁的曲率半径以及外部荷载对于其高温下挠度和扭角的变化影响较大,因此需要进行重点分析。本章讨论的具体参数包括火灾强度、受火长度、荷载水平、加劲肋形式、曲率半径、支座布置形式等,同时还关注了主梁内外侧的支座反力变化,以评估火灾下弯桥的整体稳定性能。本章所研究的各项参数汇总于表 5-1 中,表中沿横向对应的是研究参数的大类,沿纵向对应的则是各具体参数及其取值。

75

研究参数汇总　　　　　　　　　　　　　　　　表 5-1

火灾强度		受火长度(m)	荷载水平	加劲肋	曲率半径(m)	支座布置
火灾参数	HC	20	0.2	板式	100	初始布置
	ISO 834	20	0.2	板式	100	初始布置
	External	20	0.2	板式	100	初始布置
	HC	15	0.2	板式	100	初始布置
	HC	20	0.2	板式	100	初始布置
	HC	25	0.2	板式	100	初始布置
荷载参数	HC	20	0.1	板式	100	初始布置
	HC	20	0.2	板式	100	初始布置
	HC	20	0.3	板式	100	初始布置
	HC	20	0.4	板式	100	初始布置
	HC	20	0.5	板式	100	初始布置
	HC	20	0.2(受火10min卸载)	板式	100	初始布置
	HC	20	0.2(受火20min卸载)	板式	100	初始布置
	HC	20	偏载	板式	100	初始布置
结构参数	HC	20	0.2	板式	100	初始布置
	HC	20	0.2	L形	100	初始布置
	HC	20	0.2	T形	100	初始布置
	HC	20	0.2	Y形	100	初始布置
	HC	20	0.2	中腹板加劲肋	100	初始布置
	HC	20	0.2	板式	50	初始布置
	HC	20	0.2	板式	100	初始布置
	HC	20	0.2	板式	200	初始布置
	HC	20	0.2	板式	500	初始布置
	HC	20	0.2	板式	100(反弯)	初始布置
边界条件参数	HC	20	0.2	板式	100	初始布置
	HC	20	0.2	板式	100	中支点处单支座
	HC	20	0.2	板式	100	增大内外侧支座间距(80cm)
	HC	20	0.2	板式	100	内外侧支座外偏(40cm)
	HC	20	0.2	板式	100	边支点配重混凝土

5.2 火灾参数

实际的桥梁火灾事故具有较大的不确定性,不同的火灾发生来源以及车辆类型都会造成不同的结果,主要体现在火灾的剧烈程度以及受火覆盖范围等。为研究火灾因素对主梁耐火性能的影响,本章重点研究了不同的火灾强度和受火长度对于结构响应的影响。

5.2.1 火灾强度

根据欧洲结构设计标准[3]选取了三种不同类型的升温曲线模型来研究连续曲线钢箱梁的火灾响应,即 HC、ISO 834、External 曲线,其升温模式绘制于图 5-3。可看出 HC 火灾在初期的升温速率极快,是另外两种火灾曲线升温速率的近两倍,在 8min 温度就可达到 1000℃ 并且最高温度维持在 1100℃,表现出"爆燃"的特点。ISO 834 为建筑结构火灾研究中通用的升温曲线,在前期相比于 HC 曲线升温缓慢,但在后期其温度呈现持续增长的趋势。ISO 834 和 External 火灾在初期的升温速率较为接近,在 10min 后 ISO 834 火灾的温度逐渐超过 External 火灾并保持持续增长的态势,而 External 火灾的温度则逐渐趋于稳定,20min 后温度维持在 680℃ 左右。

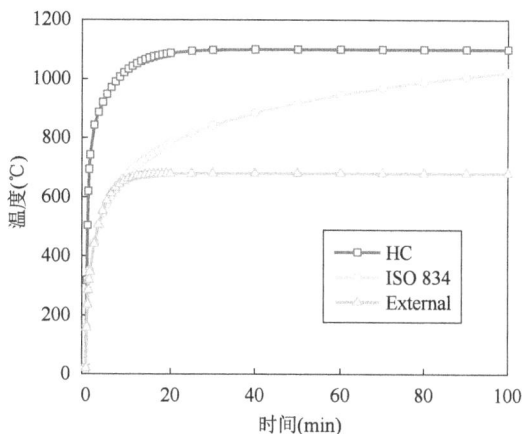

图 5-3　升温曲线对比

图 5-4 对比了三种不同火灾下钢箱梁截面的温度梯度随受火时间的发展,升温模式的差异显著影响了截面温度梯度的分布与发展。HC 火灾在受火 10min 时截面的最大温差就已超过 400℃,而此时 ISO 834 和 External 火灾下的最大温差仅有 200℃ 左右,在受火全过程中其温度梯度也最为显著,这是由于 HC 火灾前期的急速升温决定了该分布特点,10min 内其升温速率是另外两种火灾的近两倍。ISO 834 火灾下截面温度梯度的分布差异最小,这是由于其升温模式始终处于持续增长的趋势,并未出现明显的极速段和平缓段,因此截面的传热相对均匀。

图 5-5 给出了连续曲线钢箱梁在不同火灾强度下的跨中挠度变化。受火跨在 HC 和 ISO 834 火灾下的挠度发展均可分为三个阶段,而 External 火灾下可分为两阶段,在 40min 后结构变形已趋于稳定,这是由于火灾温度没有继续增长使得结构温度基本稳定。非受火跨在 HC 和 ISO 834 火灾下均表现为先上拱后下挠,而 External 火灾下的变形在上拱之后保持稳定并没有出现明显下挠,与受火跨的变形特点相对应。HC 和 ISO 834 火灾最终均造成了主梁的大变形

破坏,但二者的耐火极限相差近两倍,External 火灾下主梁的最大挠度仅达到 $L/45$,说明不同火灾类型导致结构升温模式的差异会显著影响结构的变形发展与破坏时间。

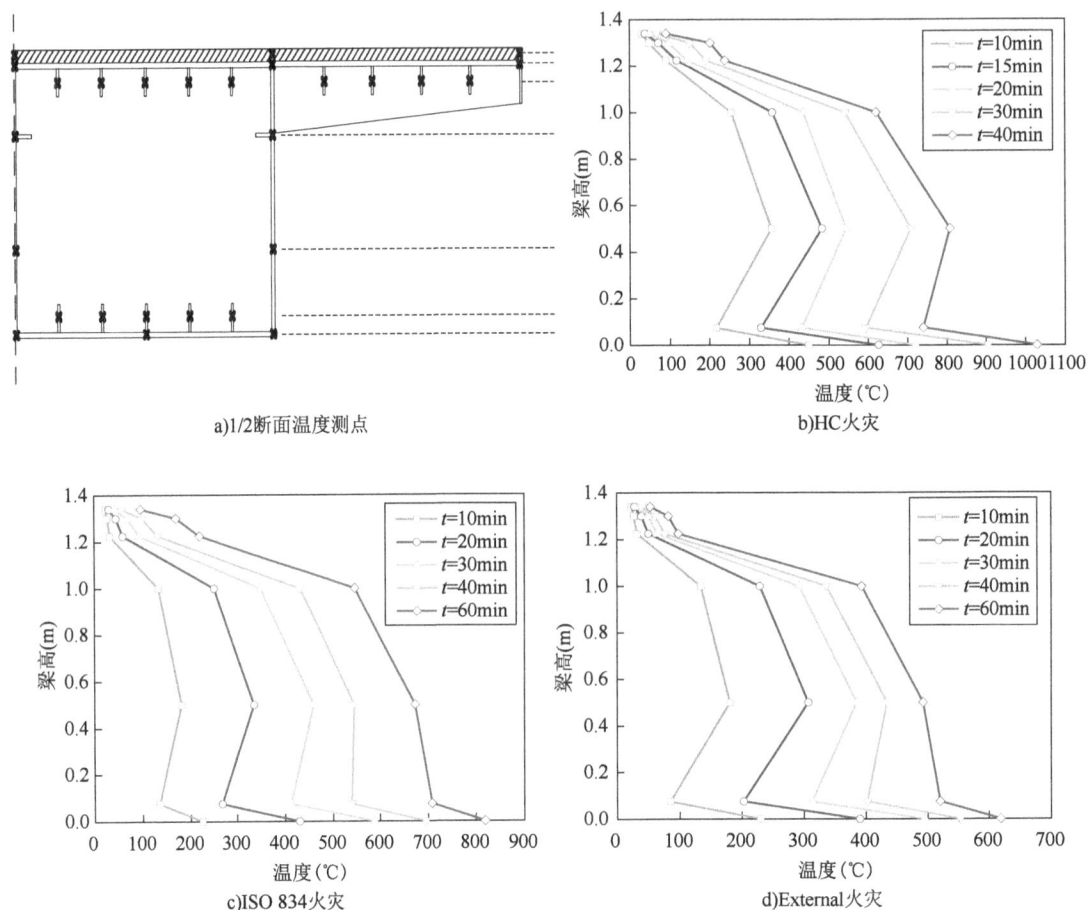

a)1/2断面温度测点

b)HC火灾

c)ISO 834火灾

d)External火灾

图 5-4 截面温度梯度对比

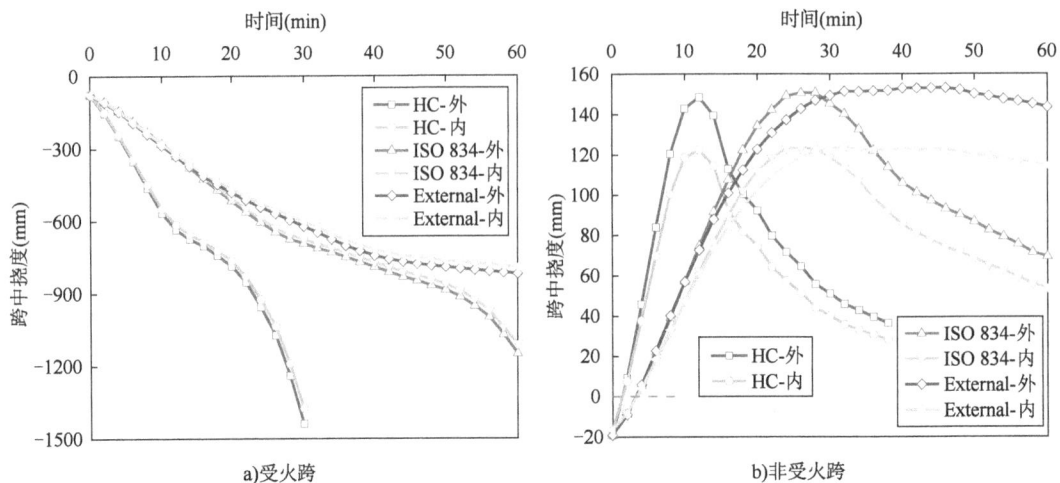

a)受火跨

b)非受火跨

图 5-5 不同火灾强度下跨中挠度变化

5.2.2 受火长度

图 5-6 对比了两跨连续曲线钢箱梁分别在 15m、20m、25m 火灾覆盖范围下的主梁跨中挠度变化。不同受火长度下第 1 阶段的受火跨挠度发展基本保持一致,其差异主要体现在第 2 阶段的时间随着受火长度的增加明显缩短,使主梁过早进入大变形阶段。不同受火长度下非受火跨的挠度变化没有明显差异,随受火长度的增加其变化幅度略有增长。受火长度对主梁的耐火极限有显著影响,以主梁最大挠度达到 $L/30$ 作为结构的耐火极限,当受火长度由 15m 增长到 20m,耐火极限缩短了 16%;当受火长度由 20m 增长到 25m,耐火极限缩短了 21%。因此,火灾覆盖范围的增大对于连续曲线钢箱梁耐火极限的削减是一个愈发显著的过程。

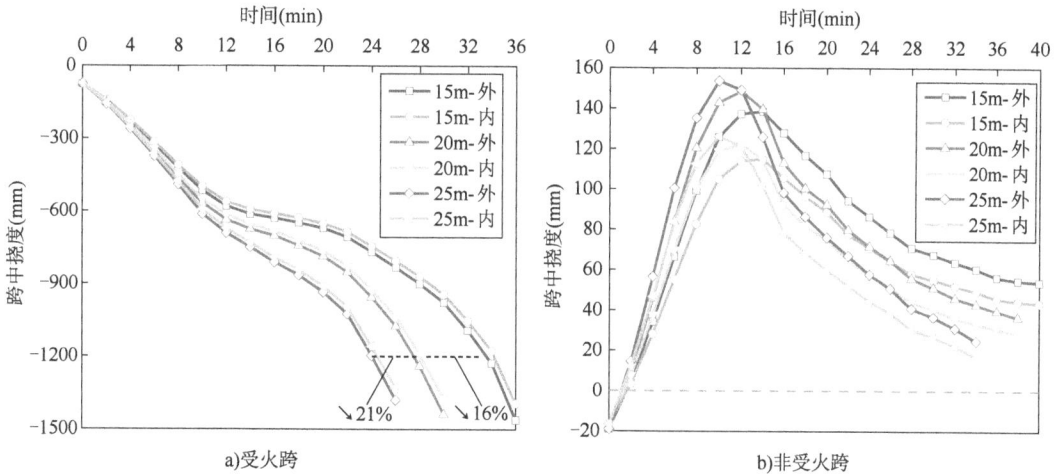

a)受火跨   b)非受火跨

图 5-6 不同受火长度下主梁跨中挠度发展

5.2.3 耐火极限

表 5-2 列出了在不同火灾强度与受火长度下曲线钢箱梁的耐火极限。主梁在 ISO 834 火灾下的破坏时间是 HC 火灾下的 2 倍左右,而主梁在 External 火灾下未达到挠度限值,这主要与其温度峰值较小有关。受火长度对于主梁的耐火极限也有显著影响,当受火长度增长 5m,耐火极限缩短 20% 左右。

不同火灾参数下的耐火极限
表 5-2

火灾强度	受火长度(m)	荷载水平	加劲肋	曲率半径(m)	支座布置	耐火极限(min)
HC	20	0.2	板式	100	初始布置	28
ISO 834	20	0.2	板式	100	初始布置	61
External	20	0.2	板式	100	初始布置	未达到
HC	15	0.2	板式	100	初始布置	34
HC	20	0.2	板式	100	初始布置	28
HC	25	0.2	板式	100	初始布置	24

5.3 荷 载 参 数

不同于建筑结构,桥梁由于交通环境日趋复杂,其上部结构的车辆荷载是一个随机变量。桥梁运营期间的车辆重载与偏载事件时有发生,发生火灾时的荷载状况更是难以预测;并且桥梁的实际承载能力随服役期限的延长均有衰退,与数值模拟中理想的材料属性以及承载能力不完全相符。因此,有必要对火灾下连续曲线钢箱梁可能遇到的荷载状况进行研究,本节考虑不同荷载状况下结构的火灾响应,以期对实际工程中的火灾安全防护提供指导与参考。

5.3.1 荷载比

将荷载比定义为桥上可变荷载产生的弯矩与常温下极限承载弯矩的比值,针对可能出现的重载交通以及旧桥的承载能力衰退,本小节考虑了荷载比为 0.1 ~ 0.5 的情况,不同荷载比下的主梁变形绘制于图 5-7。

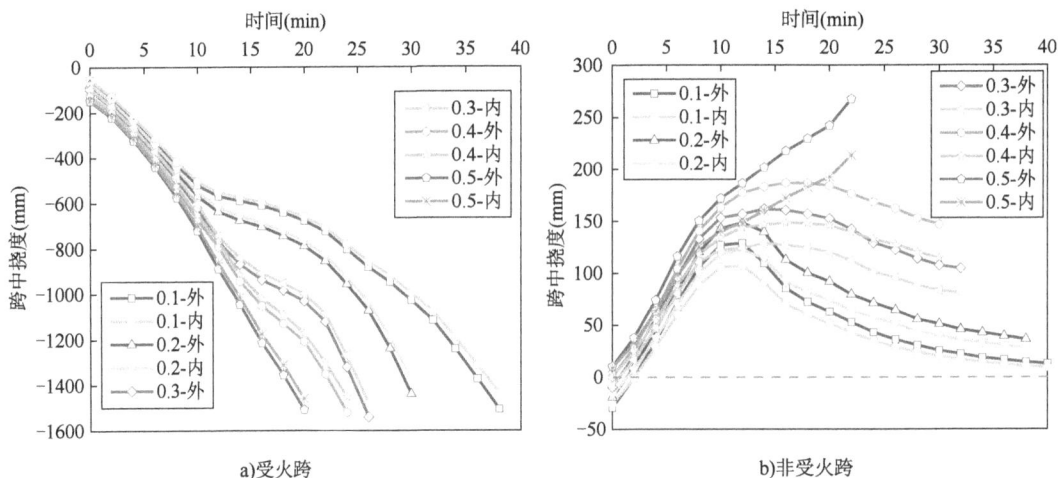

图 5-7　不同荷载比下跨中挠度发展

连续曲线钢箱梁的耐火极限随着荷载水平的增大显著缩短,当荷载比为 0.2 ~ 0.5 的情况下与荷载比为 0.1 相比,主梁的最大挠度达到 $L/30$ 的时间分别缩短了 18%、29%、41% 和 53%。由于受火下挠的第 1 阶段主要是截面温度梯度导致主梁自身热弯曲而产生,受外界条件影响较小,因此各工况下的第 1 阶段挠度发展情况基本相近。随着荷载比的增大,当进入第 2 阶段后主梁受火跨的下挠速率明显增大,这是由于较大的荷载使得结构在高温软化过程中过早进入屈服阶段。

当荷载比增大时,受火跨的内外侧挠度差值随受火时间的增大趋势愈发显著。对于荷载比大于 0.3 的工况,主梁在受火 24min 时其挠度与挠变率就已超过限值,主梁达到大变形破坏且无法继续承载,内外侧挠度差值超过 50mm 并持续骤增;而此时对于荷载比为 0.1 和 0.2 的梁,该值仅为 22mm 和 31mm,并且还没有明显的骤增趋势。非受火跨的内外侧挠度差值也随荷载比的增大而增大,整体变化趋势表现为先增大后减小,当非受火跨的上拱达到峰值时,内外侧挠度差值也达到了其最大值。当荷载比达到 0.5 时,非受火跨并没有出现如其他工况的下挠阶段,而是随着受火跨的垮塌持续上拱,说明当高温下荷载比过大时,相邻跨不足以约束受火跨的变形。受火跨的内外侧挠度差值在同一荷载比下要远大于非受火跨的,说明在荷载与高温的共同作用下会加剧曲线钢箱梁的弯扭耦合效应。

5.3.2 荷载撤离

上述研究结果表明随着荷载比的增大,主梁的高温变形程度更加严重,耐火极限也进一步缩短。此类连续曲线钢箱梁由于自重轻,受桥上可变荷载的影响较大,并且发生火灾时桥上的荷载状况十分复杂,事故发生时往往伴随着桥上车辆的疏散,这一动态变化势必会对主梁的变形产生较大影响。因此,有必要研究连续曲线钢箱梁遭遇火灾时桥上可变荷载的变化对结构变形的影响。本小节研究遭遇火灾后桥上可变荷载全部撤离的理想情况,以荷载比为 0.2 作为对照工况,使结构分别在受火 10min 和 20min 后逐步卸载至自重状态,对应在程序中将该时间步之后的荷载分级卸载至 0,以探究火灾下可变荷载撤离对主梁变形响应的影响。

图 5-8 给出了可变荷载撤离后主梁的变形情况。受火跨的变形随着卸载的进行出现了一段小幅的上拱恢复段,之后并未出现如对照工况下的第 3 阶段挠度急剧增长段,其下挠变形逐渐减缓,且挠度变化率在后期没有出现激增的迹象。非受火跨在荷载撤离后出现了一个明显的大幅下挠阶段,与此时受火跨的回弹变形相对应,之后其变形逐渐恢复到常温下的挠度值并小于所对应的受载状态。主梁的内外侧变形差值在荷载撤离后并未出现明显的增大趋势,均小于同一时刻受载状态下的值,这说明卸载对于火灾下弯桥的扭转效应具有很大的改善作用。本小节的研究说明对于火灾下的连续曲线钢箱梁,及时撤离桥上的车辆及其他可变荷载,能够保证结构在短时间内不会出现变形激增并仍具有继续承载的能力,这可避免桥梁上部结构的突然垮塌并延长结构耐火极限,从而将事故损失降至最低。结合之前的温度分析,连续曲线钢箱梁在 HC 火灾下 15min 后其底板温度均已高于 600℃,并且受火边缘靠中支点附近的底板与腹板已逐渐进入塑性屈服阶段,而此时受火跨的变形恰好处于相对平缓的阶段,因此对于遭遇碳氢类火灾的此类桥梁,最佳的车辆疏散和结构救援时间应尽量控制在受火的 15min 内。

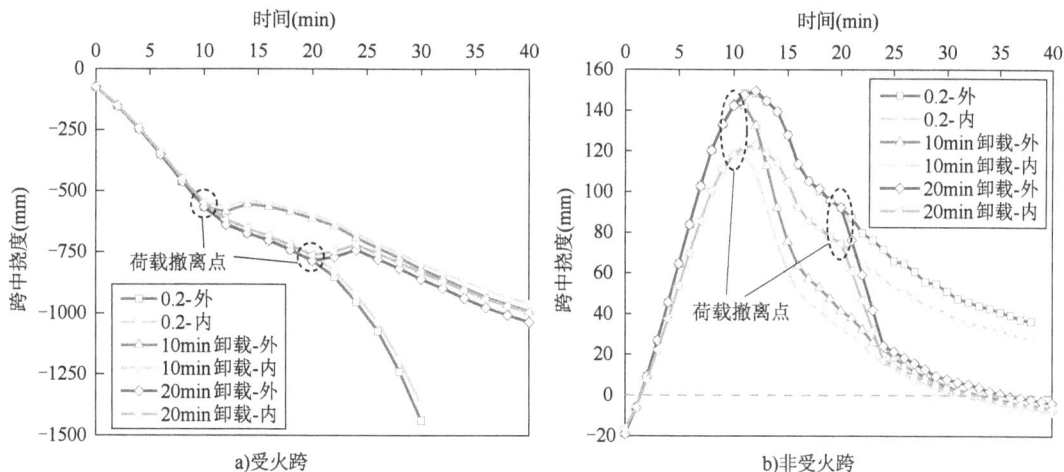

图 5-8 受火过程中荷载撤离后主梁挠度发展

5.3.3 偏载

本小节旨在研究桥上交通可能出现的车辆偏载状况对火灾下结构响应的影响,在弯桥的内侧与外侧均考虑了有可能出现的偏载效应,其受火跨的跨中挠度发展如图 5-9 所示,内外侧挠度差值随时间的变化如图 5-10 所示。

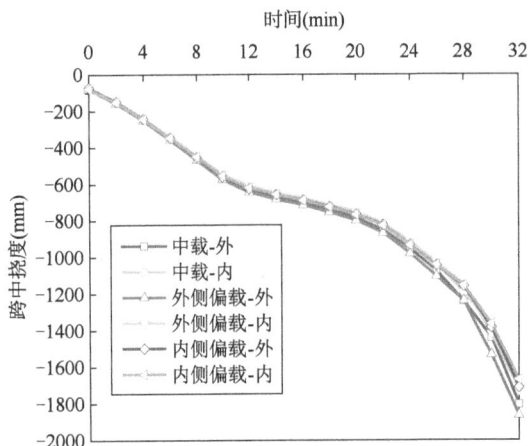

图 5-9 偏载效应下受火跨跨中挠度发展

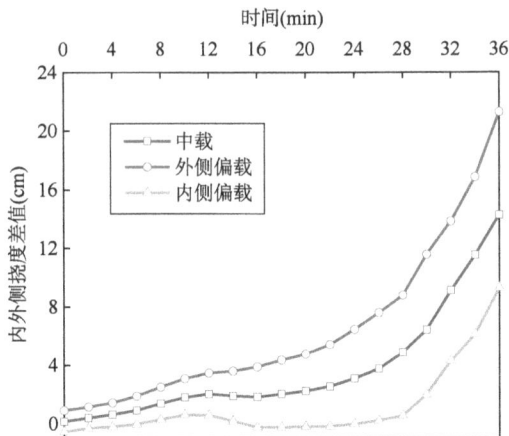

图 5-10 偏载效应下内外侧挠度差值变化

由于桥上的荷载总量恒定不变,车辆荷载的横向偏移对上部结构的高温变形没有造成明显差异,偏载与中载下主梁的大变形破坏时间基本相近。横桥向上车辆荷载的偏移对于连续曲线钢箱梁在高温下的梁体扭转效应影响显著,受火 32min 时外侧偏载所造成的内外侧挠度差值达到了内侧偏载的三倍。这表明火灾下连续曲线钢箱梁的偏载效应尽管不会改变主梁的竖向变形进程,却对横桥向的梁体扭转产生了很大影响,车辆荷载由内侧向外侧布置的过程中弯桥的外翻变形趋势愈发显著,增大了通行安全隐患。

图 5-11 对比了偏载效应下内外侧支座反力的发展,给出了受火跨边支座与中支座的变化情况。车辆偏载并未改变支座反力的发展趋势与变化幅度,但影响了内外侧支座的受力分配情况,使得结构遭遇高温之后内侧与外侧的支座反力分配更不均匀,有可能出现单侧受力过大或单侧脱空的风险。这一情况对于受火跨的边支座反力尤为明显,对中支座反力的影响效果不大。

5.3.4 耐火极限

表 5-3 列出了在不同荷载比、荷载撤离和偏载效应下曲线钢箱梁的耐火极限。可以看出荷载比对于主梁的耐火极限影响较大,荷载比增大 10%,耐火极限缩短 17% 左右。荷载撤离能够显著延长主梁的耐火极限,受火期间撤离桥上荷载可将耐火极限延长 2 倍左右,从而避免主梁在短时间内发生突然垮塌破坏。偏载效应对于主梁的破坏时间影响不大,主要影响其弯扭稳定性。

a)边支座

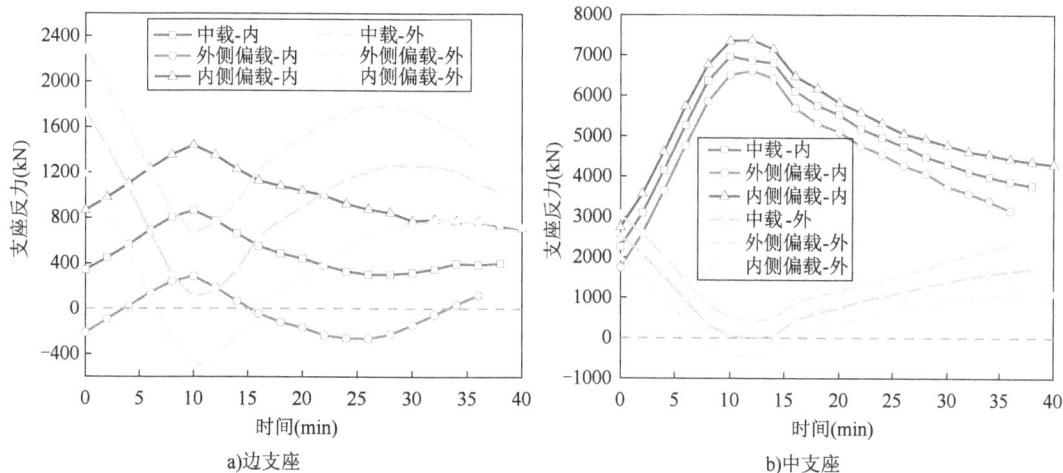

b)中支座

图 5-11　偏载效应下支座反力

不同荷载参数下的耐火极限　　　　　　　　　　　　表 5-3

荷载水平	火灾类型	受火长度(m)	加劲肋	曲率半径(m)	支座布置	耐火极限(min)
0.1	HC	20	板式	100	初始布置	34
0.2	HC	20	板式	100	初始布置	28
0.3	HC	20	板式	100	初始布置	23
0.4	HC	20	板式	100	初始布置	20
0.5	HC	20	板式	100	初始布置	16
0.2(受火10min卸载)	HC	20	板式	100	初始布置	56
0.2(受火20min卸载)	HC	20	板式	100	初始布置	52
外侧偏载	HC	20	板式	100	初始布置	27
内侧偏载	HC	20	板式	100	初始布置	29

5.4　结　构　参　数

　　钢箱梁这类薄壁闭口结构由于扭转刚度较大,在实际工程中通常用于建造不同曲率的弯桥以实现交通的各向连接,箱室内部由纵横交错的构件共同组成,通过不同体系的叠加共同完成力流的传递。前文所述的研究均为外部条件,对于结构自身而言通常不可控,而结构自身的构造与形式是抵御火灾的最后一道屏障,为被动防火手段,需要进行深入研究。

5.4.1　加劲肋参数

　　钢箱梁内部纵向加劲肋的作用在于协助主梁整体抗弯,通过力流传递将其弯矩转换为顶底板的轴力,能增大截面抗弯面积并减小活载的应力幅,确保加工和运输过程中的构件面外刚度。位于截面下部的纵向加劲肋由于距离中性轴的位置较远,对主梁抗弯的贡献值较大,可协助延缓火灾下结构的弯曲变形。根据前述的双室结构钢箱梁耐火试验以及截面温度分布研

83

究,中腹板由于处于箱室内部,其升温历程相对于其他外部构件更为平缓,故在后期对主梁抗弯贡献较大。因此,本小节重点研究改变底板纵向加劲肋的类型和在中腹板下部增设纵向加劲肋对连续曲线钢箱梁耐火性能的影响,以期寻求实际工程中切实可行的耐火性能提升方法。

图 5-12 为所研究的加劲肋参数示意图,将底板上原有的全部板式纵向加劲肋分别替换为L 形、T 形和 Y 形纵向加劲肋,以探究纵向加劲肋的形状对于结构耐火性能的影响;在中腹板的下部增设三道板式纵向加劲肋,距底板的高度为 3×150mm,以探究在箱内中腹板上增设纵向加劲肋对于结构耐火性能的影响。其中,T 形加劲肋和中腹板加劲肋相比于原结构(板式加劲肋)所增加的用料基本相近,L 形加劲肋所增加的用料为 T 形加劲肋的一半。

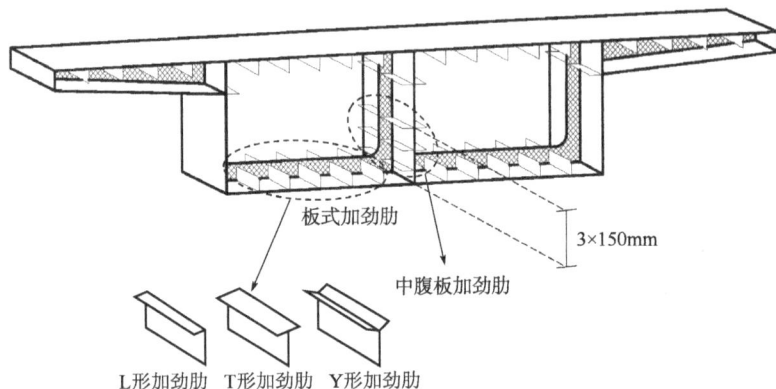

图 5-12　加劲肋参数示意图

图 5-13 为不同类型的底板纵向加劲肋的中部与顶部位置随受火时间的温度变化情况。在相同的受火时间内,不同形状的加劲肋在同一高度位置处的温度表现出一定差异,并且随着高度的增加其温度差异愈发明显。

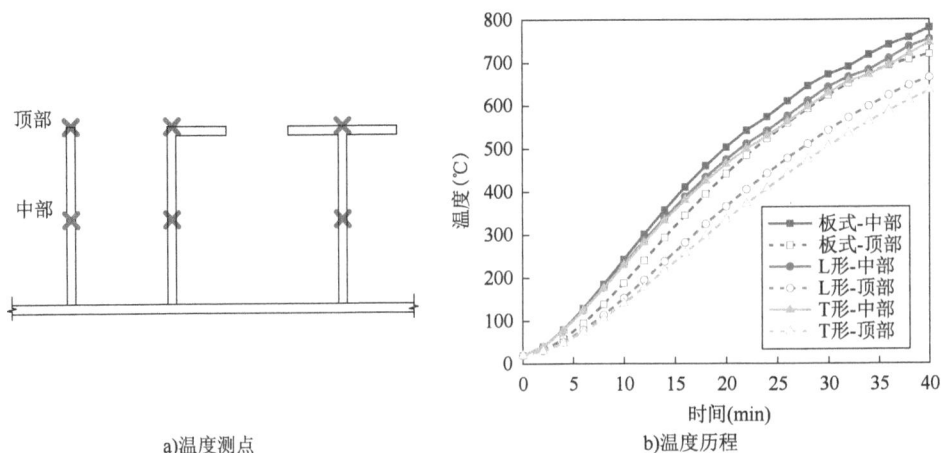

a)温度测点　　　　　　　　　b)温度历程

图 5-13　不同类型的底板纵向加劲肋温度变化

三种加劲肋中部的温度基本没有较大差异,但其顶部的温度则表现出显著差异,板式与 T 形加劲肋的顶部温度在受火 20min 后的温差超过了 100℃,其温差在受火后期随着传热均匀有所减小。同一形状的加劲肋在不同高度位置处的温度表现出较大差异,主要是受到不均匀传热的影响,板式加劲肋的顶部和中部温度的最大差值可达到50℃,而T形加劲肋中的最大温度差值可达到120℃。造成上述现象的主要原因是底板纵向加劲肋的升温主要源于底板的热传导效应,而加劲肋形状的差异会影响到传热的均匀性。L形加劲肋与T形加劲肋相比于板式加劲肋,由于顶部的构造使其具有更大的吸热面积,致使同一高度位置处的热量耗散效应更明显,因此其升温过程更为缓慢,具有更不均匀的温度分布模式。

图5-14给出了在不同类型的纵向加劲肋配置下,受火连续曲线钢箱梁的跨中挠度变形发展。可以看出,当板式加劲肋更换为L形、T形和Y形加劲肋后,很大程度上延缓了主梁的变形进程,主要体现在受火跨下挠的第2阶段时间被延长,很好地提高了结构的耐火性能与耐火极限。

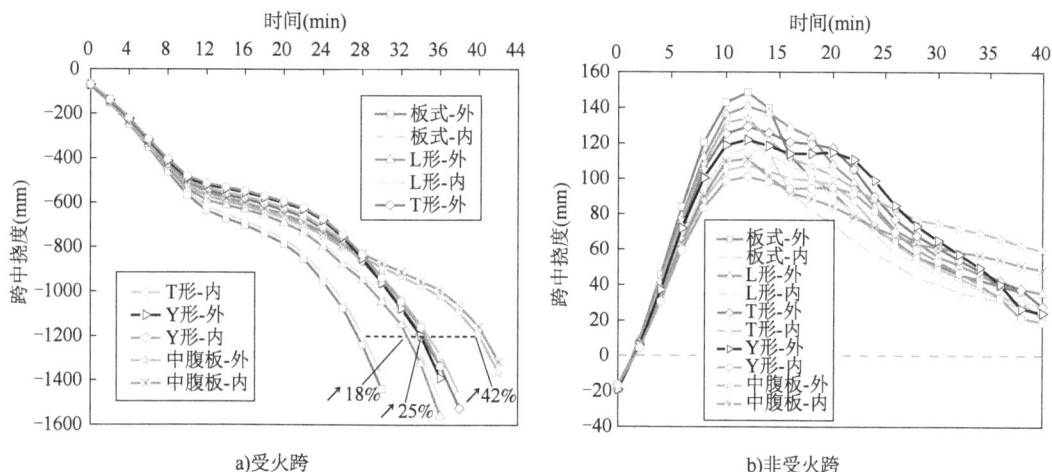

a)受火跨　　　　　　　　　b)非受火跨

图5-14　不同加劲肋类型的挠度发展

结合上述的温度分析结果,更换了底板纵向加劲肋的形状后,由于具有更大的抗弯面积和更为平缓的升温历程,其火灾下抵御变形的能力也更强。相比于板式加劲肋,底板配置L形加劲肋的梁达到$L/30$时的耐火极限延长了18%,而使用T形和Y形加劲肋将耐火极限延长了25%。中腹板增设纵向加劲肋后对于结构高温变形的延缓效应则更为显著,同样条件下的耐火极限相比于原结构延长了42%。这是由于中腹板位于箱室内部,升温路径主要来自底板的热传导和封闭空腔的辐射传热,其温度分布相比于直接受火的外腹板更为离散,中腹板上的温度随着高度的变化呈现出较大的梯度差异。因此,其升温历程相比于底板加劲肋要更加平缓,对结构高温变形的延缓效果也更为显著。底板和中腹板上纵向加劲肋的构造变化对于结构变形的延缓效应也体现于非受火跨,当非受火跨达到最大上拱变形后,其逐渐下挠的恢复阶段也受到纵向加劲肋构造的影响,表现出不同程度的延缓趋势。

图5-15给出了不同的纵向加劲肋配置对于主梁内外侧挠度差值变化的影响,可以看出通过连续曲线钢箱梁内部纵向加劲肋构造的改变,能够在很大程度上缓解其火灾下的弯扭耦合效应,改善主梁的高温弯扭变形。随着受火时间的增长,这种对于主梁内外侧扭转变形的改善效果越明显。在受火40min时,相比于原结构(板式加劲肋),使用L形、T形和Y形加劲肋使得内外侧挠度差值缩小了50%左右,在中腹板增设加劲肋使得内外侧挠度差值缩小了80%左

右。这说明连续弯钢箱在火灾下的竖向抗弯能力的增强显著影响了其抗扭能力,高温下弯梁的抗弯与抗扭相辅相成,通过箱内纵向加劲肋的构造改变,在延缓主梁高温弯曲变形的同时也改善了主梁的扭转变形。综合上述研究结果表明,在底板使用 T 形加劲肋和在中腹板增设加劲肋所增加的成本相近,故实际工程中在连续曲线钢箱梁的箱内中腹板增设纵向加劲肋可作为一种更为高效的耐火性能提升手段。

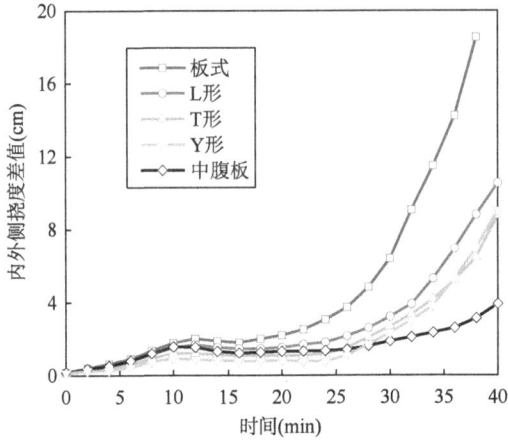

图 5-15   不同加劲肋类型的内外侧挠度差值变化

5.4.2　曲率半径

连续曲线钢箱梁在实际工程中的曲率变化范围比较大,可根据实际线路的需求设计弯曲半径,以避开地形限制并实现各个方向的交通联结,不同曲率半径下弯梁的工作形态也有明显差异。曲率半径较大的弯梁在自重与荷载下的初始弯扭变形较小,其工作特性与破坏形态也更接近于直梁;而曲率半径较小的弯梁在初始状态下就会有较为显著的弯扭变形,竖向弯曲和横向扭转会在主梁的曲率平面内形成弯矩,弯扭变形产生的二阶效应可能会使部分构件过早进入塑性屈服状态并降低弯梁的稳定性。

根据曲线梁的几何关系取曲率半径 $r = l/\varphi_0$,当曲线梁的梁长 l 一定时,曲线梁的圆心角 φ_0 增大意味着梁的曲率半径减小,挠度与扭角变形函数式中的常数项由于与 φ_0 相关,将随着圆心角 φ_0 的增大显著增大,这将导致曲线梁挠度与扭角的增大。弯桥在常温下随着曲率半径的减小其弯扭耦合效应愈发显著,而根据第四章中曲线钢箱梁高温力学行为的研究结果表明,弯桥在火灾下由于发生大变形其扭转趋势随受火时间的增长被加剧,因此有必要深入研究连续曲线钢箱梁的曲率半径对于其耐火性能的影响。

图 5-16 为受火连续曲线钢箱梁在不同曲率半径下的跨中挠度发展情况,图 5-17 对比了不同曲率半径对于主梁内外侧挠度差值变化的影响。可以看出曲率半径对于弯梁的下挠变形趋势和最终的大变形破坏时间的影响并不明显,但在受火后期随着时间的延长,曲率半径越小其挠度的增长速率越快,并且主梁内外侧的挠度差值也显著增大。受火 35min 时,对于曲率半径为 100m、200m 和 500m 的弯梁受火跨,其内外侧挠度差值分别为 130mm、60mm 和 17mm,而曲率半径为 50m 的弯梁其差值则达到了 300mm。非受火跨在 12min 时的内外侧挠度差值达到

了最大,该值对于曲率半径为 $100m$、$200m$ 和 $500m$ 的弯梁分别为 $26mm$、$12mm$ 和 $5mm$,而对于曲率半径为 $50m$ 的弯梁则为 $58mm$。可以看出,曲率半径为 $500m$ 时弯梁的力学行为已十分接近于直梁,主梁在弯曲下挠变形的过程中并没有产生较大的横向扭转变形。但随着曲率半径的减小,连续曲线钢箱梁受到结构自身曲率和外界高温的双重影响,其弯扭耦合效应被加剧,火灾下主梁的向外扭转趋势随着时间增长愈发显著。

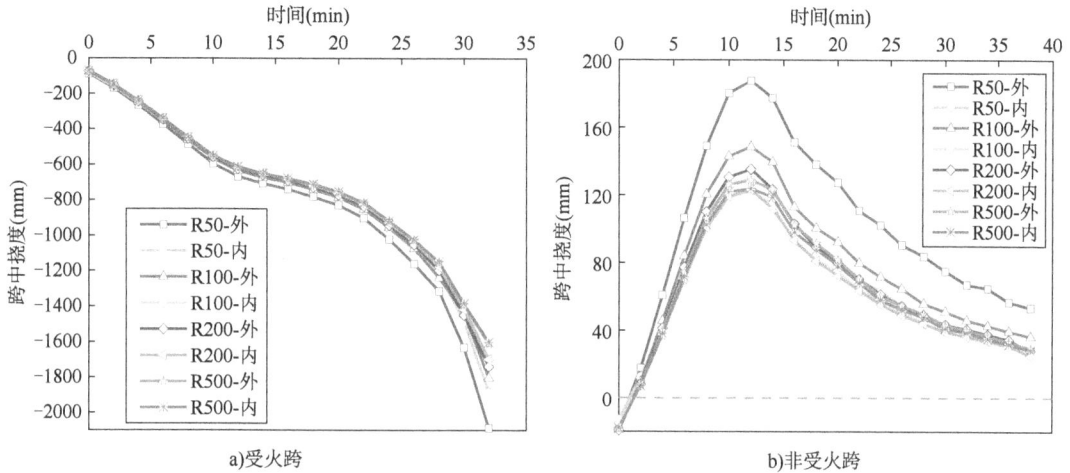

a)受火跨   b)非受火跨

图 5-16   不同曲率半径下跨中挠度发展

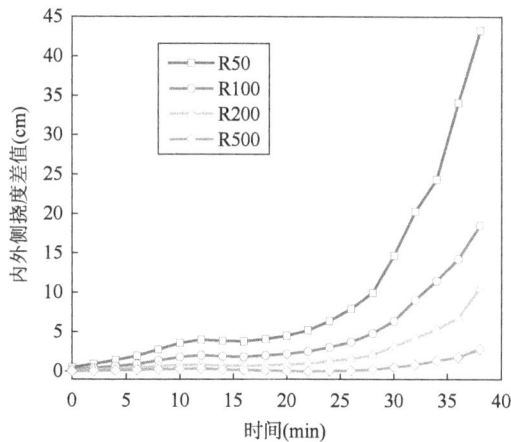

图 5-17   不同曲率半径下内外侧挠度差值变化

图 5-18 给出了受火跨的边支点和中支点处的内外侧支座反力的变化情况。火灾下曲率半径为 $50m$、$100m$、$200m$ 的弯梁的支座反力有着相似的变化规律,表现为内侧支座反力先增大后减小,而外侧支座反力先减小后增大,并且随着曲率半径的减小,支座反力的变化幅度在受火初期显著增大。图中内外侧支座反力变化曲线的拐点出现于发生火灾后的 12min 左右,正好对应于主梁挠度变形的第 1 阶段末。受火跨在初期由于截面热梯度效应产生了明显的热弯曲变形,而弯梁受曲率影响在几何形式上表现为外侧弧长大于内侧,当发生弯曲变形时外侧的上翘也要大于内侧,落在支座上的梁致使内外侧的支座反力重新分配,内侧支座反力显著增大而外侧支座反力显著减小。之后主梁的下挠变形主要是由材料强度与结构刚度退化引起的,

弯梁的高温变形在下挠的同时表现出向外扭转的趋势,故外侧支座的反力开始逐渐增大,而内侧支座的反力相对减小,此时支座反力再次发生重分配。整个过程中的内外侧支座反力的重分配也说明了弯梁的扭矩在受火期间发生了显著变化,并且曲率半径越小,主梁的扭矩变化幅度越大。

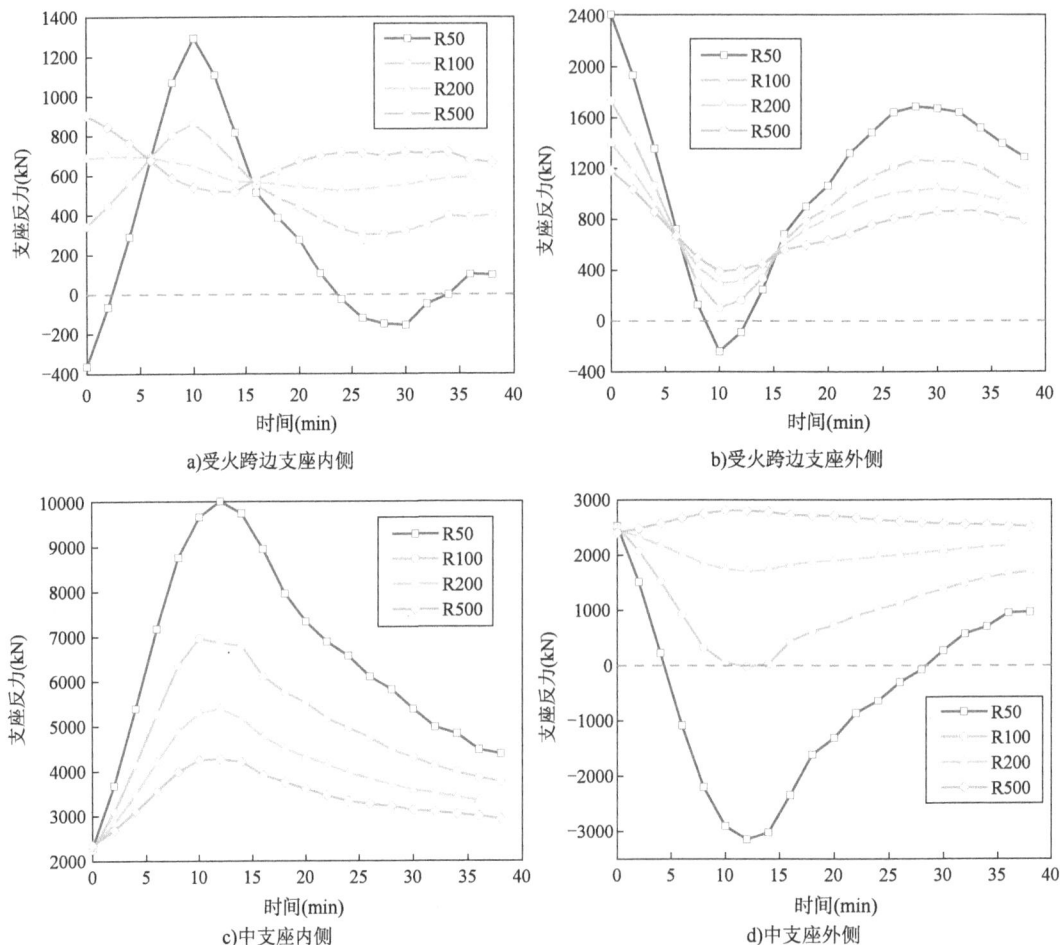

a)受火跨边支座内侧

b)受火跨边支座外侧

c)中支座内侧

d)中支座外侧

图 5-18　不同曲率半径下支座反力变化

当弯梁的曲率半径足够大时,在整个受火过程中各支座反力的变化幅度也相对较小,主梁在高温下的力学行为也更接近于直梁。当曲率半径为 500m 时,主梁内外侧支座反力的变化趋势保持一致,并未出现其他小曲率半径下的内外侧支反力相反的变化规律,说明此时弯梁的高温力学响应已接近于直梁,梁体未出现明显的扭矩变化。随着曲率半径的减小,内侧与外侧支座的反力变化幅度在重分配的过程中显著增大,说明梁体产生了较大的扭矩变化,主梁的扭转趋势被加剧,结构整体的弯扭稳定性降低。弯梁在小曲率半径的情况下,外侧支座的反力即使在常温下较大,但随着上部结构受火后截面温度梯度引起主梁产生热弯曲变形,使得外侧支座反力急剧减小甚至出现了脱空的趋势。根据上述研究,需要在实际工程中重视小曲率半径连续曲线钢箱梁的火灾下弯扭稳定性问题,并根据可能出现的不利情况采取相应措施进行补强。根据图 5-18 中的支座反力变化规律,当弯梁的曲率半径为 200m 时,如前所述的小曲率半径弯梁所独有的内外侧支反力的不利变化趋势已不明显,故可将曲率半径小于200m的连续曲线钢箱梁作为实际工程中火灾防护的重点关注对象。

5.4.3 反弯

实际工程中由于需要实现两个平行方向的路线联结,通常将结构设计为反弯梁,两段弯曲方向相反的弯梁通过在主梁的拐点(中支点)处实现路线方向的变化,在平面上呈现为"S"形曲线。与上一节曲率半径的分析结果相似,由于在相同的火灾工况与荷载水平下,曲率的改变对于结构耐火极限的影响不大,即正弯梁与反弯梁的主梁变形趋势基本一致,但其他的力学响应指标却有较大差异。

图5-19对比了正弯梁与反弯梁在受火跨的内外侧挠度差值,二者在受火前25min并无明显差别,在受火后期随着主梁竖向挠度不断增大表现出明显差异。正弯梁在受火后期出现了内外侧挠度差值的激增,而反弯梁在高温下的内外侧扭转在整个过程中要更加稳定,受火38min时正弯梁受火跨的内外侧挠度差值达到了反弯梁的两倍。反弯梁由于两跨的弯曲方向相反使得结构整体的弯扭变形更加稳定,两跨的扭转变形呈现出相互制约的效应。

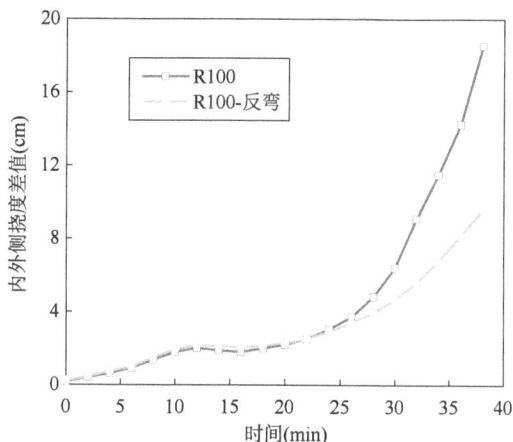

图5-19 正弯梁与反弯梁的内外侧挠度差值

图5-20给出了正弯与反弯梁的受火跨边支点与中支点的内外侧支座反力。二者边支点的内外侧支反力呈现出相同的变化趋势,但反弯梁的支座反力变化幅度有所减小,在支反力变化最为剧烈的受火前期,内侧支反力变化幅度减小了30%,外侧的减小了8%。对于中支点的支座反力,反弯梁相比于正弯梁表现出显著差异,其内外侧支反力呈现出相同的变化趋势且变化幅度较小,与直梁的支反力变化较为相似,因此具有更好的高温稳定性能。

图5-21展示了正弯与反弯梁的竖向变形云图以及二者的主梁扭转变形趋势。在相同曲率半径与荷载条件下,反弯梁相比于常规的正弯梁具有更好的高温弯扭稳定性,这是由于一跨的弯扭变形会受到另一跨的反向扭转牵制作用,两跨趋势相反的扭转作用对主梁的扭矩有一定的抵消效应,使得主梁靠中间区域(中支点附近)的力学行为更接近于直梁。

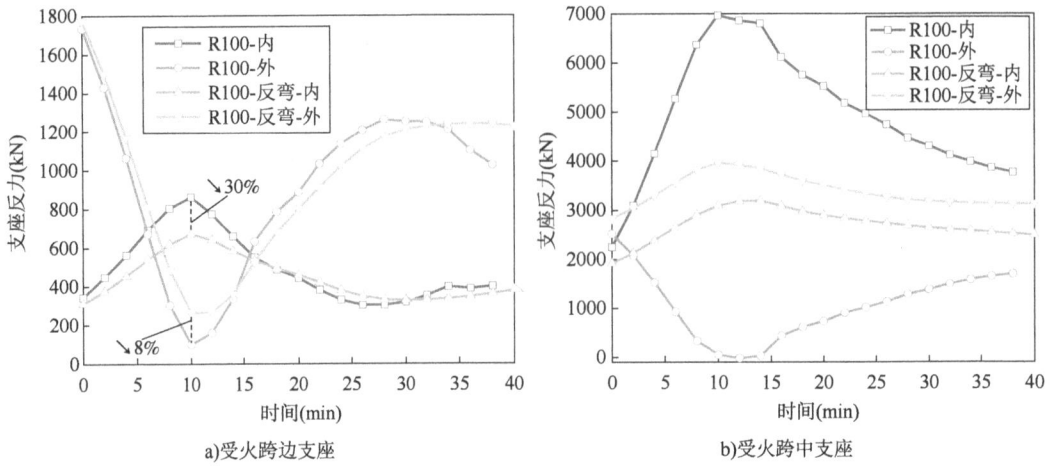

a)受火跨边支座

b)受火跨中支座

图 5-20　正弯梁与反弯梁的支座反力变化

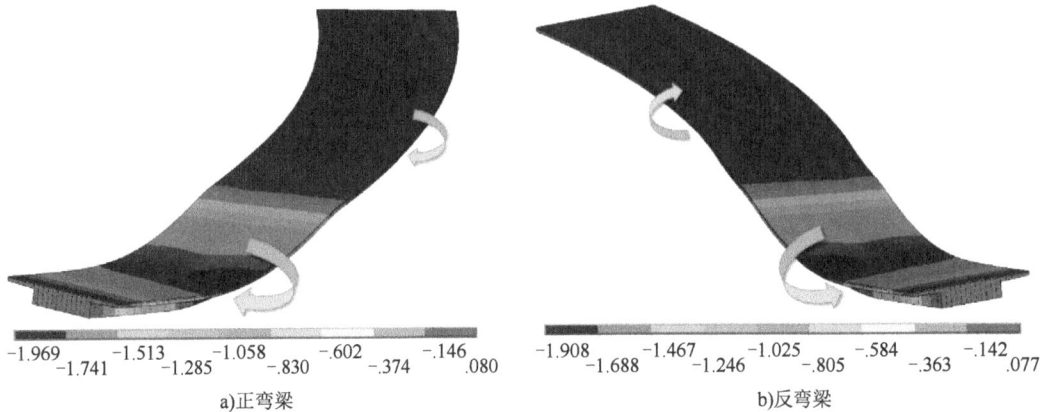

a)正弯梁

b)反弯梁

图 5-21　位移云图及扭转变形示意(单位:m)

5.4.4　耐火极限

表 5-4 列出了在不同加劲肋形式和曲率半径下曲线钢箱梁的耐火极限。根据前述分析可知,处于钢箱梁箱室内部的纵向加劲肋,其升温历程相对于其他外部构件更为平缓,故在后期对主梁的抗弯贡献较大。可以看出底板纵向加劲肋的形状改变对于结构的耐火性能有较大影响,将底板上原有的全部板式纵向加劲肋分别替换为 L 形、T 形、Y 形纵向加劲肋,耐火极限分别延长 18%、25%、25%。箱内中腹板上增设纵向加劲肋对于结构耐火性能的影响显著,主梁的耐火极限可提升 40% 左右。随着曲率半径的减小,主梁的耐火极限在一定程度上有所缩短,但曲率半径的改变对于曲线钢箱梁的破坏时间影响并不明显,主要改变弯梁内外侧支座反力的变化,从而影响结构的弯扭稳定性。主梁的反弯对于结构的耐火极限影响不大,主要增强了结构整体的弯扭稳定性。

不同结构参数下曲线钢箱梁的耐火极限 表5-4

加劲肋	曲率半径(m)	火灾类型	受火长度(m)	荷载水平	支座布置	耐火极限(min)
板式	100	HC	20	0.2	初始布置	28
L形	100	HC	20	0.2	初始布置	33
T形	100	HC	20	0.2	初始布置	35
Y形	100	HC	20	0.2	初始布置	35
中腹板加劲肋	100	HC	20	0.2	初始布置	40
板式	50	HC	20	0.2	初始布置	26
板式	100	HC	20	0.2	初始布置	28
板式	200	HC	20	0.2	初始布置	28
板式	500	HC	20	0.2	初始布置	29
板式	100(反弯)	HC	20	0.2	初始布置	28

5.5 边界条件

大型立交枢纽工程中的连续曲线钢箱梁桥的下部结构通常采用独柱墩,能够节约桥下空间并达到简明通透的视觉效果。但是相比于多柱墩其抗倾覆能力较差,在超载或偏载等不利状况下单侧支座可能会发生局部脱空,甚至会进一步导致上部结构失去平衡引发整体倾覆。并且弯桥的几何形态与受力特点相比于直桥更为复杂,在运营期间的外界温度变化与车辆行驶产生的离心力等因素都有可能引发弯梁发生横向爬移,进而造成安全隐患。

由独柱墩所支撑的连续曲线钢箱梁,其上部结构形成的扭矩无法通过支撑点传递到下部基础,通常是在一联桥的梁端支点处设置两点或多点支承来传递扭矩。针对潜在的爬移和倾覆等问题,实际工程中一般通过优化支座布置方式、采用合理的支座结构等方法使梁体扭矩沿梁长合理分配,提升连续弯梁的抗爬移与抗倾覆能力。并且对于自重较轻的连续曲线钢箱梁,在不利的中跨车辆荷载工况下,其边跨的端支座可能会产生负反力,通常在一联桥的梁端钢箱内通过浇筑压重混凝土的方式来改善结构的整体受力。

根据前文的研究结果,火灾下连续曲线钢箱梁的支座反力变化程度较为剧烈,梁体在高温下的扭转效应被显著加剧。因此,本小节重点研究常温下连续弯桥的支座布置方式对于火灾下结构响应以及耐火性能的影响。

连续弯桥在梁端一般要求设置抗扭支座,而中支点的支座布置可根据实际情况确定,因此对比研究了中支点处分别设置单支座与抗扭支座的火灾下力学响应。通过支座布置的横向偏移能够有效改变常温下弯梁的扭矩分配,从而改善梁体受力。因此,研究了增大内外侧支座间距(增加80cm)和内外侧支座外偏(偏移40cm)这两种情况下的火灾响应。同时还考虑了在边支点的梁端钢箱内浇筑配重混凝土(两端支点箱内1.4m范围内)对于火灾下结构响应的影响作用。本小节所研究的不同支座布置方式以示意图的形式呈现于图5-22中。

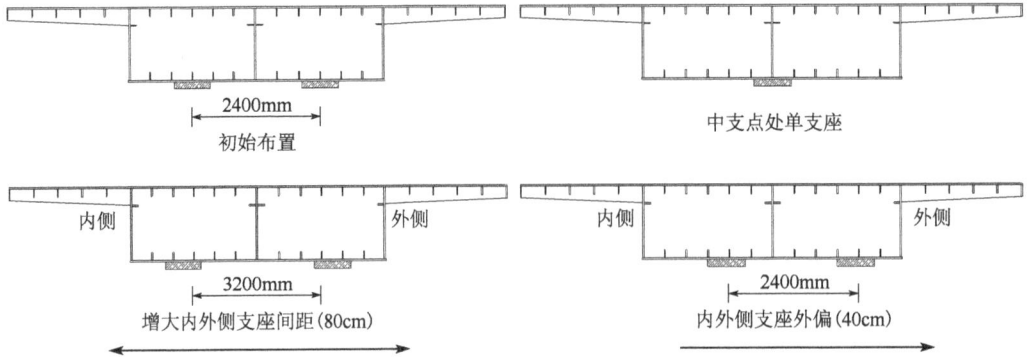

图 5-22　不同支座布置示意图

由于在相同的荷载布置与曲率半径条件下,支座布置方式的改变对于连续曲线钢箱梁的高温下挠变形和耐火极限并未产生明显的影响,故在此处重点分析对于支座反力变化规律的影响。因为火灾下两个边支点处的支座反力变化趋势相近,故仅给出受火跨边支座反力的分析结果。图 5-23 给出了受火连续曲线钢箱梁在上述不同支座布置方式下各支座反力的变化规律。

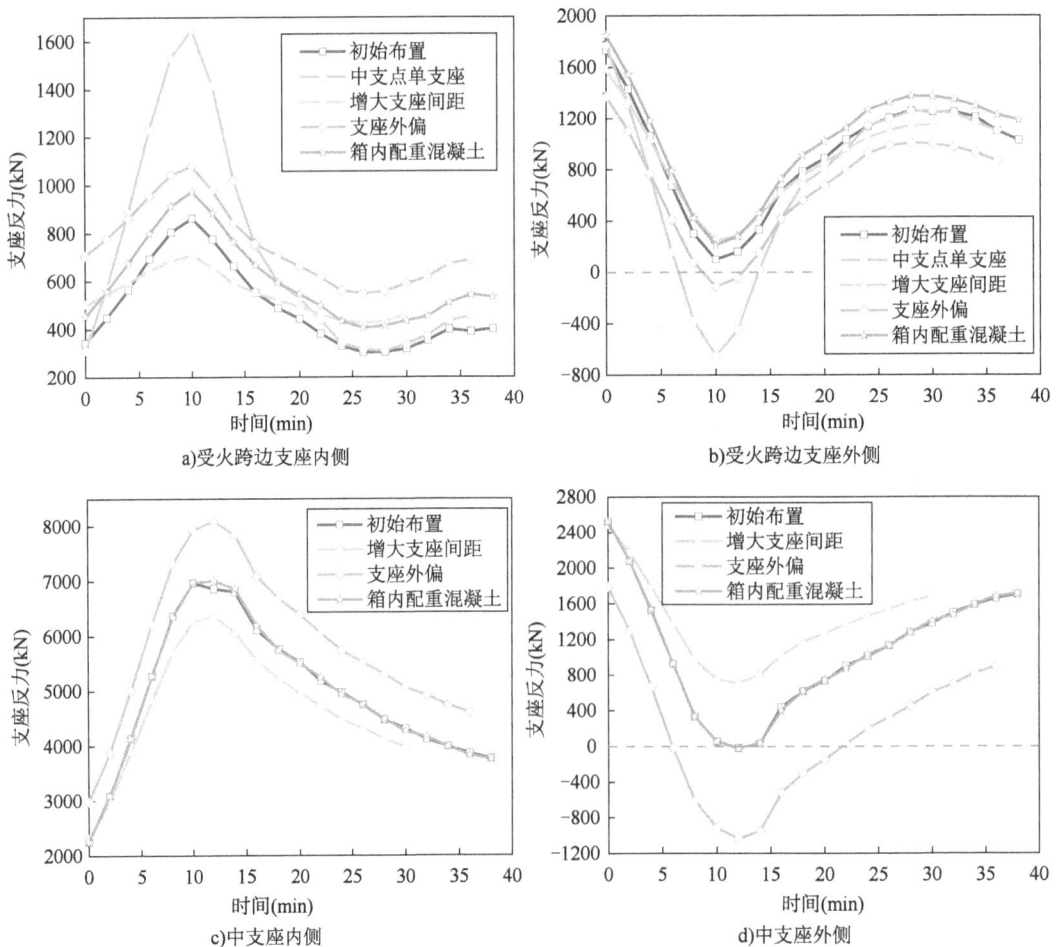

图 5-23　不同支座布置方式下支座反力变化

由图 5-23 中的变化规律可知,在中支点处仅设置单支座会使受火跨内外侧边支座的反力变化幅度增大近一倍,进而增大了梁体在火灾下的扭矩变化幅度。受火初期由于主梁的自身热弯曲效应引起梁端内外侧的翘起量不一致,内侧支座反力的增大与外侧支座反力的减小的变化幅度都很大,外侧支座可能存在脱空的风险。因此,当中支点未设置抗扭支座时,会导致结构在火灾下的弯扭整体稳定性不足,在设计中应尽量避免,确保各独柱墩的支点处均设有抗扭支座。

增大内外侧支座的间距在一定程度上可以有效减小内外侧支座反力的变化幅度,通过支座间距的增大使得梁端的扭转抵抗力矩增大,进而使主梁在火灾下的扭转稳定性得到加强。支座外偏尽管在一定程度上可以改善常温下支座的受力状况,使内外侧支座的反力分配更加均衡,但却无法改善受火过程中支座的变化幅度,外侧支座仍存在脱空的风险,不能提升弯梁受火时的整体稳定性。

采用边支点配重混凝土的措施尽管改善了常温下边跨梁端上拔力的效应,但对于火灾下支座反力的变化趋势几乎没有产生任何明显的改变,这说明受火初期由于截面温度梯度导致的主梁热弯曲变形在边支点处产生了巨大的上拔力,而梁端箱内的压重混凝土远不能抵消这一效应。

上述研究对比了弯桥边界条件的改变对火灾下内外侧支座反力变化的影响,连续曲线钢箱梁遭遇火灾时会发生严重的弯扭变形,由于其外侧弧长大于内侧并且自重较轻,导致边支点与中支点的内外侧支座反力均发生了较为显著的重分配,支座反力的大幅变化可能引发单侧支座脱空的风险,从而削弱了结构在高温下的弯扭整体稳定性。而常规的弯桥支座布置方式及措施尽管能够有效改善常温下连续曲线钢箱梁的支座受力状况,但对于高温下结构整体稳定性的改善并没有明显贡献,因此需要通过支座限位等外部补强措施来提高火灾下连续曲线钢箱梁的稳定性与安全性。

5.6 防控策略

在如今复杂多变的交通环境下,现有研究以及新闻报道表明了引发桥梁火灾的因素众多,如汽车碰撞事故起火、电动车的自燃、桥下充电桩起火、施工过程中焊接不当起火等。连续曲线钢箱梁具有自重轻、梁高小、抗扭刚度大等优势,并可通过自身曲率的调整绕开地形限制以实现各向互通,使大型立交桥和跨线桥在空间上实现层叠交错的效果,在现有桥梁工程的建设中日益增多。受到交通类火灾这种强高温作用,连续曲线钢箱梁的这些特点恰恰也会成为其劣势,导致结构在火灾中的弯扭变形发展过快且整体稳定性能不足,短时间内可能发生整体垮塌甚至倾覆。

当面对各种潜在的交通类火灾隐患,有必要采取相应的方法及措施以改善和提升曲线钢箱梁的耐火性能,将结构遭遇火灾时的损伤降到最低,从而保障桥梁在全寿命周期内的安全运营。改善与提升连续曲线钢箱梁耐火性能的根本目的在于最大程度上延缓主梁的高温变形过程,避免结构中的主体构件过早失效,防止主梁发生突然性的垮塌或倾覆,为后续救援赢得时间并尽可能减小灾后损伤。

考虑到桥梁火灾这类极端灾害属于小概率事件,若针对所有桥梁开展防火保护与抗火设计是不现实的。因此首先应对桥梁遭遇火灾的风险进行评估,根据当地交通潜在危险源、桥下净空、日常交通量、地理位置等因素综合评价该桥的火灾风险性。对于存在高风险以及地处重要路段的连续曲线钢箱梁,应根据其结构形式、截面布置、边界条件等信息进行初步分析,从而进一步制定针对性的抗火设计策略。

5.6.1 主动防护

连续曲线钢箱梁由于自重较轻,当遭遇火灾时其结构响应对桥上可变荷载的变化较为敏感,桥上的荷载水平能够决定主梁高温变形的发展趋势。因此,管理部门应严格控制火灾高风险桥梁的日常交通流量,杜绝车辆超载与偏载,对于桥下净空较小的桥梁应设置限高和弯道提示牌,并严格管控桥下通行的车辆类型。针对必要通行的油罐车及危化品运输车辆等,应控制其通行时间,经过大型立交枢纽时应配备特定的引导车辆以控制其行车速度,且行车位置应控制在弯桥的内侧车道,同时管控通行过程中其他车辆的通行量与间距。当大型油罐车在过桥通行时,一旦发生火灾事故将造成严重拥堵,附近车辆也难以撤离。因此,在通行时应设定合理的前后跟车安全距离。

以曲率半径为200m且荷载比为0.2的曲线钢箱梁为例,按照最不利情况进行分析,即跨中发生火灾(20m)且燃油大面积泄露并造成了桥梁下部受火的情况,对跨中火灾发生中心的前后设置了不同的车道荷载的间隔距离,即代表了不同的前后跟车距离,分别为前后各间距2.5m、5m、7.5m和10m。

图5-24为不同荷载间距下的主梁挠度发展,可以看出当前后荷载间距为2.5m、5m、7.5m和10m时,相比于车道荷载满布的情况,主梁跨中挠度达到 $L/30$ 的耐火极限分别延长14%、25%、54%和75%。当前后跟车距离达到7m后,主梁的耐火极限就能比原来提高50%,此时若发生火灾事故,桥上车辆也有足够的逃逸空间(掉头或借用对向车道),并且主梁也具有较大的安全冗余度。因此,可将7m作为油罐车等危化品车辆过桥通行时的前后跟车安全距离。

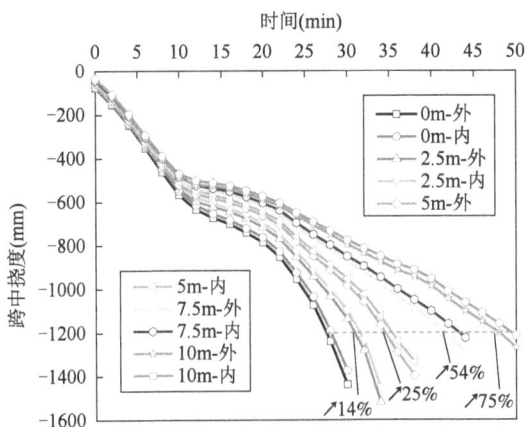

图5-24 不同荷载间距下的主梁挠度发展

此类曲线钢箱梁在受火期间对于桥上荷载的变化十分敏感,当桥下发生火情时,应在第一时间疏散桥上交通以减轻桥上的可变荷载。根据前述的钢箱梁截面温度场研究以及结构高温变形研究,应尽可能将荷载撤离的时间控制在结构主体遭遇火灾的15min内。这样可最大限度地延缓并改善高温下主梁的弯扭变形,从而避免弯桥的上部结构在短时间内发生突然性的整体垮塌,使结构的高温损伤降至最低,为灾后评估与修复提供有力保障。

随着连续曲线钢箱梁曲率半径的减小,火灾下主梁弯扭变形的不利效应以及内外侧支座反力的变化幅度都会显著增大,大曲率和高温的双重作用加剧了结构的弯扭耦合效应,导致其弯扭整体稳定性被大幅削弱。当弯桥的曲率半径足够大时,其高温下的力学行为也更接近于直梁,从而改善了连续曲线钢箱梁在高温下独有的不利效应。因此,在实际工程中需要重点关注小曲率半径弯桥的火灾安全性能,并且弯桥的外侧位移控制应作为增强耐火性能的重点。根据前文的研究结果应对实际工程中曲率半径小于 200m 的连续曲线钢箱梁开展火灾安全重点防护,通过热-力耦合数值计算来评估其内外侧支座在高温下的受力稳定性,及时发现潜在隐患并采取相应的补强措施。

常温下用于改善弯桥支座受力的方法与措施对于弯桥遭遇火灾时的支座受力改善效果甚微。通过支座布置方式的对比研究,在连续曲线钢箱梁桥的中支点处均应设置抗扭支座并尽可能增大内外侧支座的间距,使弯梁在高温下的扭矩分布沿纵桥向更加均匀,并改善其弯扭稳定性。考虑到研究中均基于理想状态,而实际结构中往往存在较为复杂的状况,如支座老化、钢梁的焊接残余应力与局部锈蚀、荷载分布不均等,若存在某些初始缺陷则会进一步削弱弯梁在火灾下的安全性。因此,对于火灾高风险的连续曲线钢箱梁,建议采取相应的外部限位措施以延缓主梁的高温弯扭变形。例如,针对弯梁的独柱墩可在支座两侧采用"抗拔不抗剪"的竖向限位装置,在不影响梁体正常竖向传力的情况下能够限制单侧支座脱空等隐患。并且在一联桥的梁端处可设置纵桥向的水平限位或防落梁装置,以防止受火梁段在后期的下挠变化速率突然骤增,导致梁端从边支座掉落引发上部结构的整体垮塌。此外,橡胶支座直接受火会引起外部橡胶的燃烧碳化,使其逐渐丧失承压能力并引起支点处沉陷,进而导致弯桥上部结构的整体稳定性降低。因此,应通过支座日常检查对重点支座予以防火保护。曲线钢箱梁火灾事故示意如图 5-25 所示。

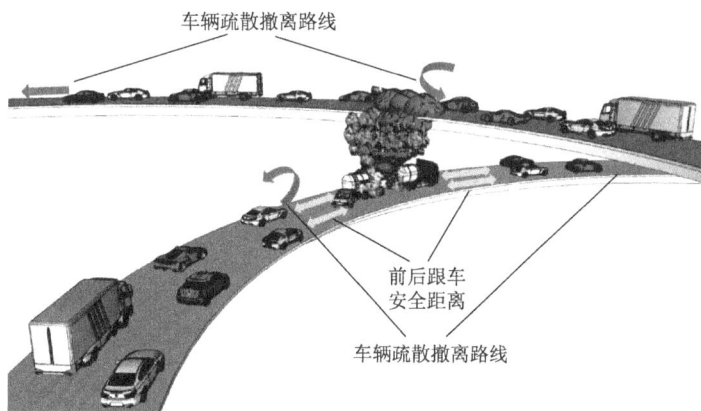

图 5-25　曲线钢箱梁火灾事故示意图

5.6.2　被动防护

上述的桥梁火灾防护策略均为外部手段,属于主动防护的范畴,而结构自身的高温鲁棒性是桥梁抵御火灾的最后一道屏障,通过对结构构造的加强属于被动防护的手段。根据

第 5 节中的加劲肋参数的研究,结合钢箱梁自身结构构造的特点,箱内的纵向加劲肋主要用于增强主梁抗弯并保证板件的稳定性,故可通过截面上纵向加劲肋的合理配置提高其耐火性能。

通过改变底板纵向加劲肋的形状以及在中腹板下部增设纵向加劲肋,如图 5-26 所示,能够有效延缓主梁的高温下挠变形并改善横向扭转变形,推迟由于主梁大变形引起的突然性垮塌,从而增强结构在火灾下的安全冗余度。对于中支点附近的受压区构件在遭遇火灾时通常发生过早屈服,可通过计算结果在相关区域范围内布设局部加劲肋,从而增强薄弱区域的高温稳定性。以上措施对于实际建设成本的增加程度并不大,仅在原有截面配置的基础上进行微调,在钢箱梁的设计和施工中易于实施,是一种有效的火灾被动防护方法。

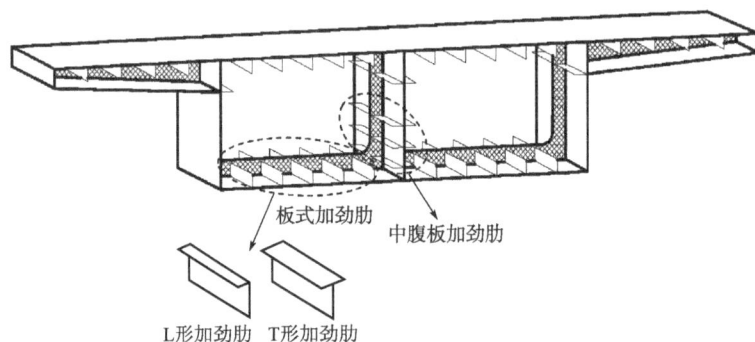

图 5-26 箱内纵向加劲肋增强

5.6.3 耐火性能提升方法

实际桥梁火灾事故的不可预知因素较多,若采取建筑钢结构中常规的防火手段,对钢结构桥梁采用全桥防火涂层或安装大规模喷淋系统是不现实且不经济的。可通过既有的构造措施(如桥梁抗震设计中的限位装置)来协同约束主梁可能发生的高温变形,在既有结构构造和限位措施的基础上进行针对性的火灾防护补强,达到一举多得的效果。对连续曲线钢箱梁进行火灾防护的目标并不是为了使结构具有超强的高温力学性能,而是尽量用较小的经济成本去改善原有结构潜在的火灾下不利效应,延缓结构的高温变形,从而最大程度上避免此类桥梁在火灾事故中发生短时间内的突然性整体垮塌。

对此,结合连续曲线钢箱梁的自身特点,提出了主动与被动联合作用的防火保护策略与耐火性能提升方法。对于已经处于服役期的桥梁,以主动防护手段为主,主要通过加强日常监管措施以及改善外部构造措施进行火灾防护,必要时可在箱内进行后续结构补强的施工;对于尚处于设计阶段的桥梁,以被动防护手段为主,主要通过计算在原有结构设计的基础上进行一定程度的微调与补强,必要时可辅以相关的外部限位装置予以保障。该方法能够在无需增加过多建设成本的基础上,简便有效地达到连续曲线钢箱梁的火灾防护目标,并在一定程度上提升其耐火性能,为桥梁在全寿命周期内的安全运营提供有力保障。具体方法已在前文中进行了详细叙述,将具体实施过程凝练为流程简图呈现于图 5-27 中。

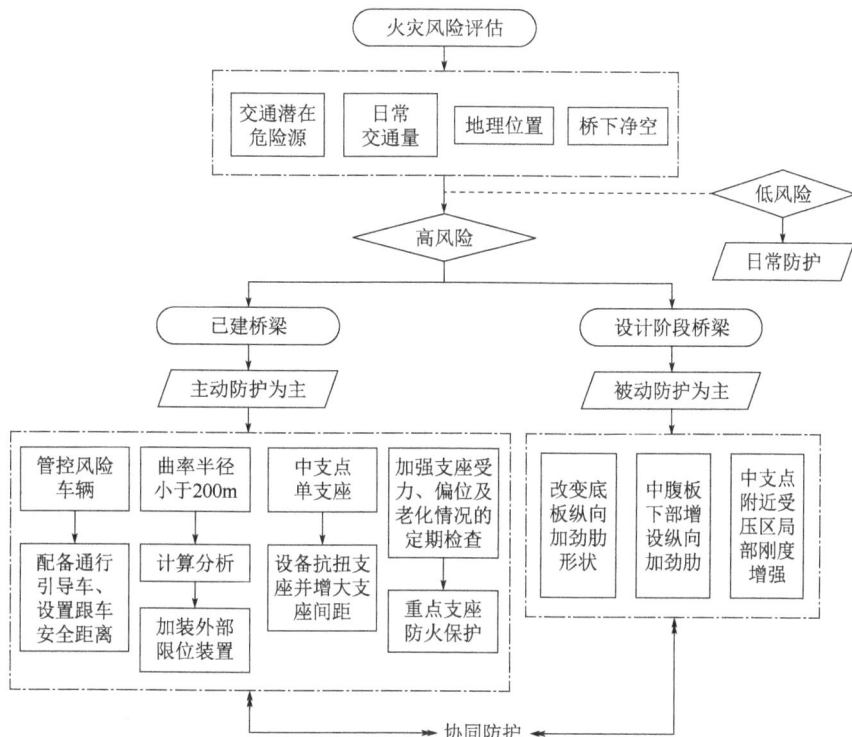

图 5-27　连续曲线钢箱梁火灾防护流程图

5.7　本章小结

　　本章以两跨连续曲线钢箱梁为研究对象,研究了火灾强度、受火长度、荷载水平、加劲肋形式、曲率半径、支座布置形式等众多因素对结构耐火性能的影响,为曲线钢箱梁的火灾防护与耐火性能提升提供了研究基础,总结如下:

　　(1)连续曲线钢箱梁在不同火灾强度下的截面温度分布模式与主梁高温变形趋势具有显著差异。当结构遭遇 HC 火灾时会发生短时间内的整体垮塌,当遭遇其他强度较弱的火灾时在短时间内不会发生大变形破坏,ISO 834 火灾下结构的耐火极限是 HC 火灾下的近两倍。结构的耐火极限会因火灾覆盖范围的增大而被显著削弱,受火长度的增加会使主梁过早进入大变形阶段。

　　(2)火灾下连续曲线钢箱梁的耐火极限随着荷载比的增大显著缩短,高温下较大的荷载使得结构过早进入塑性屈服阶段,荷载比对于主梁初期的变形趋势几乎没有影响。受火过程中及时撤离桥上的车辆及其他可变荷载,能够保证结构在短时间内不会出现变形激增并仍具有继续承载的能力,可避免上部结构的突然垮塌并显著延长耐火极限,最佳的荷载撤离与结构救援时间为受火 15min 内。车辆偏载会显著影响主梁的横向扭转变形,并使内外侧支座反力分配不均,出现单侧支座受力过大或脱空的隐患。

　　(3)在连续曲线钢箱梁的箱内底板采用 L 形、T 形和 Y 形纵向加劲肋、在中腹板下部增设板式纵向加劲肋,由于加劲肋吸热面积的增大使得热量耗散效应显著,使得截面具有更为平缓的升温过程。该措施增加了截面在高温下的有效抗弯面积,可延缓主梁在火灾下的弯曲变形并改善了高温扭转变形,很大程度上缓解了其火灾下的弯扭耦合效应,有效提升了结构的耐火极限。

(4)相同条件下曲率的变化对于连续曲线钢箱梁的下挠变形趋势和耐火极限的影响较小。但随着曲率半径的减小,在结构自身曲率和外界高温的双重影响下,其弯扭耦合效应被加剧,内外侧的挠度差值与支座反力变化幅度显著增大,主梁的弯扭整体稳定性被削弱。当曲率半径大于200m后该不利效应的影响逐渐减弱,火灾下弯梁的力学行为也更接近于直梁。同曲率半径的反弯梁相比于正弯梁具有更好的高温弯扭稳定性,弯曲方向相反的两跨在主梁发生高温扭转变形时具有相互牵制的效应。

(5)连续曲线钢箱梁的中支点未设置抗扭支座时,显著增大了内外侧支座反力在火灾下的变化幅度,导致结构的弯扭整体稳定性不足,应在设计中尽量避免。增大内外侧支座的间距在一定程度上可减小高温下支座反力的变化幅度,使梁端的扭转抵抗力矩增大。常温下弯桥的支座布置方式及措施对于火灾下支座受力和结构整体稳定性的改善效果甚微。因此,需要采取相应的外部限位措施来提高火灾下连续曲线钢箱梁的稳定性与安全性。

(6)针对连续曲线钢箱梁的火灾防护与耐火性能提升,并结合此类单箱多室结构的钢箱梁的自身构造特点,提出了主动与被动联合作用的防火保护策略与耐火性能提升方法,并给出了具体实施的流程简图。该方法对于正在服役期和尚处设计阶段的桥梁分别提出了主动防护为主和被动防护为主的防护对策,可凭借较低的经济成本实现连续曲线钢箱梁火灾防护的目标,并在一定程度上提升其耐火性能,从而保障桥梁在全寿命周期内的安全运营。

本章参考文献

[1] 李徐阳,张岗,宋超杰,等.复杂环境下连续弯钢箱梁耐火性能提升方法[J].中国公路学报,2022,35(6):192-204.

[2] LI X Y,ZHANG G,KODUR V K,et al. Designing method for fire safety of steel box bridge girders[J/OL]. Steel and Composite Structures,2021,38(6):657-670.

[3] BS EN 1991-1-2:2002, Eurocode 1:Actions on structures-part 1-2:general actions-actions on structures exposed to fire[S]. London:BSI Standards Limited, 2002.

简支钢桁架桥梁耐火试验研究

针对组合钢桁架桥梁耐火性能的研究多采用仿真数值分析方法,而未经耐火试验验证与完善的仿真数值分析,不仅具有由于理想材料性能和受火工况导致的分析局限性,也存在无法模拟实桥受火可能出现的意外缺陷。本章设计制作了 3 榀简支体系组合钢桁架试验梁,开展了标准碳氢(HC)火灾下的耐火试验[1]。通过在试验梁上预埋和安装不同规格型号的热电偶采集受火全过程的温度数据;通过在关键截面安置的位移传感器来收集试验梁在热-力耦合作用下的挠度变化;观察并记录试验梁在受火全过程中出现的结构高温变形、混凝土板开裂等现象。获悉受火全过程中简支体系组合钢桁架试验梁的空间温度分布特征、结构响应特点、结构破坏路径与破坏状态等。

6.1 耐火试验设计概况

6.1.1 试验梁设计

依照浙江省发布的《浙江省公路工程设计标准化组合钢桁梁桥通用图》[2],并根据耐火试验炉的尺寸要求,采用了相似比理论对试验梁进行初步设计。3 榀简支体系组合钢桁架试验梁编号分别为 STBG-1、STBG-2、STBG-3。《浙江省公路工程设计标准化组合钢桁梁桥通用图》(第一册)给出的是一座跨径为 80m,桥面宽度为 12.5m 的公路-Ⅰ级组合钢桁架桥梁,而耐火试验炉的内壁长度仅为 4m,为满足组合钢桁架试验梁在耐火试验炉中的合理安置与受火,根据相似比理论,对该钢桁架桥梁按 1:16.5 的缩尺比进行重构设计,得到的组合钢桁架试验梁长度为 4840mm,宽度为 600mm,可实现试验梁在试验炉上的合理布置与受火。

简支体系组合钢桁架桥梁上弦平面联结系在每个节间均设置成 K 形。考虑在耐火试验中,需要通过千斤顶对试验梁施加并维持荷载。因此,千斤顶需要穿过上平联安置,并确保试验梁出现大弯曲变形后,千斤顶仍能够顺利取出。经初步设计可知,按原 K 形斜撑设计,上平联可供千斤顶安置区域内径仅为 330mm,而试验所需的千斤顶直径为 340mm,不能满足试验需求。因此,针对试验梁上平联斜撑进行优化设计,在节段的四个角上布置角钢替换 K 形斜撑,跨中节段内径为 560mm,如图 6-1 所示。

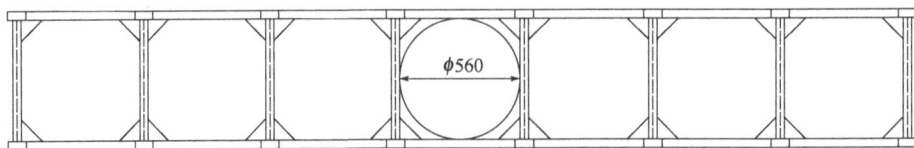

图 6-1　上平联斜撑设计优化

简支体系组合钢桁架试验梁的详细构造如图 6-2 所示,梁长 4800mm,梁宽 600mm。
STBG-1 和STBG-2 梁高 400mm,STBG-3 梁高 500mm。试验梁两端钢板铰支座长 200mm,计算
跨径 4400mm。试验梁主桁采用三角形桁架,共设置 8 个节段,节间长 600mm,主桁上弦杆和
下弦杆均为箱型截面,截面高度分别为 50mm 和 80mm,梁宽均为 40mm。在钢桥面板上焊接
螺栓模拟剪力连接件,并在螺栓上布置和固定钢丝网模拟桥面横、纵向钢筋。混凝土桥面板采
用 C50 混凝土浇筑,桥面板厚度为 30mm。

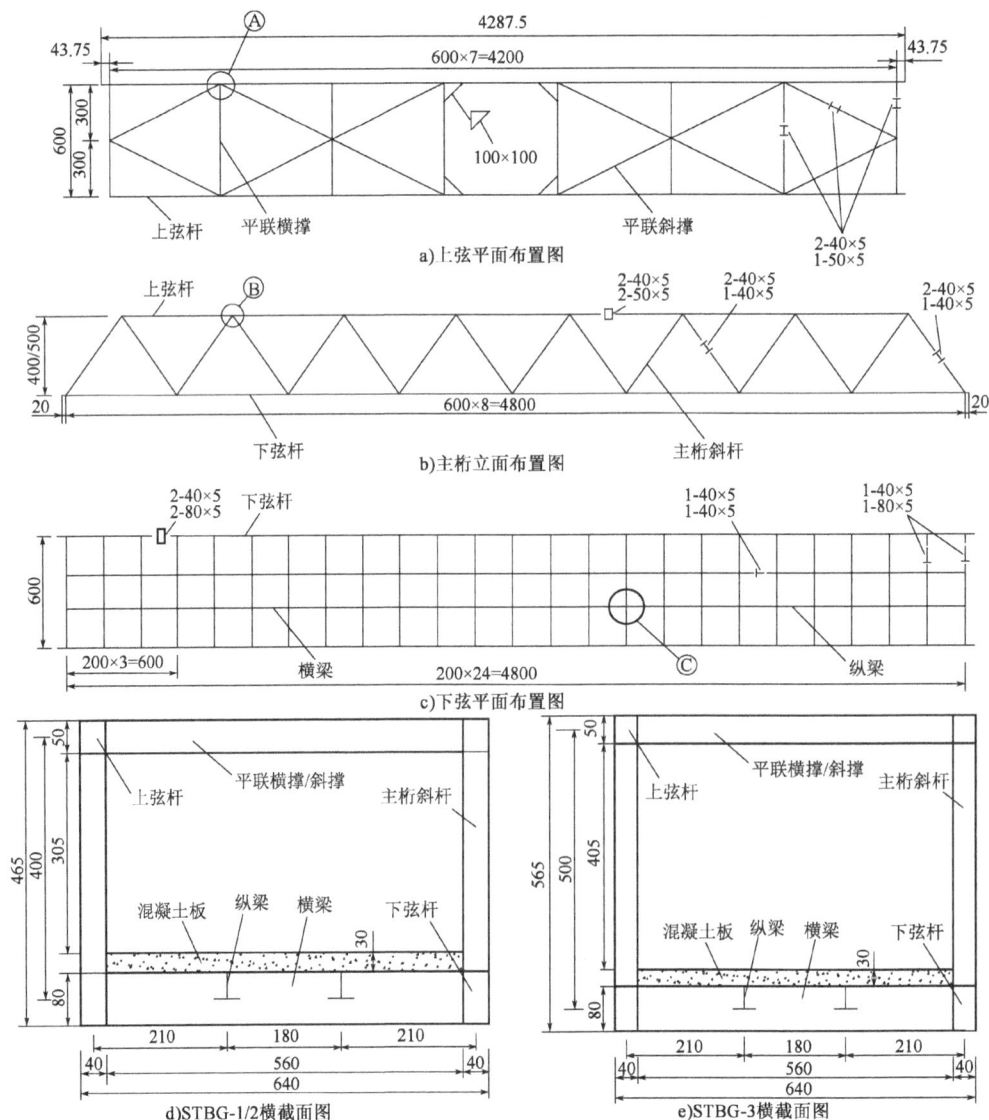

图　6-2

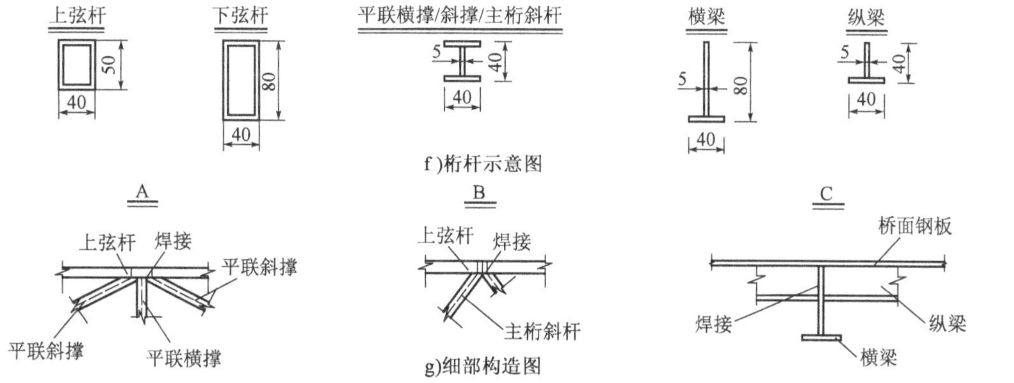

f)桁杆示意图

g)细部构造图

图6-2 简支体系组合钢桁架试验梁详细构造(尺寸单位:mm)

3榀简支体系组合钢桁架试验梁的关键参数如表6-1所示。

组合钢桁架试验梁几何关键参数 表6-1

结构体系	试验梁编号	计算跨径(单跨)(mm)	尺寸(mm)			上平联形式	单跨节段数
			梁长	梁宽	梁高		
简支	STBG-1	4400	4800	600	400	K形斜撑	8
	STBG-2						
	STBG-3		4800	600	500		

6.1.2 材料特性与选择

选用 Q355B 和 C50 硅酸盐混凝土制作简支体系组合钢桁架试验梁。由于材料本身与制作工艺的原因,钢材与混凝土的实际力学性能与理论值存在一定的差异,需要对同批次的钢材和混凝土进行材性试验以明确其各项力学性能。

(1)钢材。

按照《金属材料 拉伸试验 第1部分:室温实验法》(GB/T 228.1—2021)[3]的规定和要求,对钢材的屈服强度、抗拉强度、弹性模量和伸长率进行同批次试验测试。在制作试验梁的同一批钢材中切割并制作出标准拉伸试样,置于万能试验机中,进行钢材拉伸试验。试验结果见表6-2。

钢材材料性能 表6-2

钢材试样	屈服强度(MPa)	抗拉强度(MPa)	弹性模量(MPa)	伸长率(%)
1	450.0	538.3	210×10⁴	24.9
2	438.7	525.5	209×10⁴	23.9
3	444.1	530.2	214×10⁴	26.9
平均	444.3	531.3	211×10⁴	25.2

(2)混凝土。

按照《混凝土物理力学性能试验方法标准》(GB/T 50081—2019)[4],对混凝土的抗压强度、弹性模量、长方体抗折强度和含水率进行同批次试验测试。在浇筑混凝土桥面板时,从同一批次混凝土中随机取样,分别制作 150mm × 150mm × 150mm 的标准立方体试件和 40mm × 40mm × 140mm 的长方体试件,分别用于抗压强度、抗折强度和含水率测试。所有试样均放置在与试验梁相同的环境中养护,并在试验当天进行抗压强度和抗折强度测试,此时的养护龄期为 240d。将混凝土的力学性能和物理参数汇总,列于表 6-3 中。混凝土的抗压强度为 54.9MPa,抗折强度为 12.5MPa,含水率为 4.04%,均符合试验需求和规范要求。

混凝土材料性能 表 6-3

混凝土试样	龄期 (d)	立方体抗压强度 (MPa)	弹性模量 (MPa)	长方体抗折强度 (MPa)	含水率 (%)
1	240	55.3	3.53×10^4	12.6	4.03
2	240	55.1	3.53×10^4	12.4	4.05
3	240	54.5	3.52×10^4	12.5	4.15
平均	—	54.9	3.53×10^4	12.5	4.04

(3)螺栓及钢丝网。

由于混凝土板厚较小,无法设置栓钉作为抗剪连接件,因而选用抗拉强度为 400MPa、屈服强度比值为 0.8 的 4.8 级六角头螺栓焊接在钢板上来模拟剪力钉。在螺栓上布置和固定钢丝网,模拟混凝土桥面板中的横、纵钢筋。

6.2 耐火试验方案

6.2.1 结构测点布置

为采集简支体系组合钢桁架试验梁在耐火试验中的温度和挠度变化数据,在试验梁关键截面处布置了相应的温度测点和位移测点。

(1)温度测点。

为建立和分析简支体系组合钢桁架桥梁在受火过程中的时变温度场和空间传热模型,在关键截面的桁杆和混凝土布置了热电偶,用于采集全过程温度数据。简支体系组合钢桁架试验梁的温度测点布置如图 6-3 所示。混凝土温度测点均匀布置在全跨三个不同位置上:1/4 跨径(Th1)、跨中(Th2)、3/4 跨径(Th3)。钢桁架试验梁的温度测点均布置在跨中截面处,分别为:横梁下翼板(T1)、横梁腹板(T2)、横梁上翼板(T3)、钢桥面板(T4)、下弦杆腹板(T5)、下弦杆顶板(T6)、腹杆(T7)、上平联横撑(T8)。由于 STBG-3 的梁高较大,在其腹杆不同高度处布置了两个温度测点,分别将其标记为 T7-1 和 T7-2 所示。

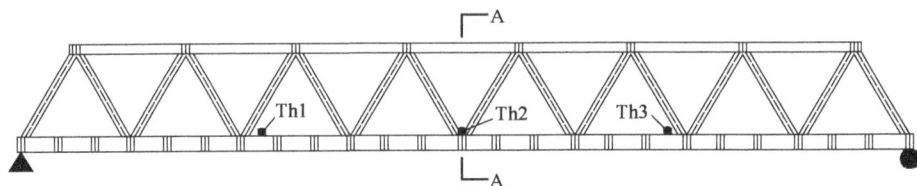

a)立面图

图 6-3

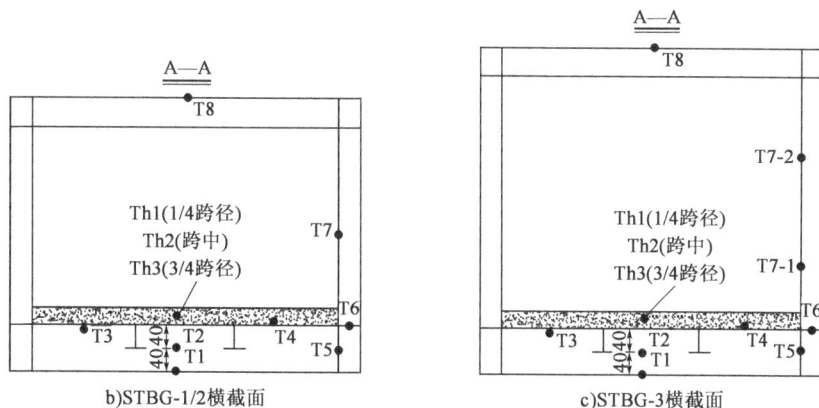

b)STBG-1/2横截面   c)STBG-3横截面

图6-3　简支试验梁的温度测点布置示意图

（2）位移测点。

为研究简支体系组合钢桁架试验梁在受火过程中的结构响应，分别在跨中上弦杆、跨中下弦杆、1/4跨上弦杆和1/4跨桥面板四个位置布置了位移传感器，如图6-4所示。由于桁架结构的限制，无法直接将位移传感器抵于下弦杆进行数据采集。因此，采用了间接测量法，即在下弦杆处焊接钢条和钢板平台，间接测量钢条位移，从而得到下弦杆挠度的变化数据。

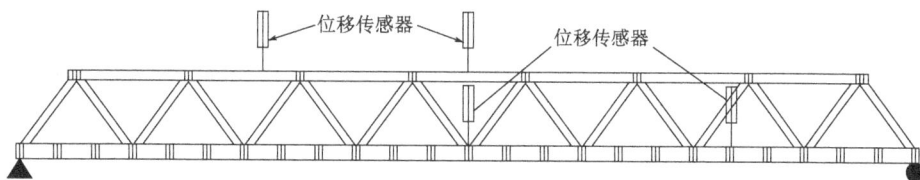

图6-4　位移测点布置示意图

6.2.2　试验工况

由于试验梁结构和尺寸不同，对应施加的外荷载大小也不同。为此，引入了荷载水平的概念，将荷载水平定义为荷载对截面的作用效应与其抗弯承载能力的比值，即施加0.2的荷载水平，则为试验梁施加可达其0.2倍的抗弯承载能力的荷载。千斤顶作用在钢制分配梁上，使单一荷载成为两个集中荷载，并通过钢制铰支座作为加载点作用在桥面板上，使跨中截面处形成纯弯段。两个加载点的间距为900mm，加载点处的钢制铰支座宽100mm。3榀试验梁均全跨受火，其受火加载情况如图6-5所示。

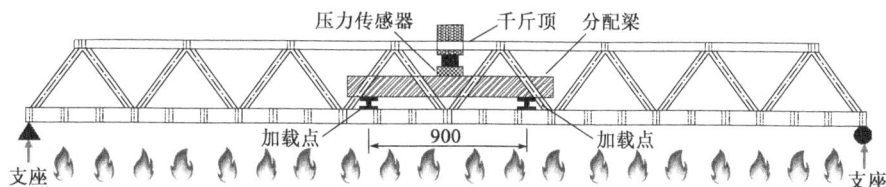

图6-5　简支体系组合钢桁架试验梁加载示意图

3榀简支体系组合钢桁架试验梁的耐火试验荷载参数如表6-4所示。STBG-1为对照组，常温下承载能力为660kN·m，设计对其施加0.2的荷载水平，实际施加单点荷载为132kN。

STBG-2 为荷载水平对照组,对其施加 0.1 的荷载水平,研究外荷载大小对桥梁耐火性能的影响,实际施加的荷载为 66kN。STBG-3 为结构对照组,研究主桁高度对桥梁耐火性能的影响,由于主桁高度较大,结构刚度较大,STBG-3 常温下承载能力为 750kN,同样对其施加 0.2 的荷载水平,实际施加荷载为 150kN。

简支试验梁耐火试验荷载参数 表 6-4

试件	常温下承载能力 (kN·m)	荷载水平	单点荷载 (kN)	加载间距 (mm)
STBG-1	660	0.2	132	900
STBG-2	660	0.1	66	
STBG-3	750	0.2	150	

简支体系组合钢桁架试验梁的结构参数、力学参数和荷载参数如表 6-5 所示。

简支体系组合钢桁架试验梁试验参数汇总 表 6-5

| 试件 | 结构参数 | | 力学参数 | | 荷载参数 |
	尺寸(mm) (长×宽×高)	计算跨径 (mm)	极限承载能力 (kN)	荷载大小 (kN)	荷载水平
STBG-1	4800×600×400	4400	660	132	0.2
STBG-2				66	0.1
STBG-3	4800×600×500		750	150	0.2

6.3 耐火试验现象与分析

6.3.1 钢桁架变形与混凝土破坏

(1)STBG-1。

试验梁 STBG-1,梁高 400mm,承受 0.2 荷载水平的荷载。在荷载施加完成且稳定后,耐火试验炉点火,将摄像机置于试验梁的正前方进行全过程拍摄,得到耐火试验的全过程,如图 6-6 所示。

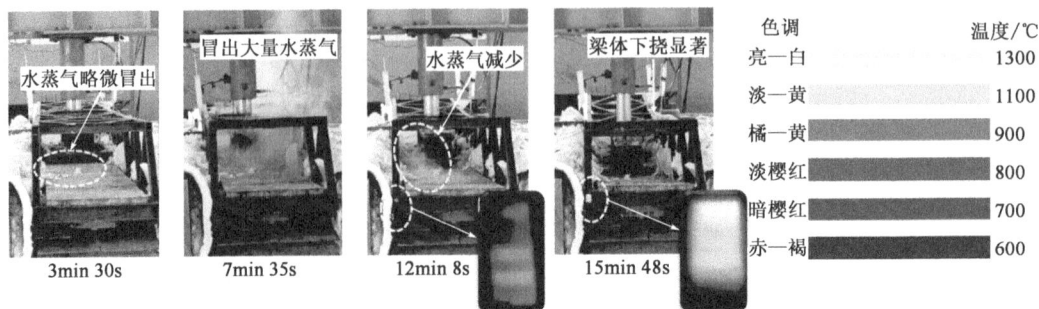

图 6-6 STBG-1 耐火试验过程

　　千斤顶加载到 132kN 后，耐火试验炉点火，开始试验。混凝土板在试验之初便出现了由于外荷载产生的裂缝。受火 3min 30s 后，混凝土板裂缝处略微冒出水蒸气，这是由于混凝土在火灾作用下温度升高，内部残留的液态水受热蒸发从裂缝处溢出。随着受火时间的增大，水蒸气加剧溢出，受火 7min 35s 后，水蒸气溢出达到峰值，且主要源于加载点附近，甚至遮盖住了部分分配梁，这主要是由于试验梁在加载点处变形严重，混凝土板显著破坏，甚至部分被压碎，大量的水蒸气可以自由溢出，水蒸气内压力充分释放。此后，水蒸气逐步释放完全，溢出量变少。

　　受火 12min 8s 后，仅加载点到支座之间的裂缝处仍会冒出少量水蒸气，这主要是由于加载点附近的混凝土板破坏严重，水蒸气已充分溢出，而加载点到支座之间的混凝土板开裂有限，水蒸气仅能从有限的裂缝中溢出，溢出过程持续且缓慢。

　　与此同时，下弦杆呈现出明显的赤红色，根据 1893 年威廉·维恩提出的维恩位移定律，即黑体电磁辐射的光谱强度的峰值波长与自身温度之间反比关系[5-6]，见式（6-1），可以得到钢材加热后的色调与温度的图谱对照，可估算出下弦杆温度大约为 600℃。

$$\lambda_{max} T = \text{const} \tag{6-1}$$

式中：λ_{max}——辐射的峰值波长；

　　　　T——黑体的绝对温度；

　　　const——维恩位移常量。

　　随着受火时间的增长，水蒸气彻底消失。受火 15min 48s 后，试验梁下挠严重，跨中挠度达到了 169.44mm，上弦杆已明显弯曲，下弦杆则在火灾高温的作用下，呈现出淡樱红和橘黄色相间的特点，据此估算下弦杆的温度在 800 ~ 900℃ 之间。结合试验梁出现的弯曲大变形和千斤顶已无法维持荷载的情况，可认为 STBG-1 到达了极限状态。随后，将耐火试验炉关闭，并卸载。

　　（2）STBG-2。

　　试验梁 STBG-2，梁高 400mm，承受 0.1 荷载水平的荷载。在荷载施加完成且稳定后，耐火试验炉点火，将摄像机置于试验梁的侧方进行全过程拍摄，得到耐火试验的全过程，如图 6-7 所示。

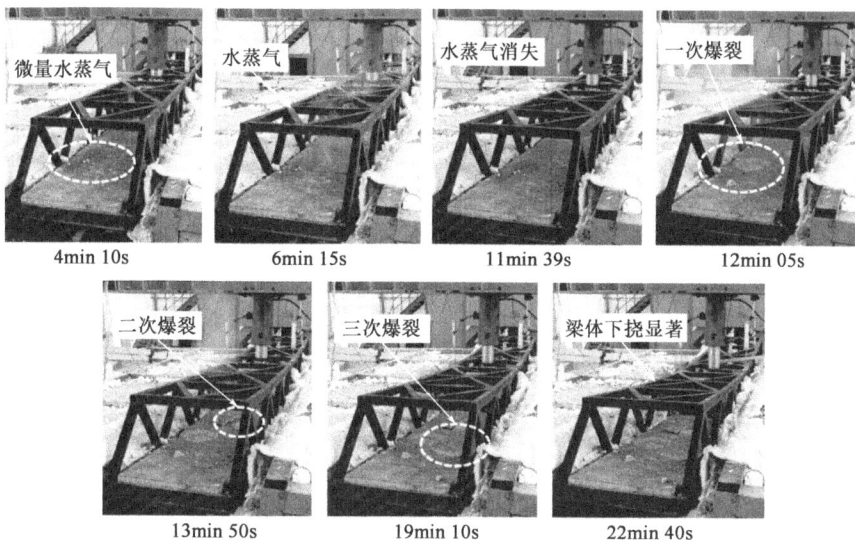

图 6-7　STBG-2 耐火试验过程

受火 4min 10s 后,混凝土板裂缝处出现明显的水渍,并溢出微量水蒸气。受火 6min 15s 后,水蒸气大量溢出,但溢出量远小于 STBG-1,这主要是由于 STBG-2 承受的荷载较小,挠度变形较小,其裂缝的出现和发展显著低于 STBG-1,尤其加载点附近的混凝土板未被明显压碎,混凝土内部水蒸气仅能从少量裂缝处逐步溢出。受火 11min 39s 后,裂缝处也不再溢出水蒸气,裂缝周围的水渍在高温作用下完全消失。受火 12min 5s 后,加载点到支座之间的混凝土板发生了第一次爆裂,这是由于混凝土的裂缝较少,内部水蒸气逃逸通道较少,水蒸气压力积聚导致了混凝土发生爆裂。受火 13min 50s 和 19min 10s 后,加载点和支座之间的混凝土板陆续发生了第二次和第三次爆裂,而加载点附近未发生任何爆裂现象。说明较小的荷载使试验梁在受火过程中形成的挠度变形有限,在加载点和支座之间所产生的裂缝较少,难以充分释放该区域混凝土内的水蒸气压力;而加载点附近的混凝土板裂缝较多,水蒸气的逃逸通道较多,压力得到了很好的释放,未出现爆裂现象。受火 22min 40s 后,STBG-2 跨中下挠显著,已无法维持荷载,甚至出现了由于梁体弯曲下挠较大而产生的与炉盖之间的空隙。此时,STBG-2 的跨中挠度达到了 163.8mm,已经达到极限状态。随后,将耐火试验炉关闭,且卸载。

(3)STBG-3。

试验梁 STBG-3,梁高 500mm,承受 0.2 荷载水平的荷载,对其施加 150kN 的荷载。由于荷载较大,在加载过程中,可听到钢梁变形产生的声响。待外荷载施加完毕且稳定后,耐火试验炉点火,摄像机位于试验梁的侧方,试验过程如图 6-8 所示。

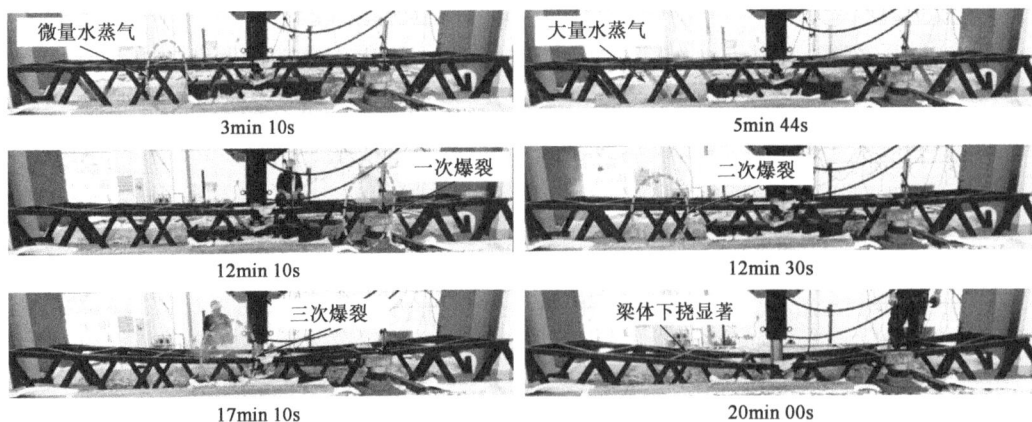

图 6-8　STBG-3 耐火试验过程

受火 3min 10s 后,STBG-3 在混凝土板裂缝处开始冒出少量水蒸气。随着受火时长的增加,混凝土板裂缝在热-力耦合作用下持续发展,大量水蒸气溢出,并在受火 5min 44s 时,水蒸气溢出达到峰值。受火 12min 10s 后,在加载点右侧的混凝土板出现了第一次爆裂,仅 20s 后,加载点左侧的混凝土板出现了第二次爆裂,说明高温已使混凝土内部产生较大的水蒸气压力,虽然现有的裂缝为水蒸气提供了不少的逃逸通道,但仍不足以完全释放高温导致的内压力。受火 17min 10s 后,混凝土板在两加载点之间出现了第三次爆裂,爆裂范围与程度较小,这是由于加载点之间的混凝土已经产生了较多的裂缝,水蒸气压力已经得到了大量释放,出现的爆裂现象则是由局部较为完整的混凝土块内的水蒸气压力较大导致的。STBG-3 梁高较大,结构整体刚度较大,但在受火 20min 5s 后,试验梁仍出现了显著且快速的高温弯曲下挠。此时,

STBG-3 跨中挠度达到了 157.8mm,千斤顶无法再维持荷载,可认为已达到极限状态。随后,将耐火试验炉关闭,且卸载。

6.3.2 现象对比与汇总

综上可见,简支体系组合钢桁架试验梁在受火过程中具有相似的试验现象及结构响应,但由于荷载水平和结构尺寸的不同,会产生些许差异。STBG-2 承受的荷载较小,在相同受火时间后的挠度和变形要显著小于 STBG-1,产生的裂缝较少,导致混凝土内部水蒸气的逃逸通道较少,水蒸气压力较大,混凝土爆裂剧烈。STBG-3 梁高较大,钢桁结构刚度较大,虽然也承受了 0.2 的荷载水平,但裂缝产生的范围和程度要低于 STBG-1,因而产生的水蒸气要少于 STBG-1,同时也出现了三次混凝土爆裂。

在受火中后期,3 榀组合钢桁架试验梁在热-力耦合作用下均出现了迅速下挠,都呈现出高温下的大挠度弯曲破坏。以加载点为界,可将混凝土板的破坏状态分成三个不同的区域,呈现出两种破坏状态:支座到加载点之间的开裂和爆裂状态,加载点之间的开裂、压碎和掀起状态。

支座到加载点之间的混凝土开裂主要是由于钢桁结构与混凝土在剪力螺栓的连接作用下,保持了协同工作效应,而钢桁结构在高温下的弯曲变形远超混凝土板的极限应变,导致混凝土板产生不同程度的横向开裂。混凝土发生爆裂则是由于温度升高,内部水蒸气得不到充分释放,致水蒸气压力过大,超过了混凝土的强度极限。

加载点之间的混凝土开裂、压碎,则是由于试验梁在加载点之间显著的弯曲变形导致混凝土处于高受压状态并出现破坏。混凝土的掀起,则是由于钢桁结构变形对混凝土产生了严重的挤压变形,并与钢板失去协同工作性能导致的。

3 榀简支体系组合钢桁架试验梁在耐火试验中均表现为挠度破坏,即在热-力耦合作用下出现的结构高温弯曲变形,并丧失了承载能力。3 榀试验梁的耐火试验过程汇总于表 6-6 中。

组合钢桁架试验梁耐火试验过程汇总 表 6-6

试件	总受火时长(min)	水蒸气(min)			混凝土爆裂(min)			破坏	
		一阶段	二阶段	三阶段	一次爆裂	二次爆裂	三次爆裂	下挠(mm)	破坏状态
STBG-1	15.8	3.5	7.6	12.1	—	—	—	169.4	
STBG-2	22.7	4.2	6.3	11.7	11	12.6	17.8	163.8	挠度破坏
STBG-3	20.0	3.2	5.7	11.8	12.2	12.5	17.2	157.8	挠度破坏

6.4 耐火试验结果与分析

在耐火试验中,采集简支体系组合钢桁架试验梁的测点温度数据与关键截面的挠度数据,建立起相应的温度场模型与挠度变化模型,并观察分析试验现象,获取其在碳氢火灾下的结构破坏路径与破坏模式。

6.4.1 温度

简支体系组合钢桁架试验梁耐火试验温度分析包含了炉温变化和试验梁关键测点温度变化。

（1）试验炉温度。

耐火试验的稳定性和可靠性高度依赖于能提供高温火焰及维持稳定炉温的耐火试验炉，通过计算机精确控制天然气和氧气的供给，来保证耐火试验炉炉温变化与目标升温曲线的高度吻合。

（2）结构温度场分析。

3 榀简支体系组合钢桁架试验梁 STBG-1～STBG-3，在耐火试验全过程中的炉温和各测点的时变温度如图 6-9 所示。时变温度曲线以停火时刻为分界线，可分成两个阶段：受火阶段和停火阶段。

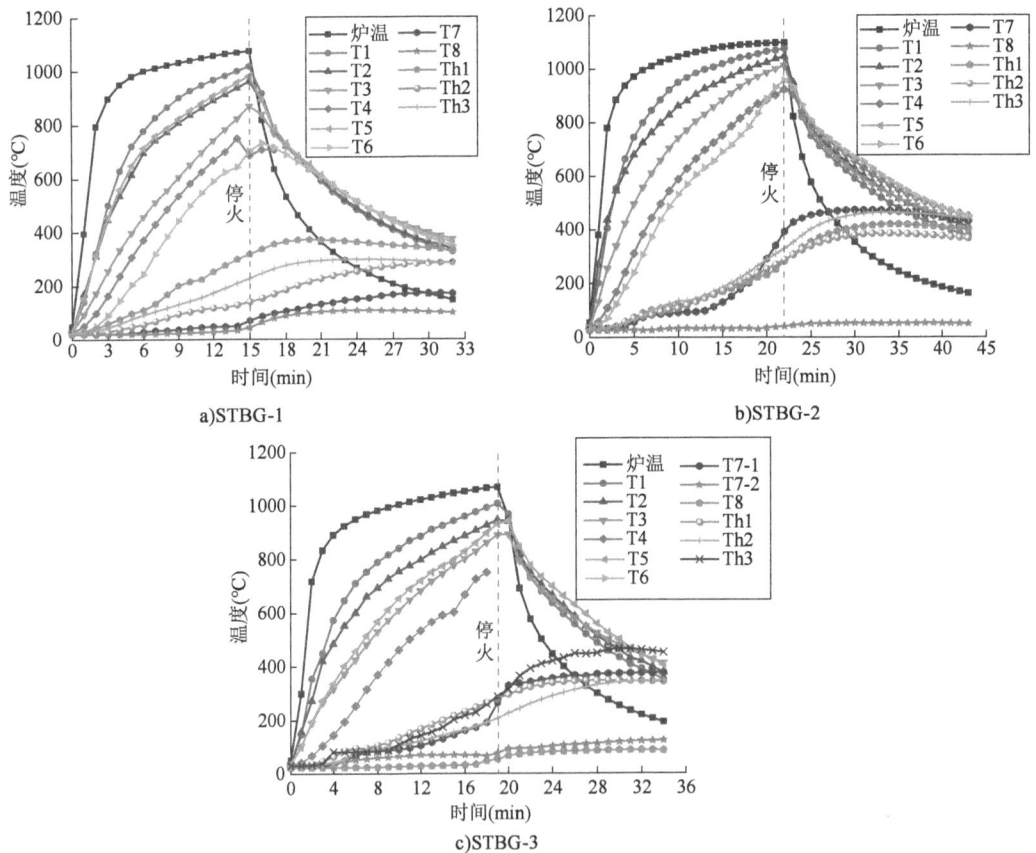

a)STBG-1

b)STBG-2

c)STBG-3

图 6-9 试验梁温度时变曲线

在受火阶段，火灾高温作用使得各测点温度快速升高。依据升温速率的不同，升温曲线呈现出明显的分层现象，即受火区（横梁、纵梁、下弦杆、钢桥面板）（T1-T6）升温迅速且温度较高，非受火区（腹杆，上平联、混凝土）（T7-T8，Th1-Th3）升温缓慢且温度较低。这主要是由于混凝土板起到了较好的隔火保护作用,非受火区的升温主要依靠材料热传导和热对流,其中混凝土比热容较大,升温缓慢。在此阶段内,横梁下翼板(T1)直接受火,且距离火源最近,受到的热辐射最强,升温最快且温度最高;下翼板阻挡了部分作用于腹板的火焰,其升温依靠热辐射和热传导,使横梁腹板(T2)的升温速率和最高温度略低于下翼板(T1);横梁上翼板(T3)虽直接受火,但其与混凝土板紧密接触,大量热量被传递到混凝土板中,其升温速率远低于下翼板(T1);钢桥面板(T4)与混凝土板的交界处升温主要依靠钢材的热传导,且大部分热量会被传递到混凝土中,其温度要显著低于横梁(T1、T2和T3)。下弦杆腹板(T5)直接受火,但由于腹板垂直于火焰方向,升温速率和最高温度均略低于横梁下翼板(T1);下弦杆顶板(T6)不直接受火,升温主要依靠下弦杆腹板的热传导,且顶板暴露在开放环境中,散热效应显著。在耐火试验过程中部分热电偶出现了意外损坏和短暂失灵,因而缺少了 STBG-2 中下弦杆腹板(T5)、STBG-3 中钢桥面板(T4)和下弦杆顶板(T6)的温度数据。

在停火阶段,不同测点的温度变化呈现出显著的差异,表现为升温与降温并存的温度变化特点。以混凝土板为分界线,混凝土下部受火区的温度随炉温快速降低,混凝土上部非受火区的温度则在停火后仍缓慢上升,并逐渐趋于平缓。这主要是由于受火区的升温主要依靠热辐射,而非受火区的升温则依靠材料热传导。停火后,受火区钢材的温度随着热辐射作用的消失迅速降低,但此时的温度仍远高于混凝土、腹杆和上平联等桁杆的温度,热量会持续从高温区域向低温区域转移,仍具有显著的热传导效应,使其温度持续上升,直至结构整体温度趋于一致。

受火时长对试验梁温度场的变化影响显著。不仅 3 榀试验梁相同测点的最高温度与受火时长成正比,而且受火时长越大同一试验梁中不同温度测点之间的温度差越小,STBG-1 受火 15.8min,横梁下翼板(T1)与钢桥面板(T4)之间的产生的最大温差为 209℃;STBG-2 受火 22.6min,横梁下翼板(T1)与钢桥面板(T4)之间产生高温区域的最大温差仅为 176℃。这主要是由于横梁下翼板的升温主要依靠热辐射,随着下翼板的温度越接近炉温,热辐射引起的升温效率越低,下翼板升温放缓;而钢桥面板的升温主要依靠热传导,受火时长越大,热传导的总量越高,且钢桥面板的温度显著低于炉温和相邻横梁的温度,其升温效率仍维持高效,最终导致了高温区域不同测点之间温差的显著差异。

腹杆和上平联均在混凝土板的隔火保护作用下不受火,但上平联(T8)的温度要远低于腹杆(T7)。这是由于两者的升温主要依靠钢材的热传导,距离高温区越远,热传递效率越低,升温速率越慢,最高温度越低。此外,腹杆和上平联均暴露在非受火环境中,良好的空气对流会对高温钢结构产生明显的散热效应,导致其在热传导过程中损失大量热量,进一步降低了升温效率。热传导的升温形式,也使得上平联和腹杆在停火后仍保持了一定幅度的升温。在 STBG-3 中,不同高度处的两个温度测点(T7-1、T7-2)之间仅有 188mm 的高度差,但受火 20min 后两者的温差可达 187℃,具有显著的温度梯度和温差效应。

3 榀试验梁在不同截面处的混凝土温度也呈现出了差异。在 STBG-1 中,Th1 > Th3 > Th2,这主要是由于跨中截面混凝土在耐火试验过程中出现了由于钢桁架大变形导致的开裂和压碎,使混凝土内部的热量既可通过裂缝大量溢出,也会被液态水充分吸收形成水蒸气,显著降低此处混凝土的温度。在 STBG-2 中,不同截面处的混凝土温升变化基本一致,这主要是由于 STBG-2 承受的荷载较小,跨中弯曲变形不明显,裂缝较少且均匀,在不同截面处的混凝土热量释放较为有限。

6.4.2 挠度

简支体系组合钢桁架试验梁的大弯曲变形是外荷载和火灾高温共同作用的结果。在热-力耦合作用下,钢材性能的持续退化,导致试验梁出现显著的高温弯曲下挠。

(1)跨中挠度对比。

3榀试验梁在受火全过程的跨中截面上弦杆的挠度变化如图6-10所示,呈现出动态非线性发展的特点。结合试验数据并参考相关文献[7],可将挠度变化曲线分成三个阶段:初增段,缓增段,急增段。

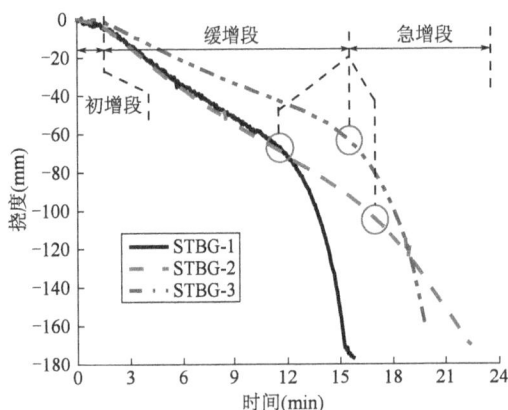

图6-10 试验梁跨中挠度时变曲线

在受火初期(受火2min左右),试验梁受火区温度较低,均未超过400℃,高温对钢材强度的影响有限。此时跨中挠度的增大主要源于钢材受火后弹性模量的降低和钢材升温出现的热膨胀,两者共同作用使试验梁出现了热弯曲效应。受火超过2min后,试验梁跨中挠度变化进入缓增段。在此阶段内,下弦杆、横梁等受火区桁杆的温度迅速升高,钢材强度快速退化,持续应力作用导致的钢材大应变和高温蠕变,是试验梁挠度持续增大的根本原因。持续受火后,3榀试验梁跨中挠度变化陆续进入急增段。在此阶段内,钢材力学性能严重衰退,部分受火桁杆达到了钢材在该温度下的高温屈服强度;伴随着高温蠕变效应的加剧,塑性区域从加载点开始向两侧扩展;此外,由于试验梁的横、纵梁是通过焊接连接的,焊缝在高温和拉应力作用下,出现了损伤和断裂。最终,在钢材力学性能下降和横、纵梁之间焊缝断裂的影响下,试验梁跨中挠度急剧增大,混凝土板则呈现出开裂、掀起和压碎等状态,下弦杆、横梁则出现部分高温屈服。

由于STBG-1和STBG-2施加的荷载大小不同,导致试验梁跨中挠度变化在缓增段具有高度一致性,但在急增段有显著的差异。表现为STBG-1受火12min,跨中下挠达到66.9mm,就出现了明显的拐点,而STBG-2受火17min,跨中下挠达到104.9mm,才出现拐点,耐火时间也从15min提升到22min,提升44.7%。STBG-2的外荷载水平较低,热-力耦合作用下的受火桁杆应力未达到该温度下的钢材屈服强度,但弹性模量一直衰退,导致其挠度持续变大但变化速率缓慢,未出现明显的断崖式下挠。STBG-1和STBG-3的跨中挠度变化曲线的形式相似,在缓增段和急增段之间均有明显的拐点,但在缓增段的挠度变化速率不同。这主要是由于STBG-3主桁高度较大,结构抗弯刚度更大,腹杆热传导效率更低,使得STBG-3的挠度变化曲线在缓增段的斜率仅为4.02mm/min,而STBG-1挠度变化曲线斜率为5.66mm/min。与之相对应的是STBG-1的挠度变化曲线的拐点是在受火12min后出现,而STBG-3则将拐点出现的时间推迟了4min,达到了16min,证明试验梁的耐火性能得到了提升,最终,其耐火时间达到20min,提升了33.3%,同时跨中挠度降低了18.7%。

(2)不同截面挠度对比。

布置的位移传感器分别记录1/4跨径混凝土板和上弦杆、跨中截面上弦杆和下弦杆的挠度变化,3 榀试验梁试验全过程挠度时变曲线如图 6-11 所示。以停火时刻为界,可以将试验梁全过程挠度变化曲线分成两个阶段:受火下降段和停火恢复段。

以 STBG-1 为例,如图 6-11a)所示,在受火下降段,1/4 跨径截面处与跨中截面处的挠度变化趋势具有一致性,均有明显的初增段、缓增段和急增段。其中,1/4 跨径截面处上弦杆和混凝土板的挠度变化高度一致,跨中截面处上弦杆和下弦杆的挠度变化有些许差异,尤其是在缓增段与急增段的拐点处,上、下弦杆的挠度可相差 7mm。这主要是由于上弦杆的位移测点处于两个腹杆交点之间,而下弦杆位移测点位置恰好处于腹杆与下弦杆相交处,腹杆起到了明显的牵拉约束作用。

在停火恢复段,STBG-1 出现了明显的挠度恢复过程。停火初期,STBG-1 挠度变化曲线有短暂的水平段,这是由于千斤顶仍处于持力状态,但试验梁的温度已快速降低,钢材的力学性能快速恢复,可以承受所施加的荷载。伴随着千斤顶的卸载,弯曲下挠逐步恢复,这是由于腹杆、上弦杆等桁杆的弹性变形恢复引起的。待停火 8min 后,跨中上、下弦杆,1/4 截面的混凝土板和上弦杆的挠度分别恢复了 34.1mm、37.3mm、17.5mm、18.7mm。

STBG-2 和 STBG-3 不同测点的挠度时变曲线如图 6-11b)和图 6-11c)所示。在 STBG-2 和 STBG-3 耐火试验中,考虑到高温会损坏位移传感器,停火后第一时间将位移传感器拆除,因而 STBG-2 和 STBG-3 缺少了完整的停火恢复段。在 STBG-3 耐火试验中,1/4 跨径混凝土板测点处的位移传感器出现故障,缺少此处测点的位移数据。从图 6-11b)可以看出,STBG-2 各位移测点处的挠度变化曲线与 STBG-1 有较大的不同,这主要是由于前者承受 0.1 荷载水平的外荷载。外荷载的减半,使试验梁的挠度变化不仅更为缓慢,在跨中处的上弦杆挠度变化也要大于同一截面处的下弦杆的挠度变化,腹杆对下弦杆的牵拉约束作用更为明显,直至停火时刻,跨中截面处上弦杆和下弦杆的挠度变化差可达 17mm。从图 6-11c)可以看出,虽然 STBG-3 主桁高度较大,刚度较大,但在同样承受 0.2 荷载水平的外荷载作用下,其位移测点处的挠度变化曲线的形式与 STBG-1 具有高度的相似性。

通过对 3 榀简支体系组合钢桁架试验梁关键截面挠度变化进行横向和纵向的对比,可以发现,在碳氢火灾作用下,简支体系组合钢桁架试验梁挠度变化趋势,主要与外荷载的大小有关,而增大主桁高度可以有效推迟挠度急增段的出现。

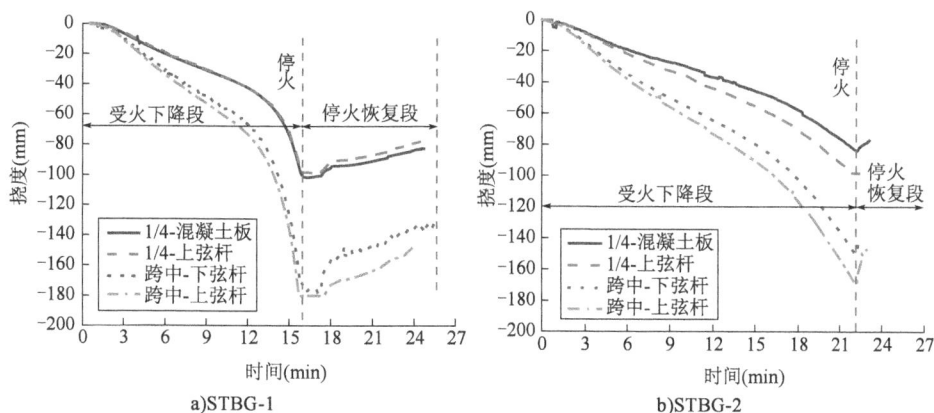

图 6-11

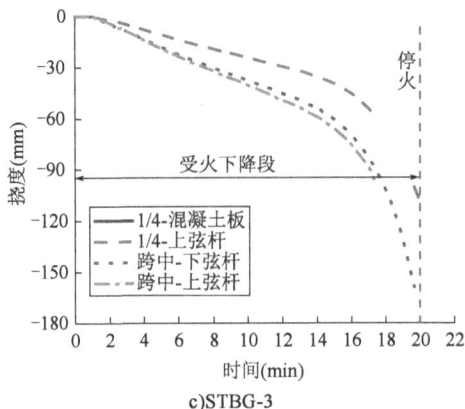

图 6-11　同一试验梁不同截面挠度-受火时间曲线

6.4.3　破坏路径

简支体系组合钢桁架试验梁在热-力耦合作用下,会出现材料性能退化、结构损伤变形等,直至试验梁失去承载能力。细化结构响应全过程,可以得到简支体系组合钢桁架试验梁在碳氢火灾下的四阶段破坏路径:热膨胀及弹性变形阶段、材性退化阶段、部分高温屈服阶段、大挠度破坏阶段。四阶段破坏路径及相应结构响应特点如表 6-7 所示。

简支体系组合钢桁架试验梁损伤-破坏路径及结构响应特点　　　　表 6-7

阶段	名称	结构响应特点
第1阶段	热膨胀及弹性变形阶段	a.试验梁出现由于弹性变形和高温热膨胀引起的轻微下挠; b.混凝土产生细微裂缝,冒出少量水蒸气
第2阶段	材性退化阶段	a.受火桁杆升温迅速,力学性能下降; b.试验梁下挠持续; c.混凝土开裂加剧,溢出大量水蒸气
第3阶段	部分高温屈服阶段	a.部分受火桁杆出现高温屈服,形成塑性铰; b.试验梁下挠显著; c.混凝土出现大裂缝,水蒸气消失,混凝土发生爆裂
第4阶段	大挠度破坏阶段	a.横、纵梁发生大变形,部分焊缝断裂; b.下弦杆高温屈服变形显著; c.混凝土呈现出开裂、压碎和掀起状态

第1阶段:热膨胀及弹性变形阶段。外荷载作用会使简支体系组合钢桁架试验梁出现压弯作用下的弹性弯曲变形。由于此阶段受火时间较短,钢材温度较低,力学性能未发生退化,但钢材受热膨胀后会加剧试验梁的弯曲变形。此时混凝土板变形开裂,处于带裂缝工作状态,混凝土内部液态水会被高温汽化,以水蒸气的形式从裂缝中溢出。

第2阶段:材性退化阶段。受火区钢材的温度随着受火时间的增大而迅速升高,当钢材温度超过400℃后,其力学性能显著退化,导致简支体系组合钢桁架试验梁在固定外荷载作用下,出现了明显的弯曲变形。结构弯曲变形增大也进一步导致混凝土板裂缝的持续发展,并从裂缝中溢出大量水蒸气。

第 3 阶段:部分高温屈服阶段。高温使钢材的力学性能持续退化,在热-力耦合作用下,部分高温、高应力桁杆会达到钢材在该温度下的屈服强度,发生屈服并形成塑性铰,试验梁整体挠度变大。同时,混凝土板在试验梁大弯曲变形作用下,出现了更大的裂缝,水蒸气已充分溢出,此阶段外溢的水蒸气明显减少,直至消失。部分混凝土内部水蒸气无法充分释放,使其内部压力过大,出现混凝土爆裂。

第 4 阶段:大挠度破坏阶段。热-力耦合作用下,横梁与纵梁均发生了严重的弯曲大变形,焊缝处则出现了严重的高温损伤,甚至断裂。加载点处的下弦杆应力状态复杂,应力重分布效应显著,致其高温屈服变形明显。大变形效应也导致下弦杆与腹杆节点处应力集中,尤其在加载点处尤为显著。此时,混凝土桥面板破坏严重,呈现开裂、压碎和掀起等状态。

6.4.4 破坏状态

(1)整体结构破坏。

试验梁 STBG-1、STBG-2 和 STBG-3,分别为对照组、荷载组和梁高组,虽然 3 榀试验梁外荷载不同、主桁高不同,但其破坏模式及破坏后的状态具有相似性,均表现为由于热-力耦合作用导致的梁体快速下挠,直至丧失承载能力。耐火试验结束并恢复至常温后,3 榀试验梁均出现较为明显的挠度恢复,但仍可以从侧面观察到显著的残余弯曲变形、加载点处下弦杆的弯扭屈曲变形和混凝土板的开裂、压碎和掀起。

3 榀简支体系组合钢桁架试验梁在加载点的底面联结系(横梁与纵梁)均出现了不同程度的弯曲变形,如图 6-12 所示。加载点的底面联结系的弯曲变形均呈现出越靠近加载点中心弯曲幅度越大的特点,这主要是由于加载点处的钢制铰支座宽度为 100mm,造成纵梁出现了弯曲;同时,分配梁作用在钢制铰支座的中央,加之试验梁长时间受火后,亦导致钢制铰支座的温度随之升高,出现一定程度的力学性能退化,使钢制铰支座被分配梁在中间位置压弯,造成横梁的弯曲变形。通过试验梁加载点底部屈服形态图还可以发现,屈服变形的程度表现为:STBG-3 > STBG-1 > STBG-2,这是由 3 榀试验梁承受的荷载不同导致的,外荷载越大,钢桁架下平联的弯曲变形也越明显。

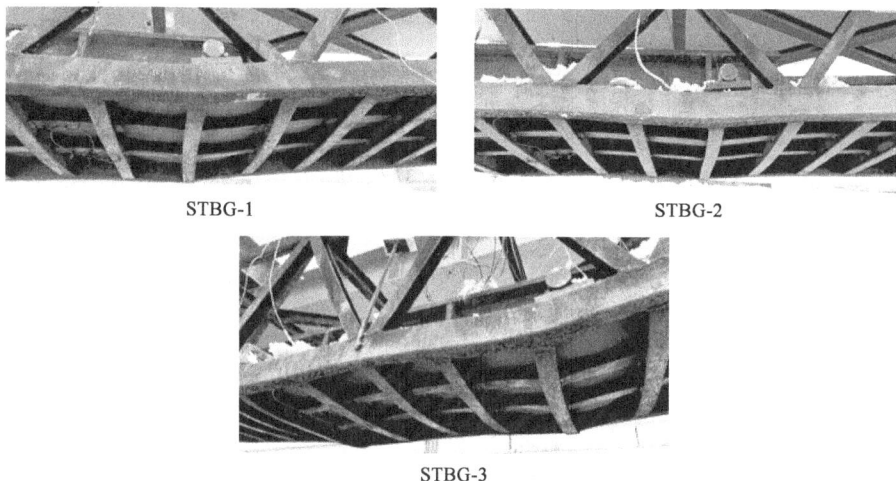

STBG-1

STBG-2

STBG-3

图 6-12 简支试验梁加载点底部屈服形态

3 榀试验梁经自然冷却后,下弦杆颜色差异显著,STBG-1 和 STBG-3 的下弦杆呈现出大部分红棕色,小部分锈色,而 STBG-2 的下弦杆则以锈色为主。根据金属冶炼原理可知,铁在高温作用下,可氧化成黑色的 FeO、红棕色的 Fe_2O_3 和黑色的 Fe_3O_4。当钢板温度在 570℃ 以下时,表面氧化物主要由 Fe_2O_3 和 Fe_3O_4 组成,当钢板温度高于 570℃ 时,表面氧化物则由 FeO、Fe_2O_3 和 Fe_3O_4 共同组成。此外,由于温度、受火时长、高温冷却条件的不同,金属氧化物表面会产生不同的金相组织,引起颜色的不同变化,例如,黑色的 Fe_3O 会发青,红棕色的 Fe_2O_3 会出现浅橘红、深红、深褐红等颜色。结合 3 榀试验梁的受火时长、受火温度等特点,可以得到受火区下弦杆冷却后颜色不同的主要原因是:STBG-1 和 STBG-3 的受火时间稍短,分别为 15.8min 和 20.0min,下弦杆非受火侧分别仅为 732℃ 和 793℃,其表面氧化物主要为 Fe_2O_3 和 Fe_3O_4,且 Fe_2O_3 占比较大,使下弦杆整体表面呈现出红棕色,而 STBG-2 受火时间较长,为 22.6min,并在试验后期有直接接触火灾高温,下弦杆非受火侧可达 956℃,其表面氧化物则由 FeO、Fe_2O_3 和 Fe_3O_4 共同组成,且 FeO 和 Fe_3O_4 占比较大,呈现出明显的锈色(青色和黑色的 Fe_3O_4 + 黑色的 FeO)。

(2)局部结构破坏细节。

STBG-1、STBG-2 和 STBG-3 的受火破坏细节,如图 6-13 ~ 图 6-15 所示。混凝土板出现了开裂、爆裂、压碎、翘曲脱层等破坏形式。产生此类复杂破坏形式的原因主要可归纳为两种:火灾高温作用和钢结构大变形作用。火灾高温作用会导致混凝土板温度升高,使其内部的液态水变成水蒸气,虽然部分水蒸气可以从混凝土板的孔隙中溢出,但更多的水蒸气则积聚在混凝土内部,产生较大的水蒸气压力,最终导致混凝土出现爆裂的现象。在 STBG-2 和 STBG-3 中,先后出现了三次不同程度的混凝土爆裂。

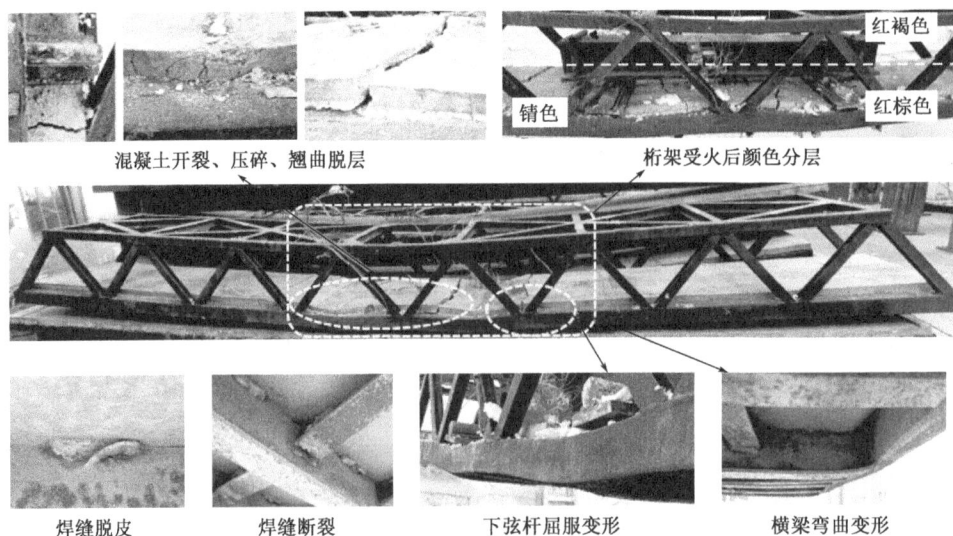

图 6-13 STBG-1 受火破坏细节

钢结构大变形作用致混凝土破坏的核心原因在于混凝土的弹性模量远低于钢材,可产生的应变较小,难以匹配钢桁结构在热-力耦合作用下的大变形。混凝土板与钢桁结构是通过界面黏结和剪力螺栓形成协同工作状态,但当混凝土板与钢桁结构的变形差异较大时,在剪力螺栓的约束作用下,混凝土内部的应力超过本身的抗拉强度,则会产生开裂。在加载点处的混凝土会在外荷载及结构弯曲变形而产生的挤压作用下,出现压碎的现象。随着钢桁结构的高温弯曲变形加剧,混凝土与钢板之间的黏结力可能会部分失效,剪力螺栓部分破坏,随之出现了混凝土板显著的翘曲脱层现象。

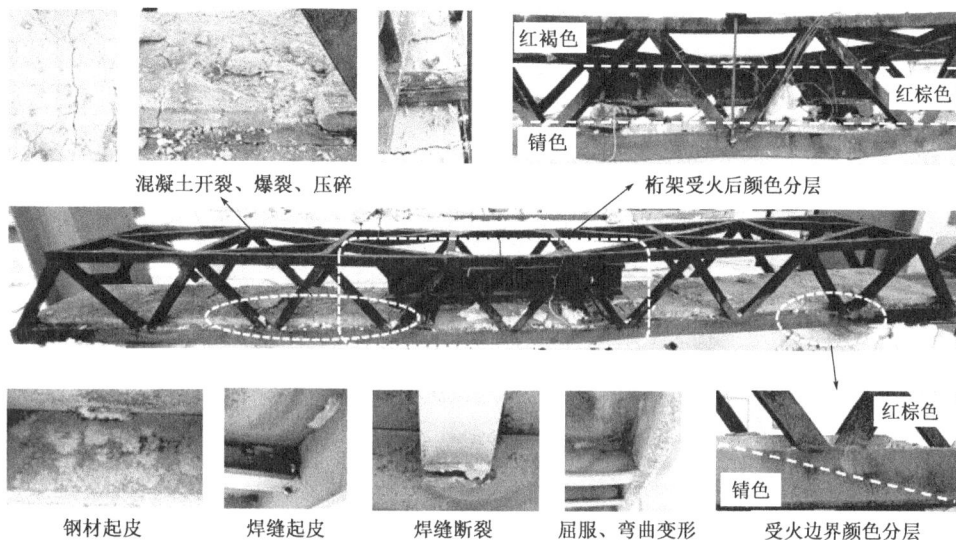

混凝土开裂、爆裂、压碎　　　　　　　　桁架受火后颜色分层

红褐色　　红棕色　　锈色

钢材起皮　　焊缝起皮　　焊缝断裂　　屈服、弯曲变形　　受火边界颜色分层

红棕色　　锈色

图 6-14　STBG-2 受火破坏细节

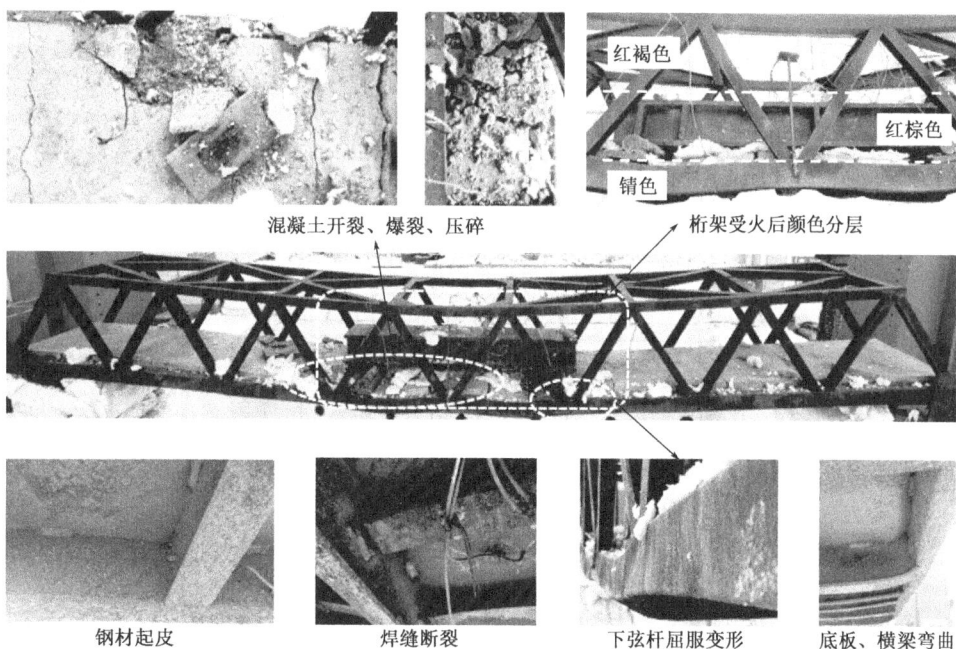

混凝土开裂、爆裂、压碎　　　　　　　桁架受火后颜色分层

红褐色　　红棕色　　锈色

钢材起皮　　焊缝断裂　　下弦杆屈服变形　　底板、横梁弯曲

图 6-15　STBG-3 受火破坏细节

耐火试验后,钢桁架不同区域呈现出了红褐色、红棕色、锈色,并具有明显的分层现象和区域特点。受火区主要是锈色和红棕色,根据上一节的分析可知,红棕色和锈色部分是由于钢材

在不同受火时间和状态下,形成了不同含量和组分的 FeO、Fe_2O_3 和 Fe_3O_4。而红褐色部分,则主要是由钢材表面生锈而导致的。通过钢桁架的颜色变化界限,可以有效判断受火区及其边界。

组合钢桁架试验梁下平联部分直接受火,在钢材和焊缝的表面均出现了起皮和脱皮的现象,在部分焊缝处甚至出现了断裂。钢材和焊缝表面的起皮和脱皮,是由于钢材和焊缝出现了高温腐蚀现象,形成了氧化皮,主要成分为 Fe_3O_4,与基材形成了材料差异,从而出现了片状崩落的状态。连接横梁与纵梁的焊缝则会随着氧化效应加剧和焊缝性能退化,出现应力加剧且超过本身力学强度的现象,导致焊缝断裂。

下弦杆、底板、横梁和纵梁均出现了由于热-力耦合作用导致的弯曲变形和屈服变形,在加载点处尤其明显。两个加载点之间的下弦杆是在横梁、桥面板、腹杆等桁杆的约束作用下,呈现出了复杂的高温约束受力状态,在下弦杆腹板和底板处均出现了部分高温屈曲变形;而横梁则是在荷载和结构约束的作用下,呈现出显著的弯曲变形。

6.5 本章小结

设计制作了 3 榀简支体系组合钢桁架试验梁,开展了碳氢火灾升温条件下的耐火试验,研究了相应的温度和结构响应。获得了碳氢火灾下组合钢桁架试验梁的试验数据,包括钢桁和混凝土板各测点的温度、不同截面处的挠度变化、试验梁的耐火极限等。通过试验全过程的观察和分析,得到了试验梁的结构响应、破坏路径与破坏状态。为简支体系组合钢桁架桥梁的耐火性能研究提供试验依据。主要结论如下:

(1)简支体系组合钢桁架试验梁上平联斜撑会影响千斤顶的安置与试验的加载,将原有的 K 形斜撑优化和删减为角钢布置,可以在不改变其耐火性能的基础上,满足耐火试验的布置加载需求。

(2)简支体系组合钢桁架试验梁在遭受碳氢火灾时,受火的横梁、纵梁、下弦杆等升温迅速,受火时间越长,温度越高;混凝土板具有隔火保护作用,会使试验梁的温度场呈现出明显的分层现象,并在热-力耦合作用下,从裂缝处溢出大量水蒸气,甚至发生混凝土爆裂。

(3)简支体系组合钢桁架试验梁在热-力耦合作用下,关键截面挠度变化呈现出动态非线性发展的特点,可将挠度历程分成三个阶段:初增段、缓增段、急增段。降低外荷载会使缓增段范围扩大,急增段变缓;增大主桁高度会使结构抗弯刚度增大,缓增段斜率显著减小,推迟挠度变化拐点的出现。

(4)降低外荷载水平和增大主桁高度均可以显著提高组合钢桁架试验梁的耐火性能。当外荷载水平从 0.2 降低至 0.1 时,结构耐火时间提高 44.7%;当主桁高度增大 25% 时,耐火时间提高 33.3%,跨中挠度降低 18.7%。

(5)简支体系组合钢桁架试验梁在热-力耦合作用下,呈现出四阶段破坏路径:膨胀及弹性变形阶段、材性退化阶段、部分高温屈服阶段和大挠度破坏阶段;最终试验梁呈现出无法继续承载的快速下挠状态;加载点处下弦杆弯曲变形显著并表现出明显的锈色;混凝土存在显著的开裂、压碎和掀起的破坏状态。

本章参考文献

[1] 汤陈皓,张岗,李徐阳,等.碳氢火灾下钢桁-混凝土组合梁耐火试验研究[J].建筑结构学报,2024,45(03):160-173.

[2] 浙江省公路工程设计标准化组合钢桁架桥通用图[S].浙江:浙江省交通规划设计研究院有限公司,2018.

[3] 中国钢铁工业协会.金属材料　拉伸试验　第1部分:室温试验方法:GB/T 228.1—2021[S].北京:中国标准出版社,2021.

[4] 中华人民共和国住房和城乡建设部.混凝土物理力学性能试验方法标准:GB/T 50081—2019[S].北京:中国建筑工业出版社,2019.

[5] WIEN W. Die obere Grenze der Wellenlängen, welche in der Wärmestrahlung fester Körper vorkommen können; Folgerungen aus dem zweiten Hauptsatz der Wärmetheorie [J]. Annalen der Physik, 1893, 285(8): 633-641.

[6] BUCKINGHAM E. On the deduction of Wien's displacement law [M]. US Government Printing Office, 1913.

[7] AZIZ E M, KODUR V K, GLASSMAN J D, et al. Behavior of steel bridge girders under fire conditions [J]. Journal of Constructional Steel Research, 2015, 106: 11-22.

连续钢桁架桥梁耐火试验研究

为更全面地研究组合钢桁架桥梁的耐火性能,在简支体系试验梁耐火试验研究的基础上,拓展了结构体系,设计制作了2榀连续体系组合钢桁架试验梁,开展了标准碳氢火灾下的耐火试验[1]。通过热电偶采集连续结构体系组合钢桁架试验梁受火全过程的温度数据;通过位移传感器采集热-力耦合作用下试验梁的挠度变化;观察并记录试验梁在受火全过程中出现的结构高温变形、混凝土板开裂等。获悉受火全过程中连续体系组合钢桁架试验梁的空间温度分布特征、结构响应特点、结构破坏路径与破坏状态。

7.1 耐火试验设计概况

7.1.1 试验梁设计

连续结构多采用等跨布置,主桁桁高、节间长度、主桁中心距等都与同等跨径的简支体系组合钢桁架桥梁相同[2]。连续体系组合钢桁架试验梁的设计和结构优化理念与简支试验梁一致,均采用了相似比理论进行初步设计,并对试验梁构造进行合理优化,2榀连续体系组合钢桁架试验梁分别编号为STBG-4和STBG-5。连续体系组合钢桁架试验梁为两跨连续结构,对横隔板、主桁节点板、支承垫板、搭接板、螺栓连接处等细部构造进行了简化设计。为合理安放千斤顶,确保耐火试验前后能顺利将其取出并不影响试验过程,在保证力学性能的基础上,将上平联节间的K形斜撑更改设计成为菱形斜撑和角钢布置,使其跨中节间内径达500mm。

连续体系组合钢桁架试验梁的详细构造如图7-1所示。试验梁总长5000mm,梁宽500mm。两端和中支座处均设置长度为200mm的钢板铰支座,单跨计算跨径2300mm。连续试验梁主桁采用三角形桁架,共设置10个节段,节间长500mm,主桁上、下弦杆均为箱形截面,截面高度分别为50mm和80mm,宽度均为40mm。腹杆、上平联横撑和斜撑均统一设计为30mm×30mm的H形截面。混凝土桥面板采用C50混凝土浇筑,桥面板厚度为30mm,设计有焊接于钢桥面板上的螺栓,用于模拟剪力钉构件,并在螺栓上布置了钢丝网,模拟桥面板内的横、纵向钢筋。

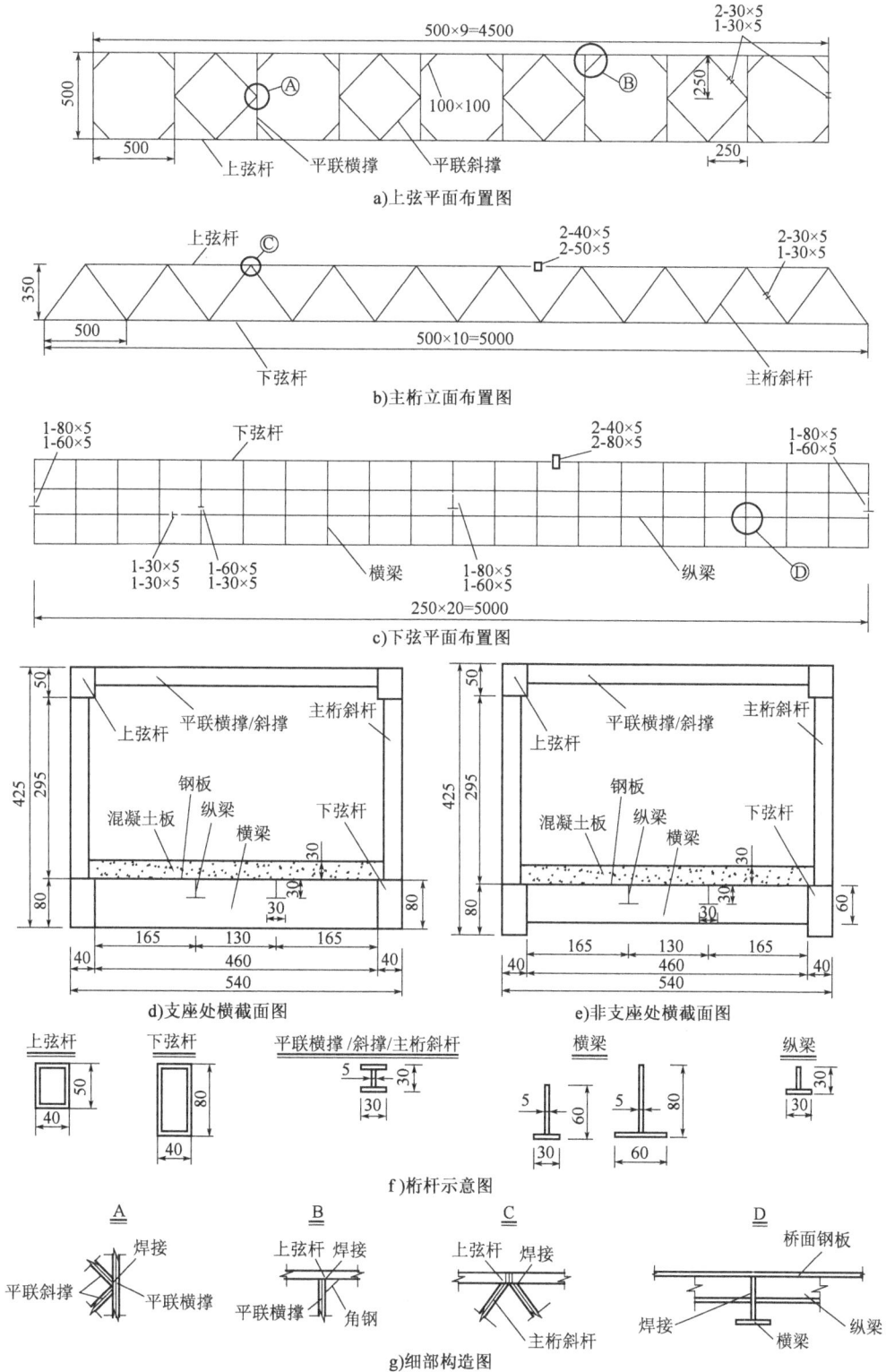

a)上弦平面布置图

b)主桁立面布置图

c)下弦平面布置图

d)支座处横截面图

e)非支座处横截面图

f)桁杆示意图

g)细部构造图

图7-1 连续体系组合钢桁架试验梁详细构造(尺寸单位:mm)

2 榀连续体系组合钢桁架试验梁 STBG-4 和 STBG-5 的关键参数,如表 7-1 所示。

组合钢桁架试验梁关键参数

表 7-1

结构体系	试验梁编号	计算跨径（单跨）(mm)	尺寸(mm)			上平联形式	单跨节段数
			梁长	梁宽	梁高		
连续	STBG-4	2300	5000	540	350	菱形斜撑	5
	STBG-5	2300	5000	540	350		

7.1.2　测点布置

为采集连续体系组合钢桁架试验梁在耐火试验中的温度和挠度变化数据,在试验梁关键截面处布置了相应的温度测点和位移测点。

(1)温度测点。

STBG-4 和 STBG-5 的温度测点布置如图 7-2 所示。混凝土温度测点分别布置在纵截面的四个不同位置上,测量试验全过程中不同纵桥向位置处混凝土内部的温度,具体位置和相应的标记分别为:第一跨 1/3 跨径处(Th1)、第一跨 2/3 跨径处(Th2)、第二跨 1/3 跨径处(Th3)、第二跨 2/3 跨径处(Th4),如图 7-2a)所示。钢桁结构的温度测点则布置在第一跨跨中截面处(A-A),中支座截面处(B-B),第二跨跨中截面处(C-C),分别为:A-A 截面横梁下翼板(T1)、A-A 截面纵梁下翼板(T2)、A-A 截面横梁上翼板(T3)、B-B 截面横梁腹板(T4)、C-C 截面横梁下翼板(T5)、C-C 截面下弦杆腹板(T6)、C-C 截面横梁腹板(T7)、C-C 截面横梁上翼板(T8)、A-A 截面钢桥面板(T9)、A-A 截面下弦杆顶板(T10)、A-A 截面腹杆(T11)、A-A 截面上平联横撑(T12)、C-C 截面钢桥面板(T13)、C-C 截面下弦杆顶板(T14)、C-C 截面腹杆(T15)、C-C 截面上平联(T16),如图 7-2b)所示。

a)立面图

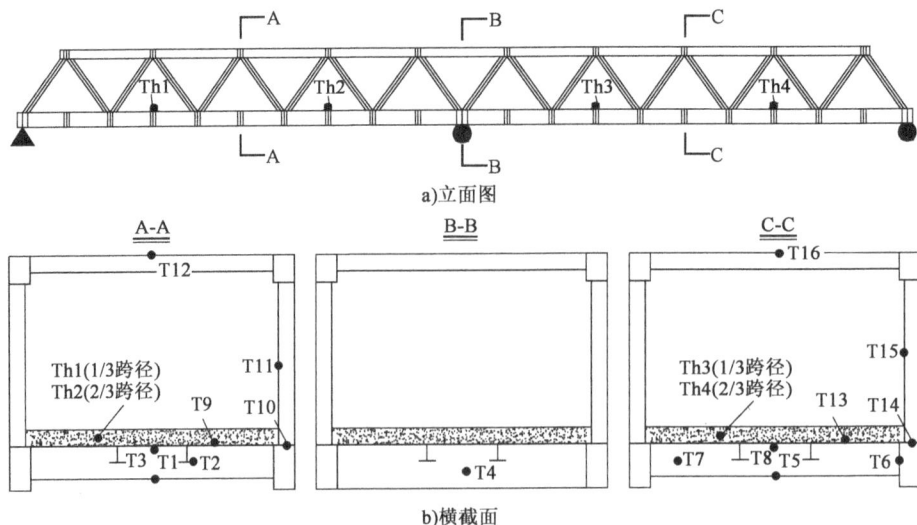

b)横截面

图 7-2　STBG-4 和 STBG-5 温度测点布置示意图

(2)位移测点。

STBG-4 为双跨受火,单跨加载。在双跨均布置了采集上弦杆、下弦杆和混凝土桥面板挠度变化的位移传感器。四个位移传感器分别布置在:加载跨跨中上弦杆,加载跨跨中下弦杆、非加载跨桥面板、非加载跨跨中上弦杆,如图 7-3 所示。

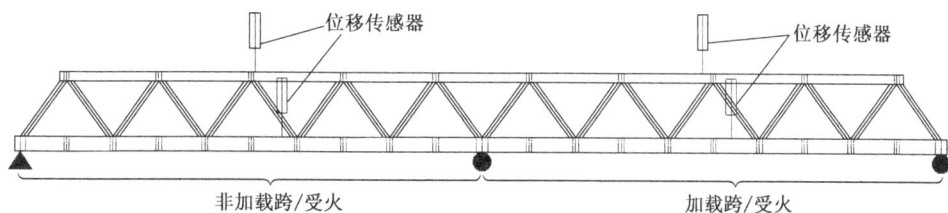

图 7-3 STBG-4 位移测点布置示意图

STBG-5 为单跨受火,单跨加载。非受火跨不受外荷载,结构状态相对稳定,因此在非加载跨仅布置一个位移传感器。为测量受火跨在热-力耦合作用下出现的端支座翘起,在端支座处额外布置了一个位移传感器。四个位移传感器分别布置在:加载跨跨中上弦杆、加载跨跨中下弦杆、非加载跨上弦杆以及加载跨端部,如图 7-4 所示。

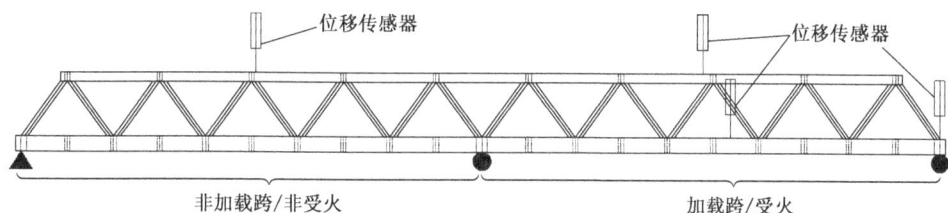

图 7-4 STBG-5 位移测点布置示意图

7.1.3 支承条件设计

不同于简支体系组合钢桁架试验梁的两点支承和跨中加载,连续体系组合钢桁架设计为三点支承,并在单跨进行加载。由于试验梁自重较小,跨径短小,结构刚度较大,且外加荷载相对自重较大,在单向受压钢板铰支座上,连续体系组合钢桁架试验梁会在外荷载作用下,非加载跨端支座处出现翘曲,使其连续结构体系发生改变。因此,在连续体系组合钢桁架试验梁的耐火试验中,用千斤顶约束试验梁非加载跨端部的竖向位移。

7.1.4 试验工况

在连续体系组合钢桁架试验梁中,在加载跨施加单点荷载,千斤顶通过增高垫块将荷载直接作用在跨中混凝土桥面板上。2 榀试验梁的受火工况不同,STBG-4 设计为两跨受火,STBG-5 设计为单跨(加载跨)受火,以探究连续体系组合钢桁架试验梁在不同受火工况下的结构响应,受火加载工况,如图 7-5 所示。STBG-4 和 STBG-5 在常温下的承载能力均为 800kN·m,同样对其施加 0.2 的荷载水平,则实际施加荷载为 160kN。

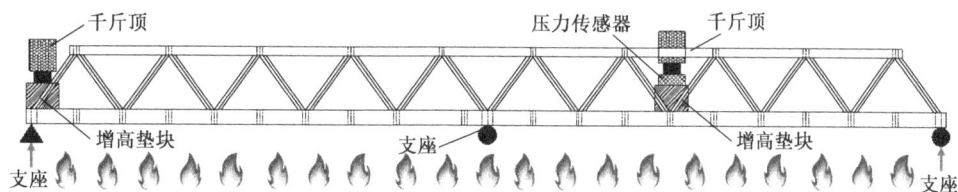

a)STBG-4
图 7-5

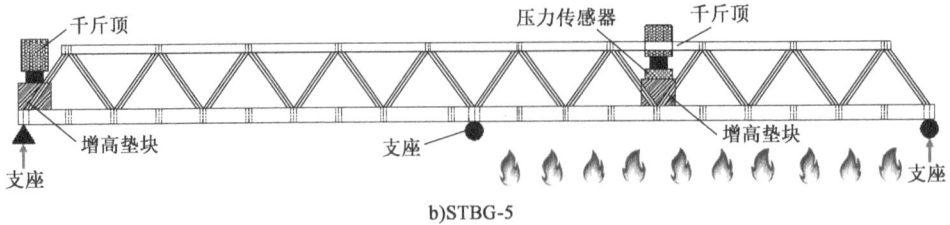

b)STBG-5

图 7-5　连续体系组合钢桁架试验梁加载示意图

7.2　耐火试验现象与分析

7.2.1　钢桁架变形与混凝土破坏

STBG-4 刚度较大,在 160kN 荷载作用下未出现明显的弯曲变形。受火 4min 后,中支座附近的混凝土板出现了微量水蒸气,这是由于中支座混凝土板在负弯矩作用下率先出现裂缝,形成了水蒸气逃逸通道。受火 10min 后,STBG-4 全跨范围均出现大量水蒸气,这是由于混凝土板在正、负弯矩区域均出现了不同程度的开裂,并充分释放了水蒸气。随着耐火试验的进行,非加载跨水蒸气逐渐减少。受火 13min 后,非加载跨水蒸气消失,但加载点处混凝土损伤破坏严重,内部水蒸气得到进一步释放,保持缓慢微量溢出。此后,STBG-4 处于相对稳定状态,试验梁未出现显著的整体下挠。直至受火 24min 后,加载点处桥面结构出现局部大变形,这是由于加载点处的横梁和纵梁在热-力耦合作用下材料性能显著退化,并受到千斤顶的持续外荷载作用而导致的。此时,虽然 STBG-4 的加载跨主桁下挠较小,但加载点处的桥面结构变形严重,千斤顶也已达到了最大行程,无法持续加载,可认为已达到试验梁的极限状态,试验结束,关闭试验炉,并卸载。

STBG-5 为单跨受火,且受火跨承受荷载,将其定义为加载跨。STBG-5 受火 4min 后,在加载点左侧率先出现了微量的水蒸气。受火 8min 后,在加载跨出现了大量的水蒸气,这是由于在集中荷载和火灾高温的作用下,混凝土板出现了大量的裂缝,且内部温度较高,形成大量水蒸气并从裂缝处溢出。受火 15min 后,混凝土板已无明显的水蒸气。受火 20min 后,混凝土板在加载点的左侧靠近中支座处出现爆裂,这主要是由于非受火跨结构刚度较大,对受火跨结构变形起到约束作用,且中支座到加载点之间的混凝土裂缝较少,内部水蒸气压力较大所致。受火 26min 后,STBG-5 在加载点处变形严重,已达到了千斤顶的最大行程,无法持续加载,此时可认为 STBG-5 已达到极限状态,试验结束,关闭耐火试验炉,并卸载。

7.2.2　支承条件变化

在耐火试验过程中,STBG-4 和 STBG-5 的加载跨端部均出现了显著的翘曲现象,并脱离了支座,脱空距离分别达到了 30mm 和 10mm,如图 7-6 所示。这是由于连续组合钢桁架试验梁底部受火升温,钢结构的热膨胀效应使下弦杆的受热伸长量远大于低温区域的上弦杆,而非加载跨端部在千斤顶的作用下被限制了位移,使其仅能在加载跨端部的单向约束支座处出现翘曲,致使其从连续体系转变成了悬臂体系,如图 7-7 所示。STBG-4 在端支座处的翘曲幅度要显著大于 STBG-5,这是由于前者双跨受火,高温膨胀的区域大于后者,加剧了翘曲变形。

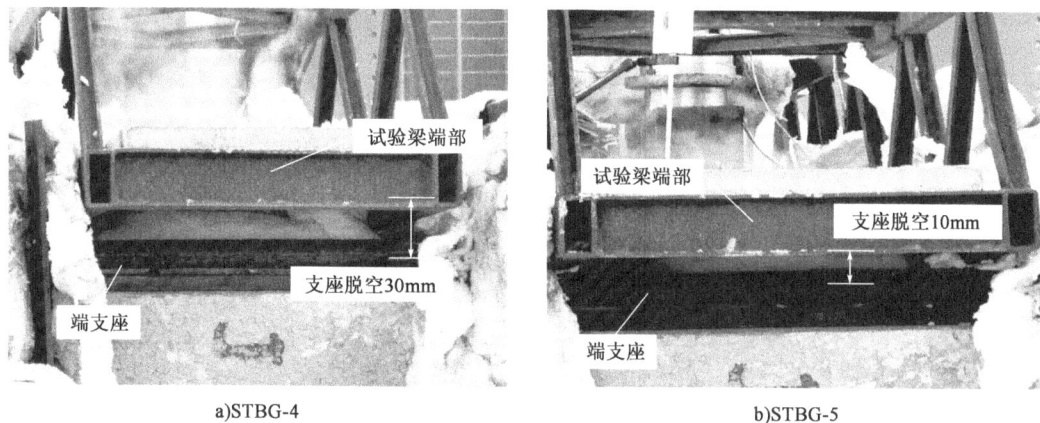

a)STBG-4   b)STBG-5

图7-6 STBG-4 和 STBG-5 加载跨端支座脱空示意图

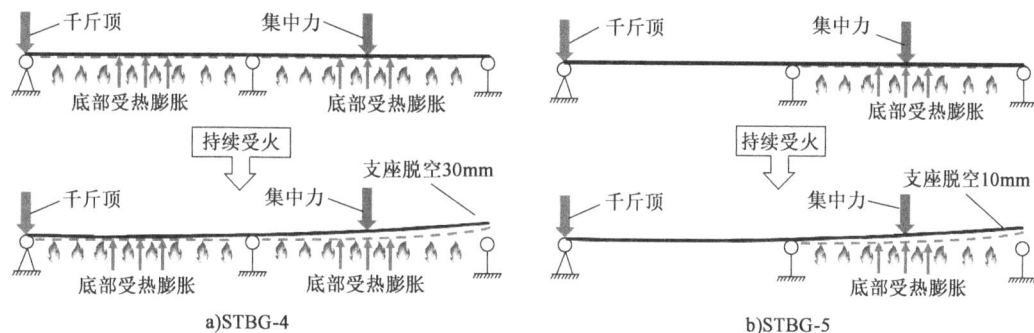

a)STBG-4   b)STBG-5

图7-7 STBG-4 和 STBG-5 加载跨支座脱空示意图

将连续体系组合钢桁架试验梁 STBG-4 和 STBG-5 耐火试验的全过程试验现象汇总如表7-2 所示。

连续体系组合钢桁架试验梁耐火试验过程汇总   表7-2

试件	总受火时长（min）	水蒸气（min）			混凝土爆裂（min）	破坏模式
		一阶段	二阶段	三阶段		
STBG-4	24.0	4.4	9.9	13.1	—	局部屈服
STBG-5	26.3	4.6	7.7	15.1	21.7	局部屈服

7.3 耐火试验结果与分析

在耐火试验中,通过采集连续体系组合钢桁架试验梁的测点温度数据和关键截面的挠度数据,建立起相应的温度场模型和挠度变化模型,并观察分析试验现象,获取其在碳氢火灾下的结构破坏路径与破坏模式。

7.3.1 温度

连续体系组合钢桁架试验梁耐火试验温度分析包含了炉温变化和试验梁关键测点温度

变化。

（1）试验炉温度。

炉体的八根 S 形铂铑热电偶实时记录试验过程中的炉温，并将平均炉温与碳氢升温曲线进行比较，如图 7-8 所示。在连续梁耐火试验中，耐火试验炉升温效率与标准碳氢升温曲线存在一定的差异，在 STBG-4 的耐火试验中，受火 23min 后，炉温仅为 960℃，与设定的碳氢升温曲线相差 132℃；在 STBG-5 的耐火试验中，受火 25min 后，炉温为 1003℃，与设定的碳氢升温曲线相差 91℃。这主要是由于耐火试验炉部分喷嘴出现了短暂的故障，虽然均在第一时间修复并重启了喷嘴，但实际炉温仍无法达到设定的碳氢升温曲线，虽然耐火试验中的实际升温速率和最高温度均不及设定的碳氢升温曲线，但两组试验的炉温保持了高度的一致，仍可以进行不同工况下的耐火试验的对比研究。STBG-4 和 STBG-5 分别在受火 24min 和 26.3min 后失效，随即卸载和停火，待耐火试验的炉温均降低至 200℃ 以下，停止记录炉温数据。

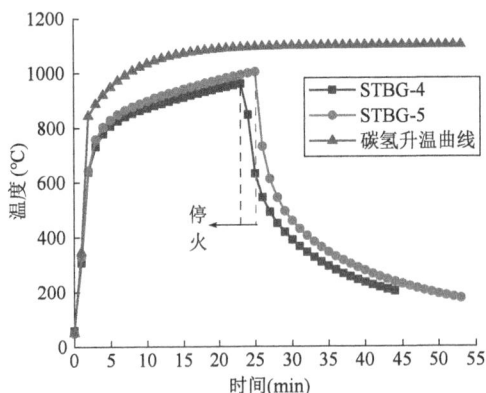

图 7-8 连续梁耐火试验炉温及碳氢升温曲线

（2）结构温度场分析。

STBG-4 和 STBG-5 在耐火试验过程中各测点的时变温度分别如图 7-9 和图 7-10 所示。依据温度变化的不同，可进一步将不同测点所在的区域分为高温区、中高温区、中低温区和低温区。由于耐火试验过程中部分热电偶出现意外损坏，丢失了 STBG-4 中非加载跨横梁下翼板（T1）、非加载跨横梁上翼板（T3）、加载跨下弦杆腹板（T6），加载跨钢桥面板（T13）和 STBG-5 中加载跨横梁下翼板（T5）、加载跨横梁腹板（T7）、加载跨横梁上翼板（T8）、非加载跨横梁上翼板（T13）的部分数据。2 榀连续试验梁的温度时变曲线以停火时刻为分界线，亦可分成两个阶段：受火阶段和停火阶段。

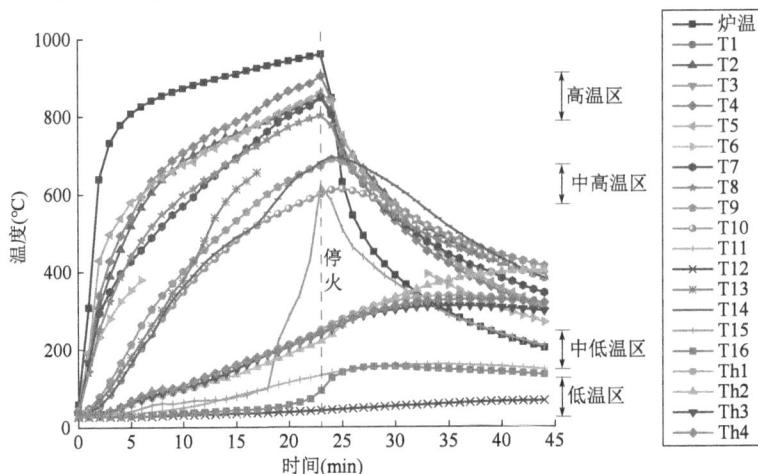

图 7-9 STBG-4 温度-受火时间曲线

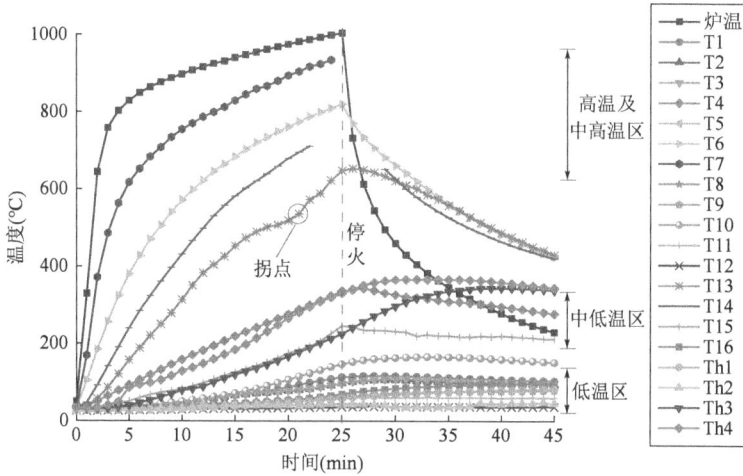

图 7-10　STBG-5 温度-受火时间曲线

STBG-4 为双跨受火,在受火阶段,高温区主要是横梁下翼板(T1、T5)、横梁腹板(T4)、纵梁(T2)、下弦杆腹板(T6、T7)等部位;中高温区主要是横梁上翼板(T3、T8)、钢桥面板(T9、T13)和下弦杆顶板(T10、T14)等部位;中低温区主要是混凝土(Th1-Th4);而低温区则主要是腹杆(T11、T15)和上平联(T12、T16)。高温区直接受火,桁杆升温迅速,最高温度接近炉温。中高温区域的横梁上翼板也直接受火,但由于与混凝土密切相连,热量会通过热传导传递到混凝土中,使其温度显著低于横梁腹板和下翼板。钢桥面板和下弦杆顶板不直接受火,升温分别依靠受火的钢桥面板下侧和下弦杆腹板的热传导。混凝土不直接受火,升温主要依靠钢桥面板传导大量的热量,但混凝土比热容较大,储热能力强,升温缓慢,且最高温度要远低于钢桥面板,处于中低温区。低温区的腹杆和上平联不直接受火,仅依靠钢桁架的热传导升温,升温速率低下,温度较低。其中,加载跨腹杆(T15)在受火 18min 后,测点温度突变且迅速升高,这是由于试验过程中加载跨主桁的温度测点脱落于下弦杆,最终导致其温度与下弦杆顶板(T10)一致。

在停火阶段,高温区和中高温区测点的温度随着炉温迅速下降,而中低温区和低温区测点的温度则继续升高。这是由于停火后,热辐射消失,炉内温度迅速降低,高温和中高温区钢桁结构对外辐射热量引起温度的降低;而中低温区和低温区的升温主要依靠相邻高温区域结构的热传导,停火后,虽然高温和中高温区温度迅速下降,但仍高于中低温区和低温区,热量仍会向温度较低的区域持续传导,使其温度继续缓慢提高,直至相邻区域温度一致,结构出现整体降温。

STBG-5 为单跨受火,在受火阶段,高温与中高温区主要包括受火跨横梁腹板(T7)、下弦杆腹板(T6)、下弦杆顶板(T14)和钢桥面板(T13);中低温区主要包括中支座处横梁腹板(T4)、受火跨混凝土板(Th3、Th4)和受火跨腹杆(T15);其余部位均为低温区。

在高温区及中高温区,受火跨横梁腹板(T7)处温度最高,可达 934℃,其次是下弦杆腹板(T6)和下弦杆顶板(T14)处,最高温度分别为 820℃ 和 711℃。钢桥面板(T13)处的温度略低,受火 25min 后为 647℃,这是由于混凝土板与之紧密相连,大量的热量会传导给混凝土。此外,钢桥面板(T13)在受火 21min 后,升温曲线出现了突变,具有明显的拐点,这主要是由于该测点位

125

于加载点附近,此处混凝土破坏严重,横梁、纵梁则存在显著的高温弯曲变形,不仅破坏了钢板向混凝土传热的有效路径,也导致了温度测点距离火源更近,最终使该测点的温度突变上升。在中低温区,中支座处横梁腹板(T4)温度要远低于受火跨横梁,主要是由于中支座的存在使火源无法直接作用在中支座的横梁上。受火跨混凝土板(Th3、Th4)会随着钢桥面板持续受火而缓慢升温,且 Th4 > Th3,这是由于 Th4 所在的混凝土板开裂较少,向空气中散发的热量较少,内部积聚了较多的热量;停火后,混凝土板(Th3、Th4)在高温钢桥面板的热传导作用下持续升温一小段时间。受火跨腹杆(T15)不直接受火,其升温主要依靠腹杆与高温下弦杆接触产生的热传导效应。低温区包含了远离火源的上平联和用防火棉包裹的非受火跨。在受火全过程中,这些测点的温度较低,升温缓慢,最高温度为 62 ~ 146℃。由此可见,通过防火棉包裹试验梁来模拟部分受火是可行且有效的。

7.3.2 挠度

由于连续结构体系和相对复杂的约束条件,STBG-4 和 STBG-5 在碳氢火灾下的结构响应相比简支结构体系更为复杂和多变。

(1)STBG-4 挠度变化。

STBG-4 在受火全过程中,各测点的挠度变化,如图 7-11 所示。

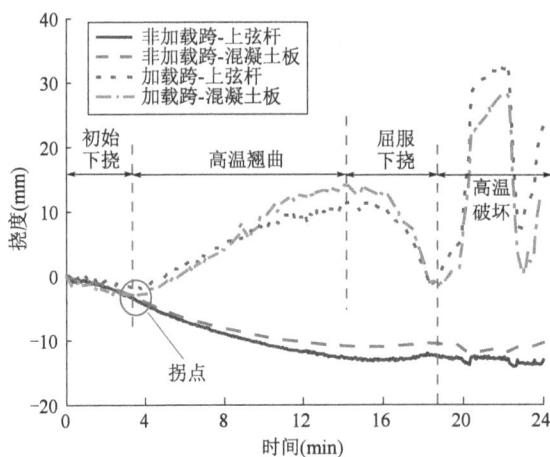

图 7-11　STBG-4 测点挠度时变曲线

可以明显发现,加载跨在热-力耦合作用下,挠度变化十分复杂,这主要是由钢桁架结构形式、受火条件及位置、约束边界、钢材热膨胀、荷载作用位置和形式等多方面因素综合所致。根据挠度变化的不同,可将加载跨的挠度时变曲线分成四个阶段:初始下挠阶段、高温翘曲阶段、屈服下挠阶段和高温破坏阶段。

加载跨受火 3.5min 前,跨中略微下挠,处于初始下挠阶段。此阶段的下挠是由于下弦杆受热膨胀,而试验梁端部在外荷载的作用下仍支承在端支座上,这与简支试验梁在挠度初增段表现出的热弯曲效应一致。受火 3.5min 后,加载跨跨中挠度变化出现拐点,停止下挠并开始持续上拱,进入高温翘曲阶段,此阶段持续近 10.5min。这是由于横梁和纵梁等桁杆的温度均已超过 400℃,力学性能发生退化,外荷载使加载点处的横梁和纵梁的高温应变增大,外荷载无法有效抵抗下部结构热膨胀导致的上拱,进而出现了在外荷载作用下加载跨跨中上拱的现象。受火 14min 后,加载跨跨中上拱趋势消失后出现了弯曲下挠,加载跨进入屈服下挠阶段。在接下来受火的 4.5min 里,加载跨跨中下挠了近 14mm,这是由于受火部位下弦杆的温度已超过 700℃,受力性能大幅削弱,高温下的极限承载能力持续降低,接近外荷载作用在试验梁并传递到下弦杆上的力,下弦杆发生了高温屈服,如图 7-12 所示,最终导致主桁出现了弯曲下挠。受火 18.5min 后,受火跨出现了明显且迅速的上拱,仅 1min 内就上拱了近 30mm。这主要是由于横梁与下弦杆的焊缝在高温作用下损伤严重,甚至出现了断裂,导致大部分外荷载无法通过横梁等桁杆传递到作为主要受力结构的主桁上,对其产生了类似突然卸载的效果,最终使试验梁出现了显著的上拱。而随着受火时间的持续增大,下弦杆的力学性能持续退化,待传递到主桁上的部分荷载又达到了主桁的高温承载能力极限,加载跨又会出现显著下降,如受火 22.5 ~ 23.5min 期间,跨中挠度又增大了 28mm。显然,试验梁已经处于高温破坏阶段,而在此阶段出现的加载跨挠度起伏波动变化,均可归因于下平联横向联结与下弦杆之间的焊缝断裂导致的荷载传递路径部分中断,以及传递到主桁上的力与主桁的抗弯承载能力之间的动态平衡。

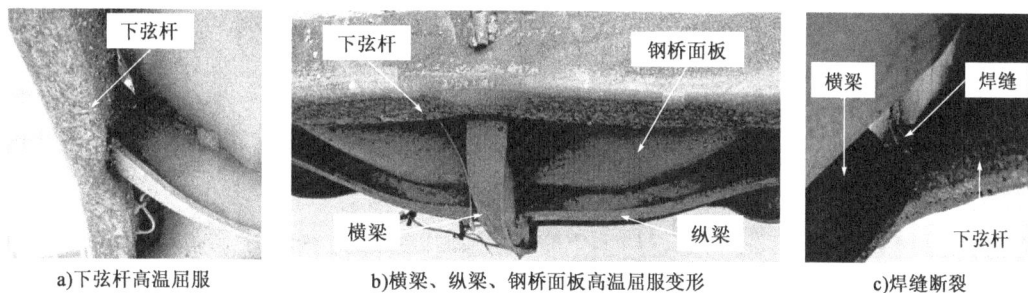

图 7-12　STBG-4 梁体底部破坏细节

a)下弦杆高温屈服　　　　b)横梁、纵梁、钢桥面板高温屈服变形　　　　c)焊缝断裂

受火全过程中,非加载跨的挠度均维持稳定的下挠。受火 3.5min 后,非加载跨跨中的持续下挠,不仅是由于受火桁杆的力学性能出现退化,更是受到了加载跨高温翘曲的影响,导致其出现了结构性的下挠。在后续的受火过程中,非加载跨持续下挠,但下挠的速率会显著降低,最终下挠保持在 14mm 左右,证明连续体系组合钢桁架试验梁在非加载跨仍保持了较好的结构刚度。

(2)STBG-5 挠度变化。

STBG-5 在受火全过程中,各测点的挠度变化如图 7-13 所示。为更好地测量试验梁在加载跨端支座处的高温翘曲情况,在 STBG-5 的加载跨端支座处也安置了位移传感器,可得到试验梁在端支座处的翘曲变化情况。根据挠度变化的不同,也可将加载跨的挠度时变曲线分成四个阶段:初始下挠阶段、高温翘曲阶段、屈服下挠阶段和高温破坏阶段。

加载跨受火 6min 前,即初始下挠阶

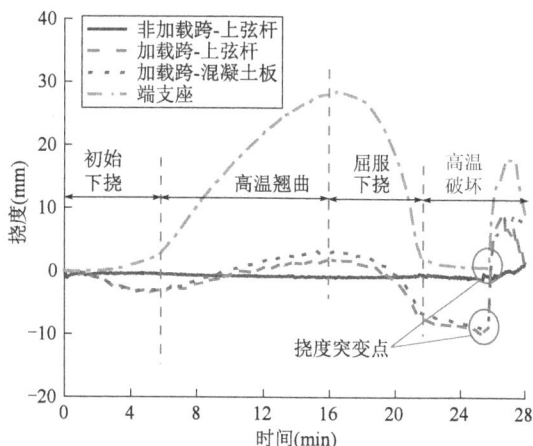

图 7-13　STBG-5 测点挠度-受火时间曲线对比

段,跨中截面略微下挠至3.2mm,而端支座处略微上翘至3mm,这是由于跨中在高温膨胀与外荷载耦合作用下出现弯曲变形导致的,跨中出现下挠,并带动端部略微上翘。受火6min后,挠度变化进入高温翘曲阶段,加载跨停止下挠转变成上拱,端支座处上拱更为显著,这主要是由于受火跨下弦杆温度较高,外荷载作用在加载跨形成的下挠已经无法抑制桥下受火出现高温膨胀而引起的上拱,此过程持续了近10min。受火16min后,加载跨跨中和端支座的上拱趋势消失,呈现出下挠的趋势,进入屈服下挠阶段。在此后近6min的受火时长里,端支座从上拱28.3mm降低到了3.2mm,加载跨跨中截面则从上拱3.1mm变成了下挠7.2mm。这主要是由于下弦杆温度较高,力学性能退化严重,出现了高温屈服变形,如图7-14a)所示。在此后的4min里,加载跨下挠的趋势显著变缓,这是由于加载跨在大幅下挠的过程中,主桁的非受火低温区域和连续梁的非加载跨对结构承载能力的贡献度提高,短暂维持了试验梁的临界动态平衡。受火26min后,加载跨跨中和端支座挠度均出现了突变。加载跨跨中在不足1min的时间内从下挠9.6mm突变成上拱9.7mm,而端支座则从上拱0.7mm增大到16.4mm。这也是由横梁与下弦杆之间的焊缝突发断裂,无法有效传递荷载于主桁上而引起的,如图7-14b)所示,对下弦杆及主桁产生了显著的等效卸载效应,造成了挠度的突变,显然,试验梁已处在高温破坏阶段。此时,非加载跨跨中也伴随着外荷载的突变出现了略微的上拱。

随后,加载跨跨中和端支座在发生挠度突变后,又以较快的速度出现了下挠,这是由于未断裂与部分断裂的焊缝仍可以传递部分荷载于下弦杆上。直至受火26min后,试验梁出现了相对平衡的受力状态,此时横梁、纵梁、钢桥面板等均出现了严重的高温屈服变形,混凝土板也被严重破坏,如图7-14c)和图7-14d)所示,外荷载已无法有效的传递到主桁结构上,试验梁达到极限状态。

a)下弦杆屈服变形

b)横梁-纵梁焊缝断裂

c)横梁、纵梁和桥面板弯曲变形

d)分配梁弯曲、混凝土板压碎

图7-14 STBG-5破坏细节

（3）STBG-4 和 STBG-5 跨中挠度对比。

从 STBG-4 和 STBG-5 各点挠度变化分析中可以发现，同一截面上弦杆和混凝土板的挠度变化趋势和数值均保持了高度的一致性，因此，选取 2 榀试验梁各截面上弦杆的挠度时变数据进行对照分析，用于研究单跨受火和双跨受火对连续体系组合钢桁架试验梁结构响应的影响，如图 7-15 所示，两组曲线均呈现出高度非线性的特点。

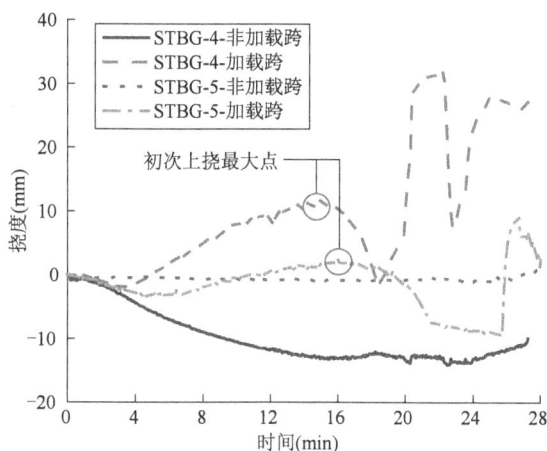

图 7-15　连续梁挠度-受火时间曲线对比

比较 STBG-4 和 STBG-5 的挠度变化情况，可以发现，加载跨跨中均表现出先下挠后上拱，再下挠的变化趋势。STBG-4 在受火 3.5min 后，加载跨出现了上拱，而 STBG-5 则需要受火 6min 才出现上拱；在首次上拱的过程中，STBG-4 加载跨跨中在受火 15min 后，上拱最大达到了 11.6mm，而 STBG-5 则是在受火 16min 后，最大上拱仅为 2.3mm，产生这种差异的主要原因是双跨受火的 STBG-4 会产生更为显著的热膨胀翘曲变形。在单跨受火的 STBG-5 中，由于非加载跨未受火，其结构强度较大，稳定性较高，产生的挠度变化远小于受火的 STBG-4 的非加载跨，表明虽然同为连续结构的非加载跨，但高温火灾对受火的 STBG-4 的非加载跨也产生了显著的结构刚度损伤。

7.3.3　破坏路径

连续体系组合钢桁架试验梁在热-力耦合作用下，亦会出现材料性能退化和结构损伤变形等，直至试验梁失去承载能力。与简支体系组合钢桁架试验梁不同，连续体系组合钢桁架试验梁主要呈现出加载区域的局部高温大变形破坏。细化结构响应全过程，可以得到连续体系组合钢桁架试验梁在碳氢火灾下的五阶段破坏路径：热膨胀与弹性下挠阶段、热膨胀翘曲阶段、材性退化阶段、部分高温屈服阶段、局部构件破坏阶段。五阶段破坏路径及相应结构响应特点，如表 7-3 所示。

五阶段破坏路径及相应结构响应特点　　　　　表 7-3

阶段	名称	结构响应
第 1 阶段	热膨胀与弹性下挠阶段	a. 组合钢桁架试验梁在加载跨跨中出现了轻微弯曲下挠； b. 混凝土板出现细微裂缝，从中溢出少量水蒸气

129

阶段	名称	结构响应
第2阶段	热膨胀翘曲阶段	a.受火区的钢桁架下平联呈现显著的热膨胀效应; b.钢桁梁在加载跨出现高温翘曲,端部脱离支座
第3阶段	材性退化阶段	a.组合钢桁架试验梁端部停止翘曲并开始缓慢回落; b.混凝土板出现大裂缝,从中溢出大量水蒸气
第4阶段	部分高温屈服阶段	a.组合钢桁架试验梁加载跨端部回落于端支座上; b.加载点处混凝土板开裂损伤严重; c.水蒸气逐渐消失
第5阶段	局部构件破坏阶段	a.加载点处横梁、纵梁等下平联结构高温弯曲变形严重; b.部分焊缝断裂,试验梁主桁挠度发生突变; c.混凝土板破坏严重,出现开裂、压碎和掀起等状态

第1阶段:热膨胀与弹性下挠阶段。连续体系组合钢桁架试验梁在外荷载作用下,会率先在加载跨出现微量弹性弯曲变形。随着受火时间的增大,受火区桁杆温度升高,出现明显的热膨胀效应。此时试验梁在自重和外荷载作用下,仍支承于中支座和端支座上,产生热膨胀略微加剧了钢桁架的弯曲下挠。混凝土板在荷载和钢桁架变形的作用下出现开裂,处于带微裂缝工作状态,少量水蒸气从裂缝中溢出。

第2阶段:热膨胀翘曲阶段。随着受火区桁杆温度的持续升高,热膨胀效应加剧,而由于非加载跨端支座的固定约束,使组合钢桁架试验梁在加载跨一端出现了钢材热膨胀效应引起的高温翘曲上挠,并与端支座脱离。

第3阶段:材性退化阶段。受火区桁杆温度超过400℃后,钢材的力学性能开始退化,导致在外荷载和热膨胀的联合作用下,试验梁加载跨的翘曲趋势放缓,并呈现出逐步回落于端支座的趋势。此时混凝土板的裂缝持续发展,并从中溢出大量水蒸气。

第4阶段:部分高温屈服阶段。钢材的力学性能会在高温作用下持续退化,并最终在外荷载、自重以及结构变形等耦合作用下,部分桁杆出现高温屈服。加载跨也由翘曲变形发展为弯曲下挠。此时加载点处的混凝土破坏严重,但溢出的水蒸气逐步减少,直至消失。

第5阶段:局部构件破坏阶段。加载点处的横梁、纵梁等桁杆在热-力耦合作用下,表现出严重的高温弯曲大变形。焊缝也在高温和桁杆弯曲大变形的作用下出现了严重的结构损伤,甚至断裂,不仅大幅改变了荷载的传力路径,也加剧了加载点处下平联的弯曲变形,呈现出显著的局部屈服破坏状态。此时,加载点处的混凝土板也已经出现了压碎、掀起等严重破坏状态。

7.3.4　破坏状态

(1)整体结构破坏。

STBG-4 和 STBG-5 的破坏模式均表现为加载点处的局部弯曲大变形导致的试验梁无法继续承载。耐火试验结束并自然冷却后,STBG-4 和 STBG-5 均出现了明显的梁体结构变形,会在中支座处出现上拱,并脱离支座。这说明连续结构体系组合钢桁架试验梁在碳氢火灾引起的高温膨胀和外荷载引起的结构变形作用下,出现了弹塑性变形,卸除外荷载使弹性变形得以恢复,而保留了塑性变形。

　　STBG-4 和 STBG-5 在加载点处的破坏状态如图 7-16 所示。两榀试验梁在加载点处的混凝土板均破坏严重,呈现出开裂、断裂、压碎、掀起等各种破坏状态。这主要是由于混凝土板作为承受、传递荷载的结构,不仅直接承受千斤顶的压力,还会受到钢桁架与桁杆变形带来的影响,使其处在高应力、大变形的复合作用之下,较低的弹性模量又使混凝土无法实现与钢材的协同变形,最终导致其发生严重破坏。从下平联各桁杆的屈服形态可以看出,两榀试验梁在加载点处的横梁、纵梁、下弦杆等均表现为严重的高温弯曲大变形,导致外荷载无法被有效地传递到主桁结构上,使得试验梁无法继续承受既定荷载,出现局部高温弯曲大变形破坏。

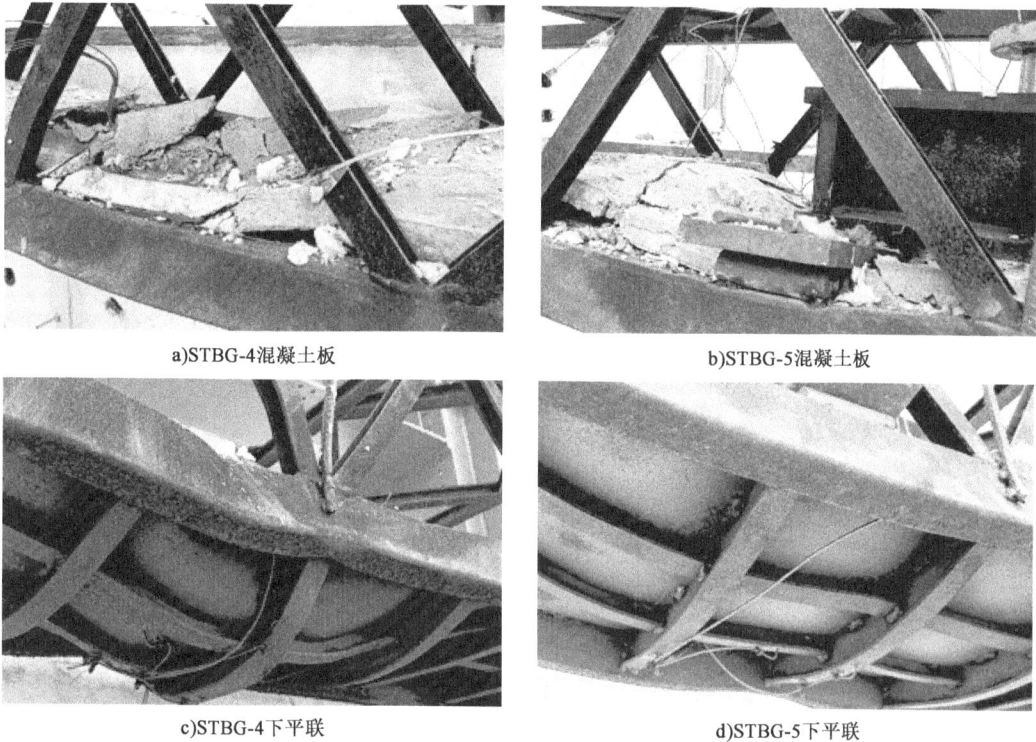

a)STBG-4混凝土板　　　　　　　　b)STBG-5混凝土板

c)STBG-4下平联　　　　　　　　d)STBG-5下平联

图 7-16　连续试验梁加载点处破坏状态

　　将 STBG-5 的防火棉去除,并对试验梁底部进行观察对比,如图 7-17 所示,可以明显观察到加载跨与非加载跨、受火跨与非受火跨的区别。从形态上,非加载跨结构完整,加载跨即使在冷却恢复部分变形后,仍具有明显的残余弯曲变形,并且越靠近加载点,残余的弯曲变形越明显。从颜色上,非受火跨保持了较为纯正的红棕色,源于钢材的锈蚀产物 Fe_2O_3;受火跨则表现为红棕色与锖色的组合,并且越接近加载点,锖色越明显。这主要是由于受火跨在火灾高温作用下,发生了剧烈的高温氧化反应,同时,越靠近加载点处,钢材的应力越大,与火源距离越近,温度越高,高温氧化反应越剧烈,产生了更多的 FeO(黑色)和 Fe_3O_4(青色和黑色),呈现出更明显的锖色。

　　(2)局部结构破坏细节。

　　STBG-4 和 STBG-5 的受火破坏细节如图 7-18 和图 7-19 所示。连续体系组合钢桁架试验梁的整体结构刚度较大,在热-力耦合作用下,两榀试验梁均在加载跨及加载点附近发生桁杆压弯变形、混凝土各种类型破坏、下平联与下弦杆高温弯曲大变形、钢材与焊缝损伤起皮,部分焊缝断裂等。

图 7-17　STBG-5 受火后下平联状态

斜腹杆弯曲变形　　　　　混凝土开裂、翘曲脱层、压碎

横梁、纵梁、下弦杆高温屈服及软化变形　　横梁-下弦杆焊缝断裂　　钢材及焊点处起皮

图 7-18　STBG-4 受火破坏细节

混凝土爆裂、开裂、翘曲脱层及压碎　　　　　下弦杆屈服变形

横梁、纵梁高温屈服变形　　　　钢材及焊点处起皮　　　受火边界颜色分层

图 7-19　STBG-5 受火破坏细节

7.4 本章小结

设计制作了 2 榀连续体系组合钢桁架试验梁,开展了碳氢火灾升温条件下的耐火试验研究。获得了碳氢火灾下连续体系组合钢桁架试验梁的不同测点的温度、不同截面处的挠度变化、试验梁的耐火极限等。通过全过程观察和分析,得到了试验梁的结构响应、破坏路径与破坏状态,为连续体系组合钢桁架桥梁的耐火性能提供试验依据。主要结论如下:

(1)连续体系组合钢桁架试验梁在中支座处会形成负弯矩区,混凝土板率先开裂并溢出水蒸气;随后陆续在受火跨不同的裂缝处溢出大量水蒸气。且混凝土损伤破坏越严重,溢出的水蒸气量越大。当水蒸气溢出不充分,混凝土内部应力过大时,也会发生混凝土爆裂。

(2)连续体系组合钢桁架试验梁在碳氢火灾作用下,整体温度场呈现出显著的分层现象,细分后可将其分为高温区、中高温区、中低温区、低温区;停火后,高温区和中高温区温度迅速下降,但中低温区和低温区的温度会由于热传导作用继续缓慢升温,直至整体温度趋于一致。

(3)连续体系组合钢桁架试验梁在碳氢火灾下的结构响应复杂多变,挠度变化呈现出高度非线性的特点。加载跨在钢结构的热膨胀效应与钢材力学性能退化的耦合作用下,出现了翘曲上挠,并脱离了端支座,短暂从连续体系转变成悬臂体系。横梁与纵梁、横梁与下弦杆、钢桥面板与下弦杆之间的焊缝断裂,打破了外荷载与试验梁高温承载能力之间的动态平衡状态,产生复杂的应力动态重分布,导致加载跨的挠度变化起伏波动。

(4)两榀连续体系组合钢桁架试验梁在热-力耦合作用下,均呈现出五阶段破坏路径:热膨胀与弹性下挠阶段、热膨胀翘曲阶段、材性退化阶段、部分高温屈服阶段、局部构件破坏阶段;主要发生钢桁架翘曲上挠、混凝土破坏、加载点处钢桁高温大变形、焊缝断裂等破坏状态;最终呈现出加载点处桁杆局部高温大变形破坏。

本章参考文献

[1] ZHAO X C,ZHANG G,TANG C H,et al. Evaluating fire performance of through continuous composite steel Warren-truss bridge girders:Experimental and numerical investigation[J]. Engineering Structures,2025,326:119591.

[2] 周绪红,刘永健.钢桥[M].北京:人民交通出版社股份有限公司,2020.

8

钢桁架桥梁火灾响应分析

8.1 分析模型的建立

8.1.1 受火场景

组合钢桁架桥梁传热-结构耦合分析模型的受火场景包含三个关键因素:火源与升温曲线、受火面积、受火位置。

在结合组合钢桁架桥梁火灾实际情况、考虑可能出现的最不利因素的基础上,参考相关研究成果[1-3],确定了以碳氢升温曲线作为模拟油罐车在组合钢桁架桥梁桥上或桥下发生火灾时的升温曲线[1],见公式(8-1):

$$T = 1080(1 - 0.325\mathrm{e}^{-0.167t} - 0.675\mathrm{e}^{-2.5t}) + T_0 \tag{8-1}$$

式中:t——试验进行的时间(min);

   T——试验进行到时间 t 时试验炉内的平均温度(℃);

   T_0——试验开始前试验炉内的初始平均温度,要求 5 ~ 40℃。

桥梁结构遭受油罐车火灾时,其受火面积与油罐车的尺寸密切相关。公路交通运输中常见的油罐车,根据载重的不同,罐体长度在 5 ~ 12m 之间,宽度为 2.5m,如图 8-1 所示。油罐车发生事故并起火后,往往还伴随着燃油的泄漏和扩散,易形成流淌火,导致桥梁结构的受火面积大大增加,因而其火灾范围往往会远大于油罐车的尺寸。结合在实际公路交通中油罐车可能出现的单/双油罐车追尾碰撞起火事故、多车横向受火事故以及燃油存泄漏与扩散等,合理扩大计算受火长度至20m[4],火源宽度通过公式(8-2)进行计算:

$$W = \frac{\mathrm{HRR}_{\max}}{28.84} \quad 100\ \mathrm{MW} \leqslant \mathrm{HRR}_{\max} \leqslant 300\mathrm{MW} \tag{8-2}$$

式中: W——火源宽度(m);

   $\mathrm{HRR}_{\max}$——最大放热率(MW),油罐车火灾的最大放热率可取 245MW[5]。

最终,明确本文研究中油罐车火灾的计算受火面积为 20m × 8m。

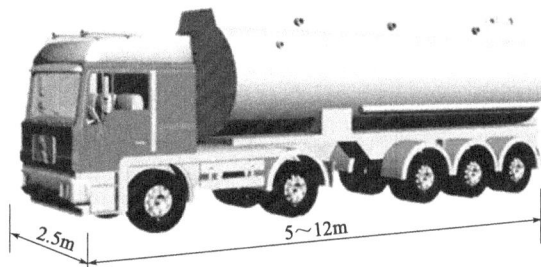

图 8-1 典型油罐车示意图

下承式组合钢桁架桥梁在桥面之上还有复杂的主桁和平联结构,且主桁为桥梁的主要受力结构。当油罐车在桥上发生事故引起火灾时,火焰将直接作用于腹杆、上弦杆、上平联等桁杆上,严重影响到桥梁的整体受力性能。此外,下承式组合钢桁架桥梁也常应用于跨线桥梁,下穿线路交通使得上跨的组合钢桁架桥梁存在较大的桥下受火风险。如美国Ⅰ-85号洲际公路桥的桥梁火灾事故,就是由于在下穿线路上通行的油罐车撞上桥墩,引发了油罐车火灾,致上跨桥梁严重受损[6]。

综上所述,针对下承式组合钢桁架桥梁而言,油罐车火灾不仅会发生桥面上,即桥面受火,影响腹杆、上弦杆、上平联横撑和斜撑,还会发生在桥下,即桥下受火,影响下弦杆、横梁和纵梁等下平联结构。在合理考虑最不利受火状况下,可将桥梁受火场景确定为:桥下受火和桥面受火,即组合钢桁架桥梁桥下发生油罐车火灾和桥面上发生油罐车火灾。

8.1.2 传热-结构耦合分析模型的建立

组合钢桁架桥梁主要是由钢桁结构和混凝土桥面板组成。为了在热分析阶段准确模拟钢桁结构内部、混凝土内部、钢桁与混凝土之间的传热路径,以及采集受火全过程中的温度数据;在结构分析阶段准确体现出组合钢桁架桥梁的大变形效应,采集热-力耦合作用下桁杆的应力数据,同时模拟出混凝土桥面板的变形和开裂特征等,选用了壳单元建立钢桁结构,选用实体单元建立混凝土桥面板。选择接触单元作为传热-结构耦合分析模型中钢桁与混凝土之间的联结方式[1-3]。将混凝土桥面板确定为目标面,覆盖 TARGE 170 单元,既能实现热传导分析,也可以满足静力和动力分析。钢桁架横梁则定为接触面,覆盖 CONTA 175 单元,既可以实现非线性行为,也可以允许界面之间存在接触、摩擦和分离等。在耦合模型中,根据支座的尺寸与支座的类型,采用节点约束的方式,对支座范围内的节点进行 x、y、z 三个方向的约束,以模拟实际中的桥梁支座。连续体系组合钢桁架桥梁的传热-结构耦合分析模型用接触单元的方式联结钢桁架和支座,实现支座的单向受压功能。

在传热-结构耦合分析模型中,通过热辐射、热传导和热对流三种形式来实现对受火桥梁的升温模拟:①火源与桥梁受火面之间的辐射和对流传热;②高温区与桥梁非受火区之间的对流传热;③钢桁结构之间、钢桁与混凝土板之间的传热。由于组合钢桁架桥梁属于开放结构,仅上、下弦杆有闭合空腔,相对尺寸较小,忽略空腔辐射的影响。

8.2 简支体系钢桁架桥梁火灾响应分析

参考《浙江省公路工程设计标准化组合钢桁梁桥通用图》(第一册)[7],以一座跨径为80m

135

的简支体系组合钢桁架桥梁为研究对象,建立了全尺寸实体传热-结构耦合分析模型。该桥跨径 80m,桥面宽 12.5m。主桁采用由上弦杆、下弦杆和腹杆组成的三角形桁架,中心间距 14m,高 10m,节间长 10m,上弦杆和下弦杆均为箱形截面,宽 600mm,上弦杆高 760mm,板厚 32mm,下弦杆高 1200mm,板厚 24mm。两端腹杆为箱形截面,其余腹杆均为 H 形截面,宽 600mm,高 720mm。上平联横撑高 350mm,腹板厚 10mm,翼板宽 420mm,板厚 16mm。上平联斜撑高 350mm,腹板厚 10mm,翼板宽 400mm,板厚 16mm。桥面结构由横梁、纵梁和混凝土板组成,通过剪力钉将混凝土板与钢桁架联结为整体。横梁为 H 形截面,高 1200mm,两横梁间距 2500mm。纵梁共设两组,为 H 形截面,高 300mm,两纵梁间距 4200mm。混凝土板厚 250mm,采用预制混凝土板加现浇混凝土湿接缝制成。上平联每个节段处均设置 K 形斜撑。全桥用钢均为 Q345qD,混凝土为 C50。

8.2.1 受火荷载工况

考虑到油罐车火灾中可能存在的燃油泄漏和外溢会导致受火范围增大[4],因此,取受火长度为 4m、8m、20m、30m、40m 和 50m,以研究桥下受火时不同规模的火灾对于组合钢桁架桥梁的影响。组合钢桁架桥梁的桥面之上还有主桁、腹杆和上平联等桁杆结构,桥面车辆交通事故引起的火灾会直接作用于主桁和上平联等结构,因此,有必要考虑桥面受火的情况。由于桥面具备多车道,存在不同行车道上发生火灾的可能性,会影响不同位置的桁杆,根据火灾发生时行车道的不同,可将桥面受火进一步细分为:全车道受火,边车道受火和中车道受火。由于油罐车火灾火焰高度可达 15m,远超组合钢桁架桥梁的主桁高度,在桥面发生火灾时,会直接作用于上平联横撑和斜撑、主桁上弦杆和腹杆等。桥面车辆的火灾发生具有随机性和不可预测性,需要合理考虑可能出现的最不利状况。因此,针对简支体系组合钢桁架桥梁,将受火位置均定为桥面跨中。

考虑到组合钢桁架桥梁自身的恒载,以及桥面上可能出现的车辆荷载,在模拟桥梁遭受碳氢火灾时,需要根据桥下受火和桥面受火分别做荷载的差异化设定。桥下受火时,考虑到可能会出现紧急撤离造成短时间车辆拥堵的情况,采用"二期恒载 + 车道荷载"的布置形式,并将《公路桥涵设计通用规范》(JTG D60—2015)[8]给出的车道荷载(均布力 10.5kN/m + 集中力 360kN)等效为均布荷载施加在计算模型上。桥面受火时,考虑到事故车辆无法快速拖离桥面,会造成其他车辆的严重拥堵,撤离困难,同时还有可能引起相邻车辆的火灾,加之消防救援车辆的停放等,均会对桥梁结构产生较大的车辆外荷载。因此考虑对其施加 0.2 荷载水平的外荷载[1]。

综上所述,共设计了 9 种不同的受火荷载工况来研究简支体系组合钢桁架桥梁在碳氢火灾下的高温力学行为,详细受火荷载工况汇总如表 8-1 所示。

简支体系组合钢桁架桥梁受火荷载工况 表 8-1

受火场景	受火工况		荷载工况
	受火长度(m)	受火区	
桥下受火	4	跨中	均布荷载 $q = 19.5$kN/m
	8		
	20		
	30		

受火场景	受火工况		荷载工况
	受火长度(m)	受火区	
桥下受火	40	跨中	均布荷载 $q = 19.5\text{kN/m}$
	50		
桥面受火	20	跨中-全车道	集中荷载 $F = 3800\text{kN}$
		跨中-边车道	
		跨中-中车道	

8.2.2 时空高温场

调研众多国内桥梁火灾案例可以发现,消防救援具有高效、迅速的特点,应急响应、处理火情的时间普遍都在 1h 以内,针对组合钢桁架桥梁温度场的分析,将最大受火时间设定为 60min。

(1)桥下受火温度场。

图 8-2 为桥下受火 60min 后受火区的空间瞬态温度场。选取横梁底板(T1)、横梁腹板(T2)、纵梁底板(T3)、下弦杆顶板(T4)、混凝土受火底部(T5)、混凝土顶部(T6)、腹杆 1m 高度处(T7)共 7 个点,绘制温度时变曲线,如图 8-3 所示。

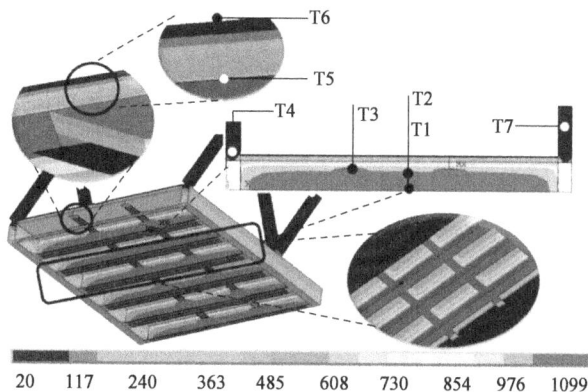

图 8-2 桥下受火 60min 后受火区的空间瞬态温度场

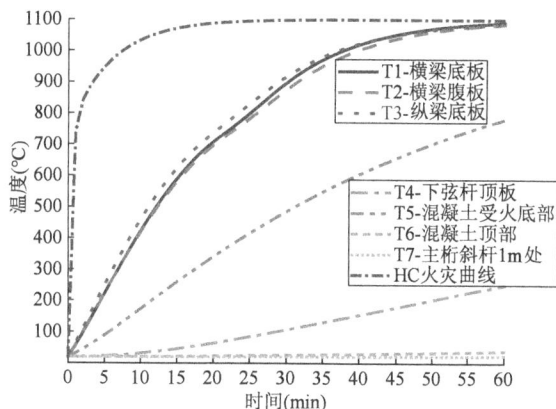

图 8-3 桥下受火温度时变曲线

137

结合图 8-2 和图 8-3 可以看出,受火 60min 后,组合钢桁架桥梁受火区的横梁和纵梁温度较高,其最高温度可达 1089℃。由于横、纵梁之间的混凝土板比热容大,升温缓慢且温度较低,最高温度仅为 780℃。同时,混凝土的空间瞬态温度场模型中有显著的颜色分层,证明其在厚度方向上存在明显的温度梯度,仅 25cm 厚的混凝土板,底部和顶板温度差可达 740℃,也证明了混凝土对上部钢桁架具有较好的隔火保护作用。横梁腹板和纵梁腹板也呈现出明显的颜色分层,出现由于上、下翼板温差导致的温度梯度,两者之间的温差可达 300℃。下弦杆顶板不受火,在温度时变曲线中表现出升温速率慢、温度低的特点,最高温度仅为 250℃,但由于下弦杆顶板与高温的腹板相连,热传导距离近,传热效率要显著高于腹杆。

观察温度场模型并提取不同受火时间下的节点温度数据,可以发现下弦杆受火边缘会存在剧烈的温度梯度,如图 8-4 所示。受火区下弦杆在距离受火边缘 0.7m 处产生明显的降温现象,受火 60min 后,受火边缘的温度为 870℃,为受火中心区温度的 81%。这主要是由于钢材的热量会从高温区向低温区传导。在非受火区,温度出现了断崖式下跌,距离受火边缘仅 0.35m 处,下弦杆温度仅为 132℃,距离受火边缘 0.7m 处,下弦杆温度则降低至 50℃。由此可见,组合钢桁架桥梁桥下受火时,下弦杆受火边缘 1.4m 范围内会出现剧烈的温度变化。小范围的剧烈温差会导致在此区域内出现了明显的温差应力,易出现刚度突变区,形成塑性铰,需重点考虑。

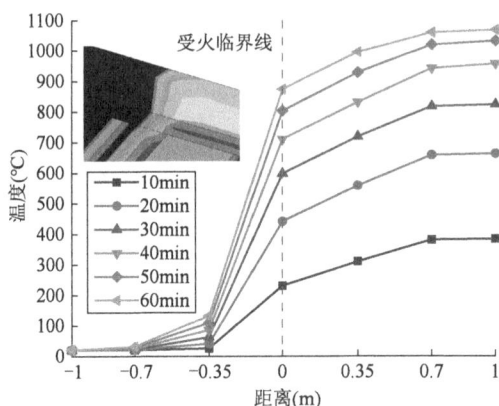

图 8-4 下弦杆受火边缘温度梯度

(2)桥面受火温度场。

图 8-5 为桥面全车道火灾 60min 后,受火区的空间瞬态温度场。选取上平联横撑翼板(T8)、横撑腹板(T9)、上弦杆受火侧腹板(T10)、上弦杆非受火侧腹板(T11)、斜撑腹板(T12)、腹杆受火侧(T13)、腹杆非受火侧(T14)共 7 个点,绘制温度时变曲线,如图 8-6 所示。

结合图 8-5 和图 8-6 可以看出,桥面受火 60min 后,上平联横撑、上平联斜撑、腹杆内侧翼板和上弦杆内侧腹板等均呈现出深红色,表明其温度较高。提取对应测点的温度发现,这些桁杆的温度均已达到 1050℃以上,且构件厚度越小升温越快。上弦杆非受火侧在空间瞬态温度场中表现为亮黄色,最高温度为 860℃。腹杆非受火侧翼板呈现出黄色和红色相间的特点,红色部位为翼板与腹板的连接处,高于翼板其他位置,最高温度可达 980℃,这源于腹板的热传导效应。

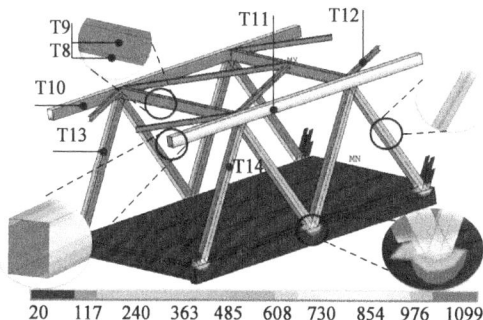

图 8-5　桥面全车道受火 60min 空间瞬态温度场

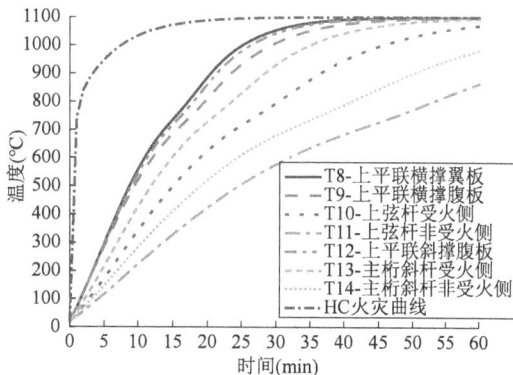

图 8-6　桥面全车道受火温度时变曲线

观察温度场并提取温度数据,可以发现上弦杆在受火边缘存在剧烈的温度梯度,如图 8-7 所示。上弦杆受火区距离受火边缘 0.5m 处开始出现了降温,并在距离受火边缘 0.15m 处出现剧烈降温。受火 60min 后,受火边缘温度仅为 470℃,为受火中心区域温度的 46%。在非受火区,仅距离受火边缘 0.2m 处,温度就降低至 89℃,距受火边缘 0.5m 处,温度已降低至 50℃。上弦杆受火边缘的降温速率显著大于下弦杆,主要是由于上平联横撑不受火,上弦杆的高温既会向上弦杆的低温区域传导,也会向上平联横撑传导。由此可

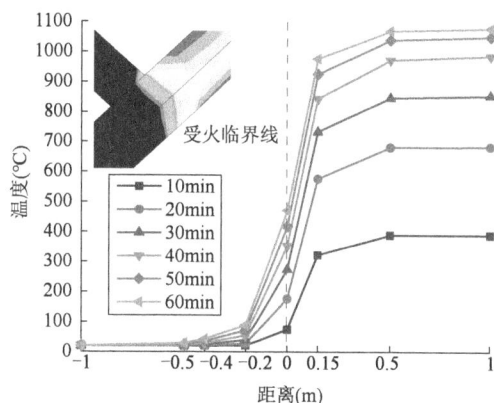

图 8-7　上弦杆受火边缘温度梯度

见,在上弦杆受火边缘 1m 的范围内会出现剧烈的温度变化,最高温差达到了 950℃,小范围的剧烈温差会产生明显的温差应力,出现刚度突变,形成塑性铰。

8.2.3　变形

(1)桥下受火纵桥向弯曲变形。

桥下跨中 4m 受火时,桥梁的纵桥向弯曲变形与常温时几乎一致,仅在跨中极小范围内出现了些许差异。这表明桥下 4m 受火范围对桥梁结构抗弯性能影响较小,桥梁维持了较大的抗弯刚度。桥下跨中 8m 受火时,在跨中受火区域内出现了小范围的弯曲变形,与常温下的结构弯曲变形产生了差异。随着受火长度的增大,火灾高温对结构产生的高温弯曲变形范围显著增大。当受火长度为 50m 时,高温弯曲变形已经延伸到了非受火区,表明其结构抗弯刚度已遭受严重破坏。

为了对简支体系组合钢桁架桥梁在纵桥向出现的高温弯曲变形做定量分析,取下弦杆底板为基准平面,可得到其在不同受火长度时下弦杆的高温弯曲变形图,如图 8-8 所示。当受火长度较小时(4m 和 8m),简支体系组合钢桁架桥梁产生的高温弯曲变形较小,受火 60min 后,跨中下挠最大值仅为 154mm 和 284mm,桥梁仍保持了较大的结构抗弯刚度。随着受火长度的增大,简支体系组合钢桁架桥梁的高温弯曲变形逐步增加。当受火长度增大到

20m、30m、40m 和 50m 后,跨中最大挠度分别达到了 745mm、824mm、902mm 和 917mm。这表明简支体系组合钢桁架桥梁的整体结构抗弯刚度已出现严重损伤,有呈现出弯曲挠度破坏的趋势。

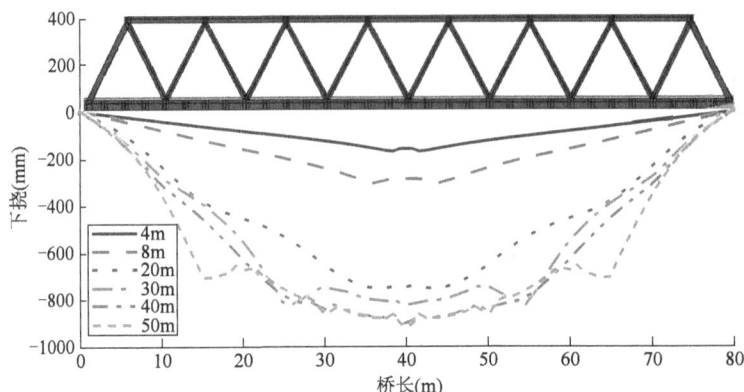

图 8-8 简支体系组合钢桁架桥梁桥下不同受火长度下纵桥向弯曲变形

提取简支体系组合钢桁架桥梁在横桥向和纵桥向的位移变化,可以得到其在不同受火长度下的结构响应,如表 8-2 所示。简支体系组合钢桁架桥梁桥下受火时,会出现由于桁杆高温膨胀和屈服变形导致的横桥向位移,也会出现由于跨中下挠引起的纵桥向位移。其中,横桥向位移均较小,在 60~154mm 之间,但纵桥向位移会随着受火长度的增大而显著递增。当受火长度为 50m 时,支座处的纵桥向最大位移可达 481mm,如表 8-2 所示,易出现由于纵向位移过大导致的支座脱离,存在落梁的风险。

不同受火长度下简支体系组合钢桁架桥梁结构响应　　　　　　表 8-2

位置	跨中					
受火长度(m)	4	8	20	30	40	50
受火长度占比	1/20	1/10	1/4	3/8	1/2	5/8
跨中挠度(mm)	154	284	745	824	902	917
横桥向位移(mm)	60	61	110	154	125	118
纵桥向位移(mm)	111	114	213	349	389	481

(2)桥下受火横桥向弯曲变形。

简支体系组合钢桁架桥梁的横梁起着联结主桁、支撑桥面板、传递桥面荷载至主桁等作用,处于弯、剪复合受力状态。桥下受火时,横梁会在热-力耦合作用下发生弯曲下挠,出现横桥向弯曲变形。取跨中为关键截面,可以得到不同受火时间下简支体系组合钢桁架桥梁横桥向的弯曲变形,如图 8-9 所示。

常温下(受火 0min),简支体系组合钢桁架桥梁在横桥向未发生弯曲,表明其具有较大的横向抗弯刚度,可支撑桥面板自重与外加荷载。当桥下受火时,横梁出现了明显的弯曲下挠,并随着受火时间的增大而下挠明显。产生这种弯曲变形的原因有两点:①横梁下翼板温度较高,上翼板与混凝土接触温度较低,在腹板处形成温度梯度,且横梁下翼板的热膨胀效应要比上翼板更显著,导致横梁出现了温差效应引起的弯曲变形;②高温作用下钢材的力学性能显著退化,受火时间越长,温度越高,横梁力学性能损失越严重,加剧了横梁的弯曲变形。

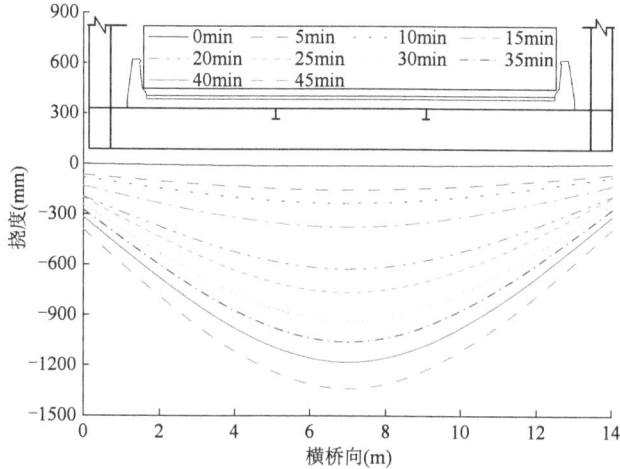

图 8-9 不同火灾时间下简支体系组合钢桁架桥梁横向弯曲变形

（3）桥面受火桁杆高温弯曲变形。

全车道受火和边车道受火时,火灾高温会导致跨中受火处上弦杆在热-力耦合作用下出现严重的弯曲变形,造成结构抗弯刚度的损失,使得桥梁出现了不同程度的弯曲下挠。桥面受火后,简支体系组合钢桁架桥梁的结构响应汇总于表 8-3 中。

桥面受火的简支体系组合钢桁架桥梁结构响应   表 8-3

结构响应	受火位置			受火长度 (m)
	全车道受火	边车道受火	中车道受火	
上弦杆横向最大变形(mm)	2047	2402	40	20
跨中挠度(mm)	659	1252	104	
纵桥向位移(mm)	57	107	21	

跨中全车道受火 23min 后,简支体系组合钢桁架桥梁上弦杆出现了严重的高温弯曲变形,横向最大弯曲达到了 2047mm。上弦杆作为钢桁结构主要的受力构件,在自重和外荷载作用下,处于显著受压状态,而火灾高温使其力学性能快速退化,并在热-力耦合作用下呈现出了高温弯曲变形。与此同时,上平联横撑和斜撑也会随着上弦杆的弯曲变形与高温作用出现压弯变形。上弦杆的弯曲变形也导致桥梁出现了明显的弯曲下挠和纵桥向位移,分别可达 659mm 和 57mm。由此可见,主桁上弦杆的严重高温弯曲变形,会对简支体系组合钢桁架桥梁的抗弯刚度和承载能力均造成损伤。

跨中边车道受火 31min 后,简支体系组合钢桁架桥梁受火侧上弦杆出现了严重的高温弯曲变形,横向最大弯曲达到了 2402mm,而跨中非受火侧主桁则保持了较高的稳定性。两侧主桁存在明显的结构刚度差异,导致了桥梁在跨中区域出现显著非对称弯曲下挠,加剧了受火侧主桁的应力重分布和高温弯曲变形。最终,跨中边车道受火的简支体系组合钢桁架桥梁在跨中截面平均下挠了1252mm,纵向位移达到了107mm,需要考虑到支座脱空的风险。

跨中中车道受火60min后,仅受火区的上平联横撑和斜撑出现了明显的局部高温弯曲变形。由于上平联横撑与斜撑主要起到约束、稳定两侧主桁的作用,对整体钢桁结构的抗弯承载能力影响有限。最终,上弦杆的横向弯曲变形仅40mm,跨中下挠仅104mm,纵桥向位移仅21mm,表明该简支体系组合钢桁架桥梁仍具有较好的承载能力。

(4)桥面受火整体结构扭转变形。

简支体系组合钢桁架桥梁在跨中边车道受火时,跨中截面横桥向不同位置的挠度变化会存在明显的差异,如图8-10所示。在火灾高温作用下,受火侧先上拱后快速下挠;中点处挠度变化幅度较小;非受火侧保持高稳定性,受火超过25min后,才出现下挠。受火侧的上拱是由于钢结构的热膨胀效应,并随着受火时间的增大,上拱加剧,带动非受火侧也上拱了20mm。受火18min后,受火侧跨中上拱达到最大值,为108mm,非受火侧跨中下挠85mm,横桥向高差达到了193mm。随着受火时间的增大,受火侧主桁力学性能显著下降并开始下挠。受火25min时,横桥向高差基本一致,但两侧主桁已存在明显的刚度差异。受火32min后,简支体系组合钢桁架桥梁受火侧出现明显的下挠,竖向最大挠度达到了2345mm,最大横桥向高差达到了2320mm,呈现出明显的扭转形态。

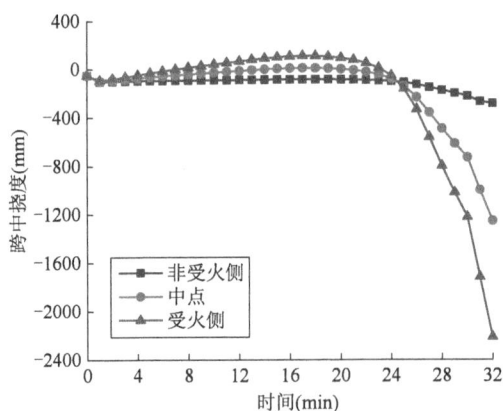

图8-10　边车道受火时简支体系组合钢桁架桥梁跨中挠度时变曲线

8.2.4　应力

由于钢结构具有显著的热膨胀效应,在受火前期,简支体系组合钢桁架桥梁的受火桁杆会快速升温膨胀,在未受火桁杆的作用下,桁杆内部的应力会随着温度的升高而增大。当温度升高到400℃后,钢材的屈服强度开始下降,进入材料性能退化阶段。随着受火时间的增加,受火桁杆温度上升,其屈服强度衰退,当桁杆应力达到了该温度下钢材的屈服强度时,发生高温屈服。由此可见,桁杆在高温下的应力变化具有复杂、动态、受多因素影响的特点。

(1)桥下受火。

以受火长度为20m的简支体系组合钢桁架桥梁为例,进行受火区桁杆的动态高温屈服分析。在温度场分析中发现,纵梁与横梁的温升基本一致,因此取横梁为研究对象。为探究受火边缘下弦杆应力的变化特点,取受火边缘两侧腹板分别为L1(非受火侧)和L2(受火侧)。提取各关键部位的应力变化,可以得到桥下受火应力-温度时变曲线,如图8-11所示。

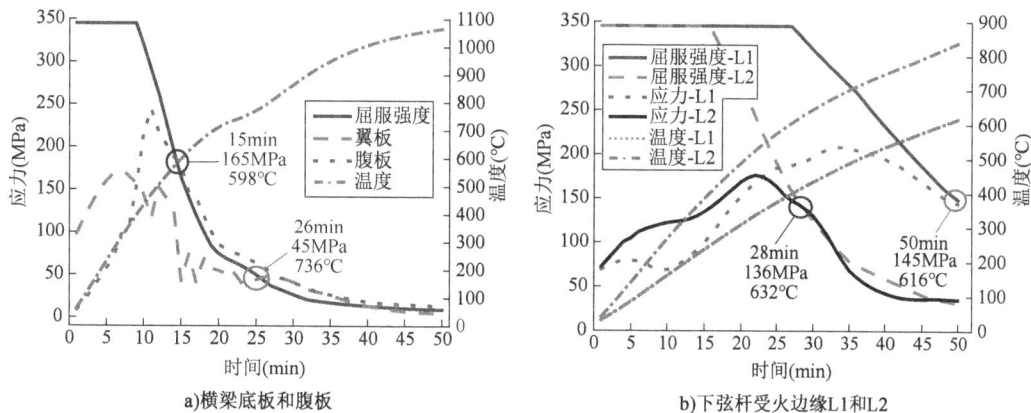

a)横梁底板和腹板   b)下弦杆受火边缘L1和L2

图8-11 桥下受火应力-温度时变曲线

通过图8-11a)可发现,在受火前期,由于钢结构的热膨胀效应、约束效应及内力重分布,横梁的应力增幅可达100~200MPa,且横梁腹板的应力提升要远大于横梁翼板,这是由于横梁翼板和腹板的温度变化及约束不同所致。翼板只受到了腹板的约束,且与腹板的温度变化较为一致,而腹板则受到了下翼板、上翼板和纵梁的多向约束,且上翼板的温度要远低于腹板和下翼板,并在腹板上存在明显的温度梯度,加剧了结构热膨胀下的约束效应。随着受火时间增大,当横梁腹板达到598℃时,其应力与该温度下钢材的屈服强度一致,发生屈服,此时已受火15min,应力为165MPa。当温度升高到736℃时,横梁翼板的应力达到该温度下钢材的屈服强度,此时已受火26min,应力仅为45MPa。此后,随着受火的持续和温度的升高,横梁的应力持续下降,一直处于高温屈服状态。

通过图8-11b)可知,下弦杆受火边缘两侧的腹板L1和L2在受火过程中会持续升温,但L2升温速率和最高温度均显著高于L1,这是由于L2直接受火,而L1主要依靠热传导。受火16min后,受火侧L2的钢材性能开始退化,而非受火侧L1的钢材则是在受火27min后才开始出现性能退化。受火28min后,L2的温度达到了632℃,应力为136MPa,达到了钢材在该温度下的屈服强度,下弦杆受火侧率先发生高温屈服,而非受火侧L1则是在受火50min后,温度为616℃,其应力为145MPa,略低于该温度下钢材的屈服强度,未发生高温屈服。

(2)桥面受火。

以简支体系组合钢桁架桥梁全车道受火为例,进行受火区桁杆的动态高温屈服分析。在温度场分析中发现,上平联横撑和斜撑的温升变化基本一致,因此在横撑和斜撑的应力分析中,仅提取一组温度数据即可。以上弦杆受火边缘为分界线,取两侧腹板分别为L3(非受火侧)和L4(受火侧)。提取各关键部位的应力变化,可以得到桥面受火应力-温度时变曲线,如图8-12所示。

通过图8-12a)可以发现,受火过程中,上平联斜撑的应力先增大后减小,这是由于斜撑升温后,出现了热膨胀效应,而斜撑两端均有固定约束,使其应力显著增大。随着温度的升高,两端约束效应减弱,应力逐步降低。横撑的应力一直处于较低且平稳的状态,这是由于横撑两端均在受火区,虽然存在钢结构的热膨胀效应,但两端的约束效应均会随着温度的升高而降低。受火 10min 后,上平联横撑和斜撑应力均低于 30MPa。直至受火 23min 后,温度达到 960℃,此时钢材的屈服强度仅为 16MPa,横撑和斜撑的应力仍略低于该温度下钢材的高温屈服强度,未发生高温屈服,表现为高温软化变形。

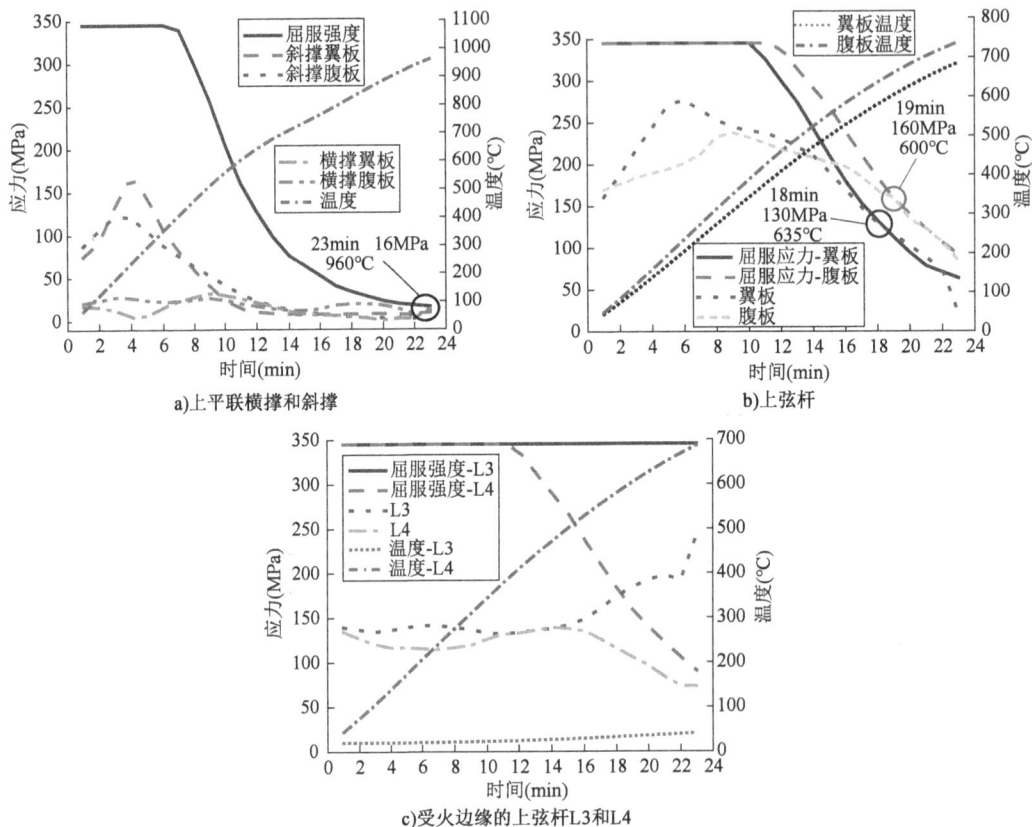

a)上平联横撑和斜撑

b)上弦杆

c)受火边缘的上弦杆L3和L4

图 8-12 桥面受火区应力-温度时变曲线

通过图 8-12b)可以发现,上弦杆的腹板和翼板在高温作用下,也存在由于热膨胀效应导致的应力增加。随着受火时间的增大,翼板和腹板分别在受火 6min 和 9min 后应力开始降低。与此同时,上弦杆腹板升温速率比翼板快,腹板的钢材高温屈服强度折减更快,在受火 18min 后,翼板温度达到 635℃,应力为 130MPa,达到了该温度下的钢材屈服强度,翼板发生高温屈服;受火 19min 后,腹板温度达到 600℃,应力为 160MPa,达到了该温度下钢材的高温屈服强度,腹板发生屈服。

通过图 8-12c)可以发现,在受火全过程中,L3 温度较低,钢材强度未发生折减,L4 则由于直接受火和持续升温,钢材的强度明显退化,受火 16min 后,L3 应力显著增大,同时 L4 应力降低显著,这是由于 L4 在高温作用下,力学性能出现退化,相邻的非受火区钢材对结构强度的贡献提高。随着受火时间的增大,L4 应力持续降低,直至桥梁发生破坏,L4 仍低于相应温度下的钢材屈服强度,说明上弦杆并未在受火边缘发生高温屈服。

8.2.5 破坏模式

不同的受火场景下简支体系组合钢桁架桥梁的破坏模式不尽相同,探究火灾高温下的破坏模式有利于耐火性能的研究。

(1)桥下受火。

不同受火长度下简支体系组合钢桁架桥梁跨中挠度变化如图8-13所示,分别为跨中下弦杆的挠度变化和跨中截面横梁的挠度变化。当受火长度为4m和8m时,受火60min后,跨中下弦杆的挠度仅为154mm和284mm,前者仍在规范规定的限值内(L/500),跨中截面横梁的最大挠度仅有240mm和698mm,表明该简支体系组合钢桁架桥梁仍具有足够的结构刚度和力学性能。当受火长度从20m增大到50m时,简支体系组合钢桁架桥梁的跨中下挠明显,受火60min后,主桁跨中挠度达到了745~917mm,跨中横梁挠度更是达到了1276~2385mm,两者之间的挠度差值达到了531~1468mm。

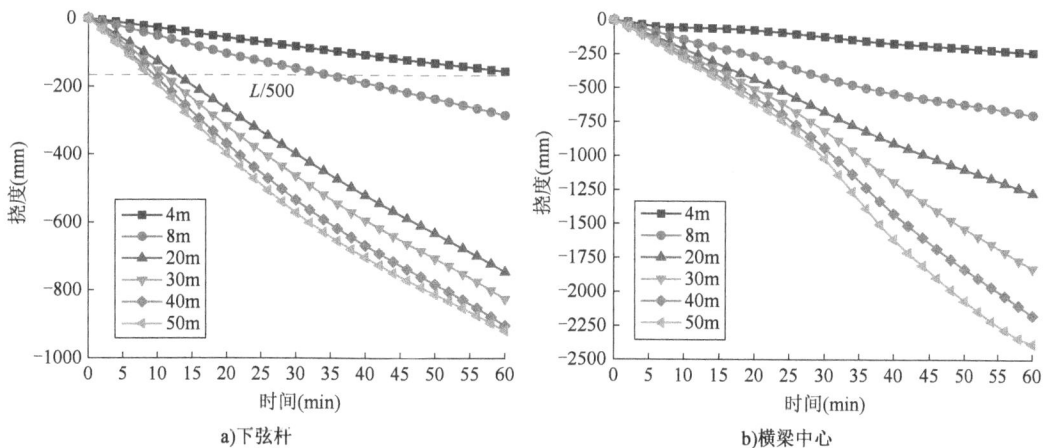

a)下弦杆　　　　b)横梁中心

图8-13　不同受火长度下简支体系组合钢桁架桥梁跨中挠度变化

综上可以发现:桥下受火时,会表现出两种不同的结构损伤及破坏模式:①热-力耦合作用下横、纵梁等下平联发生的局部高温屈曲;②大范围高温作用导致下弦杆刚度严重损失而引起的高温弯曲破坏。其中,高温弯曲破坏往往也伴随着下平联局部的高温屈服破坏。不同受火长度下简支体系组合钢桁架桥梁的结构响应及破坏模式如表8-4所示。

不同受火长度简支体系组合钢桁架桥梁结构响应与破坏模式　　　　表8-4

受火长度(m)	4	8	20	30	40	50
受火长度占比	1/20	1/10	1/4	3/8	1/2	5/8
受火时间(min)	60	60	60	60	60	60
主桁跨中挠度(mm)	154	284	745	824	902	917
跨中横梁挠度(mm)	239	698	1276	1827	2172	2385
破坏模式	未破坏	未破坏	局部高温屈曲	局部高温屈曲	高温弯曲破坏	高温弯曲破坏
破坏桁杆	下平联	下平联	下平联	下平联	下弦杆、下平联	下弦杆、下平联

（2）桥面受火。

桥面受火时,不同受火位置的简支体系组合钢桁架桥梁跨中挠度变化如图8-14所示。其中,跨中挠度为跨中截面处横桥向三个位置挠度的平均值。

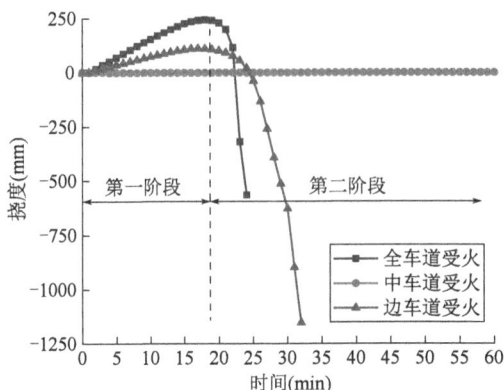

图8-14 不同受火位置下组合钢桁架桥梁跨中挠度变化

桥面全车道和边车道受火时,其挠度变化可分为两个阶段。第1阶段(受火18min前),桥梁跨中均出现了明显的上拱,这主要是由于火灾高温使主桁上弦杆温度升高,产生热膨胀效应而引起的。其中,全车道受火时,由于两侧主桁均具有热膨胀效应,跨中最大上拱达到了242mm,边车道受火时,跨中最大上拱仅为108mm。第2阶段(受火18min后),上弦杆的力学性能在火灾高温作用下出现退化,严重削弱了钢桁架结构的承载能力并致其快速下挠,呈现出类似脆性破坏的特点。最终,桥面全车道和边车道分别在受火23min和31min后,跨中下挠达到了564mm和1153mm。其中,边车道受火时,由于非受火侧主桁仍可提供较完整的结构刚度,使跨中下挠速率显著低于全车道受火。桥面中车道受火时,火灾高温对简支体系组合钢桁架桥梁的影响较小,跨中挠度在受火的60min内均保持稳定。这主要是由于火灾高温仅作用于上平联,几乎不削弱主桁的力学性能,从而维持了简支体系组合钢桁架桥梁的承载能力。

最终,简支体系组合钢桁架桥梁在不同受火位置下的破坏模式如表8-5所示。简支体系组合钢桁架桥梁全车道受火时,会发生高温弯曲破坏;边车道受火时,由于两侧主桁的结构刚度及力学性能的差异,使其呈现出高温弯扭破坏的特点。中车道受火时,对主桁影响较小,受火60min后,未发生桥梁整体结构破坏。由此可见,桥面受火时,受火区域的上弦杆是影响桥梁结构耐火性能的控制桁杆,且全车道受火是最不利的受火工况。

不同受火位置下简支体系组合钢桁架桥梁结构响应与破坏模式 表8-5

结构响应	受火位置		
	全车道受火	边车道受火	中车道受火
跨中最大上挠(mm)	242	108	0
最大上挠受火时间(min)	17	18	—
跨中最大下挠(mm)	564	1153	3
上弦杆横向位移(mm)	2047	2402	40
破坏模式	高温弯曲破坏	高温弯扭破坏	未明显破坏
破坏主要构件	上弦杆	上弦杆	上平联

8.3 连续体系钢桁架桥梁火灾响应分析

在简支体系组合钢桁架桥梁耐火性能研究的基础上,结合连续体系组合钢桁架桥梁的桥跨布置特点,连续结构多采用等跨布置,主桁桁高、节间长度、主桁中心距等都与同等跨径的简支体系组合钢桁架桥梁相同。在此基础上建立了一座 80m + 80m 的双跨连续体系组合钢桁架桥梁全尺寸实体传热-结构耦合分析模型。

8.3.1 受火荷载工况

连续体系组合钢桁架桥梁同样存在桥下受火和桥面受火的风险,并且由于连续结构体系的存在,其受火场景相对于简支结构体系的桥梁更为复杂。将连续体系组合钢桁架桥梁桥下受火范围设计为 40m。桥下受火的场景细分为单跨跨中 40m 受火、单跨近中支座 40m 受火、中支座两侧 20m + 20m 受火、中支座两侧 40m + 40m 受火。

当油罐车在桥面发生火灾时,根据两跨连续体系桥梁的结构特点,考虑最不利典型受火工况,可将受火位置布置于跨中和中支座处,并根据车道的不同,延续对全车道、边车道、中车道受火工况的分析。针对连续体系组合钢桁架桥梁可能出现的桥下受火和桥面受火,仍根据两种不同的受火场景,差异化设计外荷载及布置形式。桥下受火时,参考《公路桥涵设计通用规范》(JTG D60—2015)[9],对组合钢桁架桥梁施加"二期恒载 + 车道荷载";桥面受火时,对其施加 0.2 荷载水平的外荷载。综上所述,共设计 10 种不同的受火荷载工况来研究连续体系组合钢桁架桥梁在碳氢火灾下的高温力学行为,详细受火荷载工况汇总如表 8-6 所示。

连续体系组合钢桁架桥梁受火荷载工况   表 8-6

受火场景	受火工况		荷载布置
	受火长度(m)	受火位置	
桥下受火	40	单跨跨中	均布荷载 $q = 19.5\text{kN/m}$
	40	单跨近中支座	
	40	中支座	
	80	双跨中支座	
桥面受火	20	单跨跨中	全车道	集中荷载 $F = 3800\text{kN}$
			边车道	
			中车道	
		中支座	全车道	
			边车道	
			中车道	

8.3.2 变形

(1)桥下受火纵桥向弯曲变形。

连续体系组合钢桁架桥梁遭遇不同受火工况的桥下火灾时,会表现出不同的结构响应,通过传热-结构耦合模型的分析,得到连续体系组合钢桁架桥梁单跨跨中受火、单跨近中支座受火后的弯曲下挠、中支座两侧 20m + 20m 和 40m + 40m 受火后的弯曲下挠。对连续体系组合钢桁架桥梁在纵桥向出现的弯曲下挠做定量分析,统一取下弦杆为参考,可得到不同受火工况下的弯曲下挠图,如图 8-15 所示。可以发现,连续体系组合钢桁架桥梁在单跨跨中和单跨近中支座受火 60min 后,最大下挠分别为 652mm 和 475mm,但由于受火位置及受火区域两侧约束条件的不同,导致其弯曲下挠的形式存在差异;此外,表现出的波浪形曲线则是由于腹杆对下弦杆的约束作用导致的。中支座两侧受火长度从 20m+20m 扩大到 40m+40m 后,最大弯曲下挠从 1227mm 增大到了 2074mm,呈现出更为严重的弯曲下挠,说明受火长度对连续体系组合钢桁架桥梁的高温力学行为影响巨大。

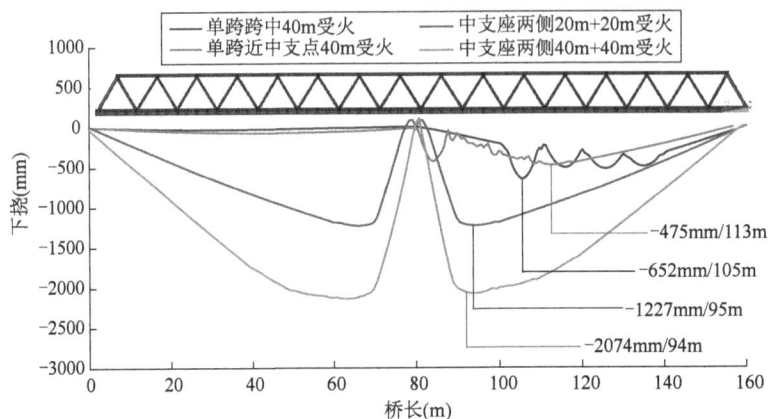

图 8-15 连续体系组合钢桁架桥梁桥下受火 60min 后纵桥向弯曲下挠

(2)桥下受火横桥向弯曲变形。

连续体系组合钢桁架桥梁下平联也是由下弦杆、横梁和纵梁组成,并支撑起混凝土桥面板,在自重、外荷载和火灾高温的作用下,处于结构高温力学性能退化下的动态弯剪耦合受力状态,会在横桥向出现弯曲变形。

连续体系组合钢桁架桥梁单跨受火时,取受火区中心处横截面为关键截面,可以得到不同受火时间下受火区关键截面的横桥向弯曲变形,如图 8-16 所示。两种受火工况下,横桥向的弯曲变形具有相似性,受火 20min 时,两者的弯曲挠度并不明显,横桥向中央与两端仅相差 208mm 和 165m;受火 30min 后,弯曲变形加剧,横桥向中央与两端相差 577mm 和 545mm,受火 60min 后,中央与两端相差 1902mm 和 1452mm,呈现出显著的横向弯曲变形。根据产生弯曲变形的原因不同,可以将其变化过程分成两个阶段:第 1 阶段,在受火初期,横梁的温度未达到 400℃,钢材强度未发生折减,此时,下翼板温度较高,热膨胀效应较上翼板更显著,导致横梁出现不均匀热膨胀引起的弯曲变形;第 2 阶段,长时间受火后,钢材的力学性能显著退化,在荷载保持不变的情况下,横梁出现了由于力学性能退化导致的弯曲变形,并且,受火时间越长,温度越高,力学性能退化越严重,横桥向弯曲变形也更为显著。

在如下弯曲变形图中,横桥向两端的水平段对应的是下弦杆挠度,可以发现,受火 30min 后,仅横梁部分继续弯曲下挠,而下弦杆部分已不再有明显的下挠,下弦杆的抗弯承载能力已退化殆尽,主桁的抗弯刚度与承载能力多由非受火的腹杆和上弦杆提供,进而使主桁在后续受火的过程中,仍保持了相对较高的稳定性。结合横桥向显著的弯曲变形,可见桥梁主要发生了受火区下平联的高温屈服破坏。

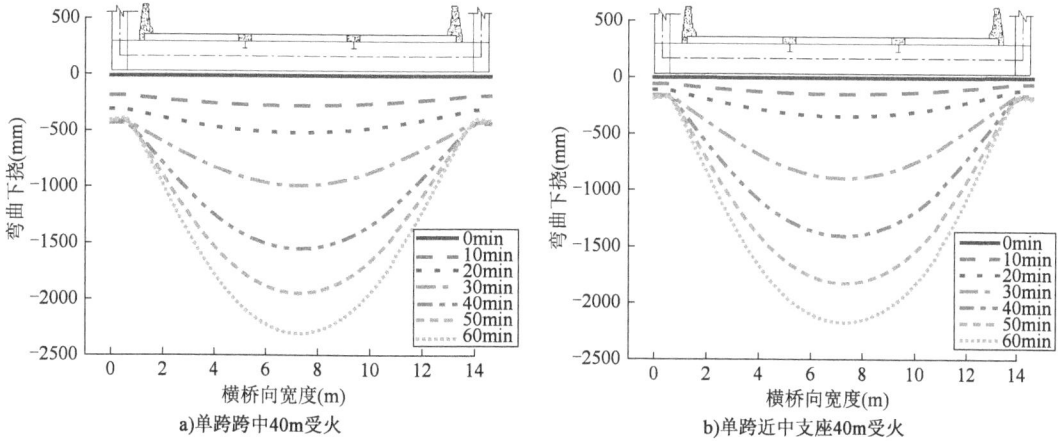

a)单跨跨中40m受火

b)单跨近中支座40m受火

图 8-16　单跨受火时受火区关键截面横向弯曲变形

当连续体系组合钢桁架桥梁在中支座两侧受火时,取单侧受火区中央和中支座处为关键截面,可以得到不同受火时间下各关键截面的横向弯曲变形,如图 8-17 和图 8-18 所示,分别是中支座两侧 20m + 20m 和中支座两侧 40m + 40m 受火场景下的关键截面横向弯曲变形。

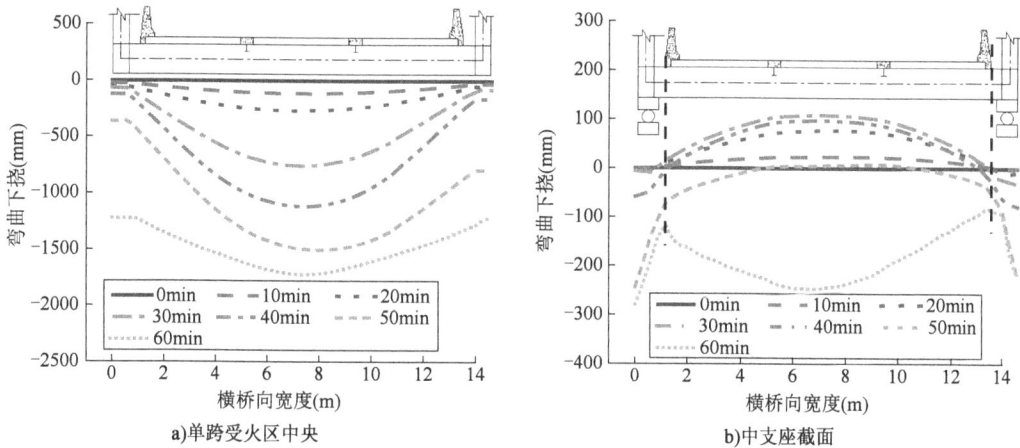

a)单跨受火区中央

b)中支座截面

图 8-17　中支座两侧 20m + 20m 受火时横向弯曲变形

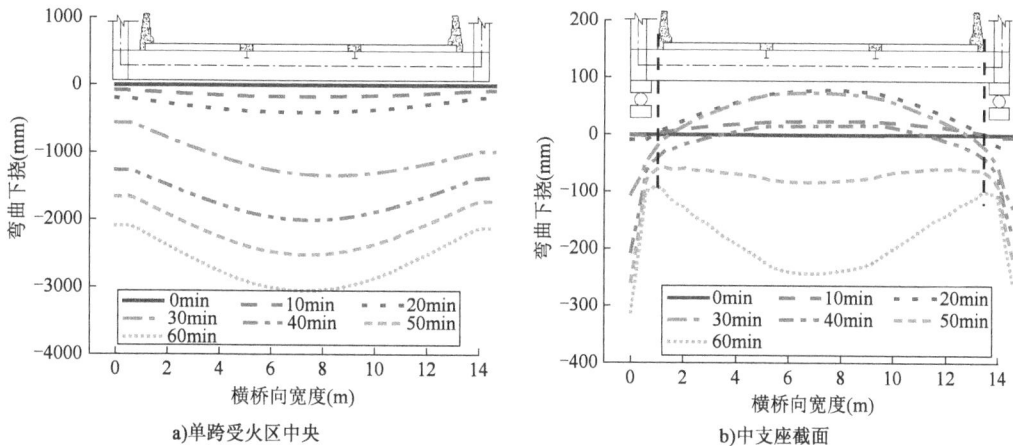

a)单跨受火区中央

b)中支座截面

图 8-18　中支座两侧 40m + 40m 受火时横向弯曲变形

149

通过图 8-17a) 可以发现, 受火 40min 前, 横桥向两端下挠微小, 而中央下挠明显, 相差了 996mm。受火 50min 后, 横桥向两端出现了快速的下挠, 直至受火 60min 后, 下挠到了 1227mm。这主要是由于长时间受火后, 下弦杆的力学性能退化严重, 下平联整体刚度退化, 并导致受火区域出现显著的弯曲变形。

通过图 8-17b) 可以发现, 中支座截面处横桥向会先出现弯曲上拱, 这是由于中支座和主桁的存在约束了桥横向两端在各方向上的位移, 导致高温作用下的热膨胀效应无法自由释放, 出现了由于钢材热膨胀产生的挤压性上拱; 受火超过 30min 后, 横桥向的向上弯曲变形减小, 这是由于横梁在高温下出现了力学性能的衰退, 无法继续承受外荷载。受火 60min 后, 横桥向表现出弯曲下挠变形, 横桥向在两端中支座的约束作用下呈现出 M 形的变形弯曲。

通过图 8-18a) 可以发现, 中支座两侧 40m + 40m 受火时, 横向桥两端的弯曲下挠变形显然要比中支座两侧 20m + 20m 受火时更明显。这主要是由于受火范围扩大后, 结构整体刚度出现了更大的损伤。受火 40min 后, 下弦杆就开始出现显著的弯曲下挠。

通过图 8-18b) 可以发现, 中支座截面处也出现了横桥向的弯曲变形, 表现为先弯曲上拱, 后缓慢弯曲下挠的变形特点, 其弯曲变形特点和原因与中支座两侧 20m + 20m 受火时一致, 但由于受火范围显著增大, 桥梁整体结构刚度损失较大, 导致其在受火后期, 弯曲下挠的过程加快, 受火 50min 后, 横桥向出现了略微的弯曲下挠, 受火 60min 后, 则表现出了更显著的 M 形的弯曲变形。

(3) 桥下受火梁端部高温翘曲与位移。

在连续体系组合钢桁架试验梁的耐火试验中观察到, 在外荷载的作用下, 受火加载跨仍会出现由于下平联高温热膨胀引起的边跨翘曲上挠的现象, 使连续体系组合钢桁架试验梁出现了短暂的结构体系改变。考虑到工程实际中组合钢桁架桥梁的支座也为单向受压支座, 因此, 有必要探究连续体系组合钢桁架桥梁遭受桥下火灾时, 下平联产生的高温膨胀对结构体系的影响。

为此, 建立了考虑单向受压支座的连续体系组合钢桁架桥梁的传热-结构耦合分析模型, 在仅有自重和二期恒载的作用下, 分别施加了单跨 40m、60m 和 80m 的碳氢曲线高温火灾。得到了受火 60min 后, 连续体系钢桁架桥梁的结构响应, 如图 8-19 所示。可以发现, 在下平联受火高温膨胀的作用下, 连续体系组合钢桁架桥梁在端支座处既出现了翘曲上挠, 也出现了顺桥向位移。

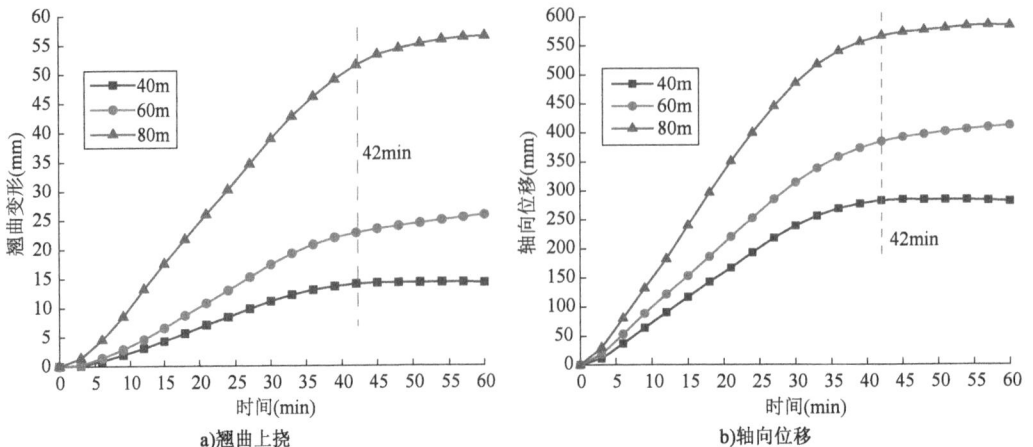

图 8-19 连续体系钢桁架桥梁受火时梁端位移时变曲线

　　提取不同受火长度下的连续体系组合钢桁架桥梁在端支座处的位移变化,可以得到相应的位移时变曲线,如图 8-19 所示。连续体系钢桁架桥梁桥下受火范围越大,端支座处下弦杆的位移变化越大。受火长度为 80m 时,60min 的受火使梁端下弦杆翘曲了 56.5mm,轴向位移达到了 583.5mm,而相同时间下受火长度 40m 时其翘曲仅为 14.2mm,轴向位移仅为 281.4mm。通过轴向位移也可以看出,连续体系组合钢桁架桥梁遭遇桥下火灾时,会在两端产生较大的轴向位移,影响伸缩缝或相邻结构。

　　在受火 42min 后,各受火工况下连续体系组合钢桁架桥梁梁端的位移增量均开始变缓,这主要是由于受火区下平联各桁杆温度已经较高,升温速率变缓,且钢材的性能已经出现严重的退化,火灾高温、结构变形等均使其产生了显著的应力重分布,最终使其在梁端的位移变化趋于缓和。

　　(4)桥面受火桁杆高温弯曲变形。

　　连续体系组合钢桁架桥梁在遭遇桥面火灾时,火灾高温造成上弦杆、上平联等构件出现高温屈服,表现为高温弯曲变形,变形程度与状态是其高温力学行为的重要表现形式。在遭遇单跨跨中全车道、边车道和中车道受火时,受火区及周围会产生较为显著的桁杆变形,而在非受火区保持了结构的高度稳定性,说明连续结构体系组合钢桁架桥梁在局部受火后,即使出现了局部高温屈服,但整体结构仍具有较大的刚度。

　　单跨跨中桥面受火和负弯矩区桥面受火下的上弦杆弯曲变形差异较大。以桥面全车道受火为例,提取受火区域上弦杆的节点横向位移数据,可以得到不同桥面受火工况下上弦杆的横向位移时变曲线,如图 8-20 所示。受火 17min 前,两种受火工况下,上弦杆的横向位移发展过程高度重合,随着受火时间的增大,跨中受火工况下的上弦杆横向位移发生突变,直至受火 38min 后,其主桁横向位移高达 2531mm,远大于负弯矩区受火 60min 后主桁的横向位移 1232mm。这是由于火灾发生在跨中时,桥梁出现先上拱后下挠的弯曲变形趋势,上弦杆会受到结构大变形导致的受压弯曲,屈服后的变形显著;而负弯矩受火时,中支座的支撑作用使得主桁呈现出三角弯曲变形,上弦杆受到的压弯效应大幅降低,呈现出较为缓和的高温屈曲。

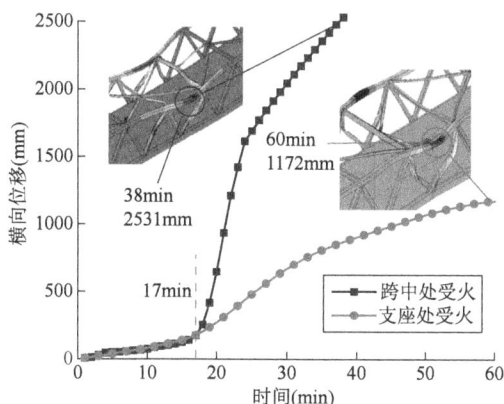

图 8-20　全车道桥面受火时主桁横向位移时变曲线

　　(5)桥面受火整体结构扭转变形。

　　连续体系组合钢桁架桥梁在单跨跨中边车道受火时,受火侧出现显著的弯曲下挠,而非受侧火保持相对稳定,呈现出弯扭变形的特点。以受火区中心为关键截面,提取横桥向不同位置在受火全过程中的挠度变化,如图 8-21 所示,可分析其结构扭转变形规律。在边车道受火时,受火侧主桁会先出现上拱,并在受火 15min 时,达到最大值 135mm,这主要是由于上弦杆高温热膨胀所致。此后,随着受火时间的增大,出现了由于受火桁杆力学性能退化导致的向下挠变。受火 24min 时,横桥向高差基本一致,但两侧主桁结构刚度和力学性能已经存在较大差异。直至受火 60min 时,受火侧竖向最大挠度达到 441mm,非受火侧仅为 20mm,最大横桥向高差达到了 421mm,呈现出明显的弯扭变形。

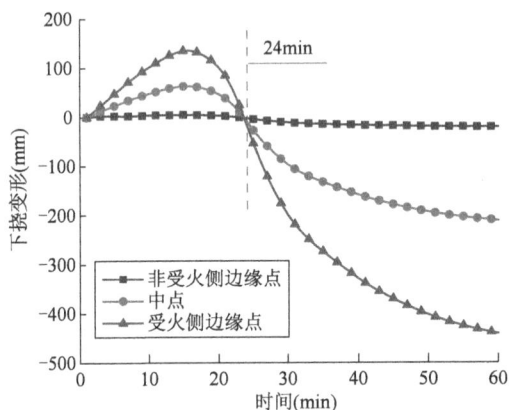

图 8-21 单跨跨中桥面边车道受火挠度变化

8.3.3 应力

桥下受火时,选取单跨跨中 40m 受火和支座两侧 20m + 20m 受火两种工况,桥面受火时,选取单跨跨中全车道受火和负弯矩区全车道受火两种受火工况,分别进行受火桁杆的应力分析,最终获取关键桁杆的动态高温应力变化特征。

(1)单跨跨中桥下受火。

提取翼板和腹板的温度和应力数据,可得到相应的温度-应力时变曲线,如图 8-22a)所示。其中温度曲线为横梁下翼板和腹板在受火过程中的温度变化,屈服强度曲线为在相应温度下钢材的屈服强度。在横梁和下弦杆的受火边缘,应力云图颜色多样,表明其温度与应力状态复杂,易在受火边缘出现塑性铰。为此,在下弦杆的腹板处,取受火边缘两侧为关键区域 L1(非受火侧)和 L2(受火侧),提取其温度和应力变化,得到 L1 和 L2 的温度-应力时变曲线,如图 8-22b)所示。其中温度-L1 和温度-L2 曲线分别为 L1 和 L2 在受火过程中的温度变化,屈服强度-L1 和屈服强度-L2 曲线分别为钢材在 L1 和 L2 对应温度下的屈服强度。

通过图 8-22a)可知,在受火前期,由于钢材的热膨胀、约束效应及内力重分布,横梁下翼板和腹板应力明显增大,由于腹板的约束显著大于下翼板,导致腹板在多因素耦合作用下的应力提升要远大于翼板。受火 10min 时,横梁应力从 64MPa 提高到了 130MPa,纵梁应力则从 14MPa 提高到了 190MPa。此后,两者应力出现下降,这是由于钢材的温度超过了 400℃后力学性能降低导致的。随着温度的持续升高,钢材的屈服强度快速下降,横梁翼板在受火 28min 时达到了屈服状态,应力为 27MPa,温度为 859℃,横梁腹板则是在受火 29min 后达到了屈服状态,应力为24MPa,温度为878℃。此后横梁温度继续升高,其翼板和腹板的应力也随着钢材力学性能的退化而降低,并保持高温屈服。可见,连续体系组合钢桁架桥梁桥下受火时,横梁易在受火28~29min后出现并维持高温屈服状态。

通过图8-22b)可知,受火初期,下弦杆受火边缘两侧L1和L2的应力持续提升。受火15min后,L2温度达到400℃,钢材的力学性能退化,应力在小范围内波动,而受火侧钢材持续升温产生的热膨胀效应导致L1的应力持续增大。受火26min,L1和L2的应力均达到了最大值,分别为313MPa和137MPa。此后两者的应力均开始降低,这是由于钢材力学性能退化严重,其内部的应力约束效应降低导致的。受火48min后,L2的达到805℃,应力为37MPa,达到了该温度下钢材的屈服强度,发生高温屈服。同时,L1的应力也在持续降低,但由于L1的温度较低,力学性能未发生显著衰退,L1未发生屈服。可以发现,虽然L1和L2紧密相邻,但两者的温度与应力状态差异巨大,前者处于弹性状态,而后者处于高温屈服状态,在受火边缘出现了明显的刚度差,易产生塑性铰,影响桥梁的承载能力和结构刚度。

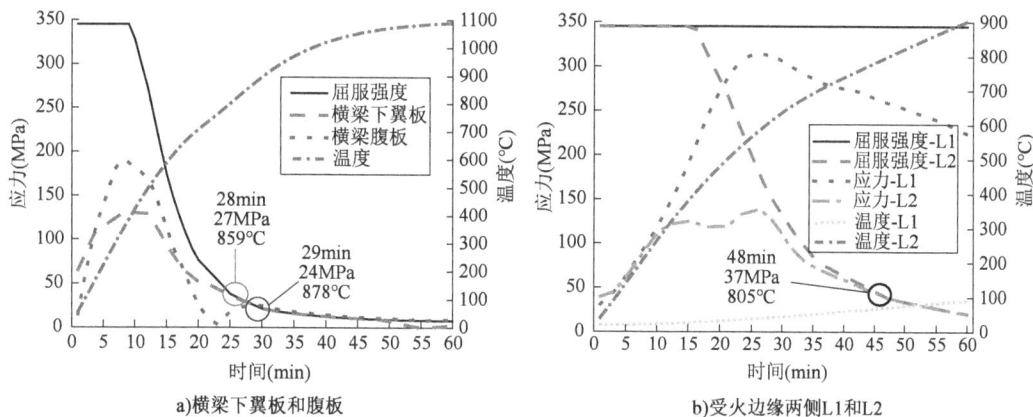

图8-22 单跨跨中桥下受火应力-温度时变曲线

(2)中支座两侧桥下受火。

对横梁的下翼板和腹板提取温度和应力数据,可得到相应的温度-应力时变曲线,如图8-23a)所示。中支座会阻隔部分火焰,使中支座处的桁杆升温缓慢,但应力状态复杂,取中支座处下弦杆腹板为L3,中支座处横梁下翼板中心处为L4,提取其温度和应力数据,得到L3和L4的温度-应力时变曲线,如图8-23b)所示。

通过图8-23a)可知,受火前期,钢结构的热膨胀效应、约束效应及内力重分布,导致横梁下翼板和腹板的应力均出现了明显的提升,待横梁的温度达到400℃后,翼板和腹板的应力开始衰退,并分别在25min和27min时到达该温度下钢材的屈服强度,发生高温屈服,并持续到受火结束。

通过图8-23b)可知,受火8min前,中支座处的下弦杆腹板L3和横梁下翼板中心L4应力均持续增大,且L3的应力增幅要远大于L4,这是由于L3两侧均受火而引起的热膨胀作用所致。受火18min后,L3的应力也随着钢材力学性能退化而减小,并在受火46min后,达到了该温度下的钢材屈服强度,发生高温屈服,此时L3的温度为803℃,应力为81MPa。L4在受火全过程中升温缓慢,温度较低,钢材的力学性能未发生显著折减,但受到周围构件的热膨胀、约束以及负弯矩等作用,在受火 54min 后,达到了钢材的屈服强度,为 345MPa,此时 L4 温度仅为 94℃。

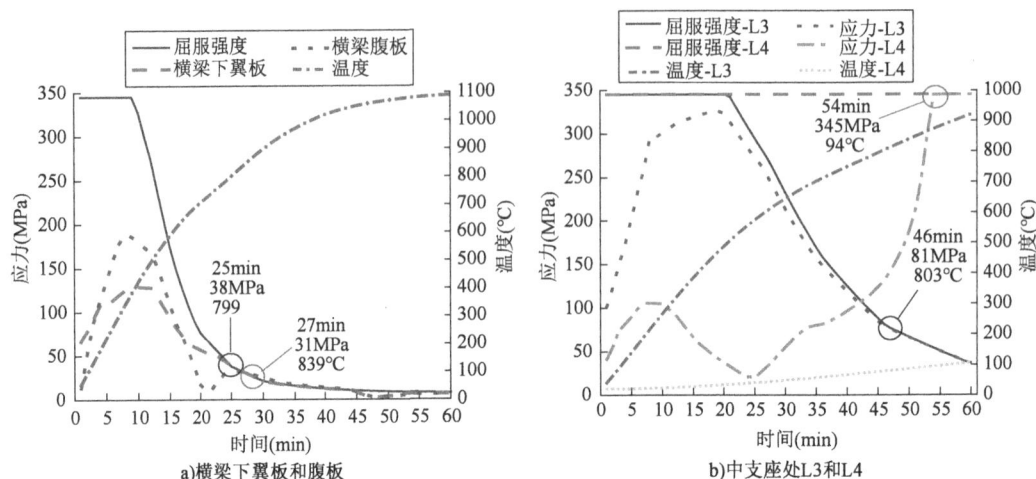

图 8-23　中支座两侧桥下受火应力-温度时变曲线

通过对桥下中支座两侧受火的连续体系组合钢桁架桥梁的变形与应力分析,可以发现,中支座处腹杆主要承受压应力,其余腹杆上大体上处于拉、压相间状态,通过图 8-24 的受力示意图可以简单对各腹杆的受力状态进行表示,为方便说明,将图中的腹杆从左到右分别命名为 1~8 号腹杆,其中。1 号、3 号、6 号和 8 号腹杆主要承受拉应力,为拉杆,2 号、4 号、5 号和7号腹杆主要承受压应力,为压杆。

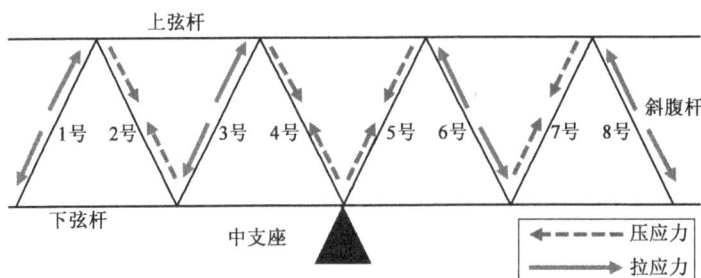

图 8-24　中支座处腹杆受力图

(3)单跨跨中桥面受火。

对横撑和斜撑、上弦杆、腹杆均提取温度和应力数据,可得到对应的温度-应力时变曲线,如图 8-25a)和 b)所示。取受火边缘上弦杆与腹杆的交点处为 L7,受火边缘下弦杆和腹杆交点处为 L8,其中,L7 和 L8 分别呈现出淡蓝色和浅蓝色相交、黄色和红色相交的特点,提取 L7 和 L8 的温度和应力数据,可得到对应的温度-应力时变曲线,如图 8-25c)所示。

通过图 8-25a)可知,上平联横撑和斜撑在受火过程中,应力均保持在较低的水平,这是由于上平联主要起到连接主桁、提高横向稳定的作用。因此,仅上平联横撑在两主桁的约束下,产生由于热膨胀效应引起的应力增大。随着温度的升高,横撑和斜撑的力学性能严重退化,分别在受火 23min 和 29min 后,达到屈服强度,此时温度分别为 963℃和 1047℃,应力分别为 16MPa 和 10MPa。随后,横撑和斜撑均保持高温屈服状态,并随着主桁结构的变形产生严重的高温弯曲软化变形。

　　通过图 8-25b)可知,受火过程中,腹杆与上弦杆的应力呈现出明显的波动状态,这是由于钢材的热膨胀、结构的约束、应力重分布等原因导致的。在受火 23min 后,腹杆率先出现高温屈服,此时温度为 784℃,屈服强度为 44MPa;受火 30min 后,上弦杆出现高温屈服,此时温度为 718℃,屈服强度为 71MPa。

　　通过图 8-25c)可知,由于上弦杆受火,受火边缘的 L7 温度会通过热传导等方式显著升高,其应力则会随着热膨胀效应的加剧而显著提升。直至受火 30min 后,L7 的温度达到 609℃,应力为 154MPa,达到了钢材在此温度下的高温屈服强度,发生屈服。L8 是受火边缘下弦杆与腹杆的交点处,其升温主要依靠腹杆的热传导,升温效率与温度较低,L8 的钢材力学性能未发生折减。受火 20min 后,L8 的应力开始迅速增大,仅 9min 后,其应力就从 24MPa 增大到了 345MPa,这主要是由于受火区上弦杆和腹杆在热-力耦合作用下出现了显著的结构高温变形,相邻非受火区仍保持了较大的结构刚度,限制了受火区结构的高温变形,并在受火边缘形成了应力突变。

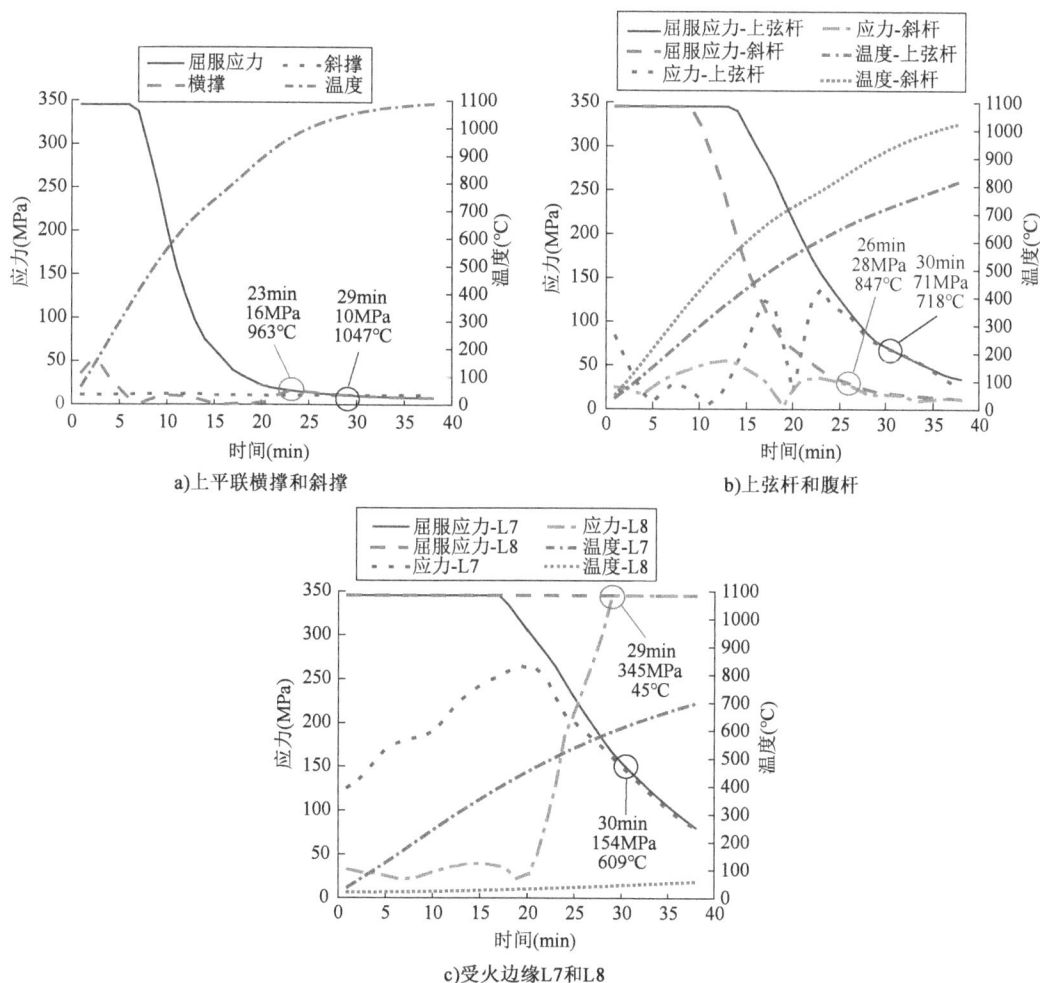

a)上平联横撑和斜撑

b)上弦杆和腹杆

c)受火边缘L7和L8

图 8-25　单跨跨中桥面受火应力-温度时变曲线

（4）负弯矩区桥面受火。

将腹杆、上弦杆单独提取出来，并优化了应力区间范围，不仅可以很明显看到腹杆和上弦杆的结构变形，也能观察到桁杆的复杂应力分布。在腹杆和上弦杆的弯曲变形处提取节点和单元的温度与应力变化数据，可以得到对应的温度-应力时变曲线，如图 8-26a）所示。上弦杆和下弦杆在受火边缘应力存在明显的突变，存在局部屈服的可能性，取受火边缘上弦杆与腹杆的交点处为 L9，下弦杆与腹杆交点处为 L10，并提取温度和应力变化，得到对应的温度-应力时变曲线，如图 8-26b）所示。

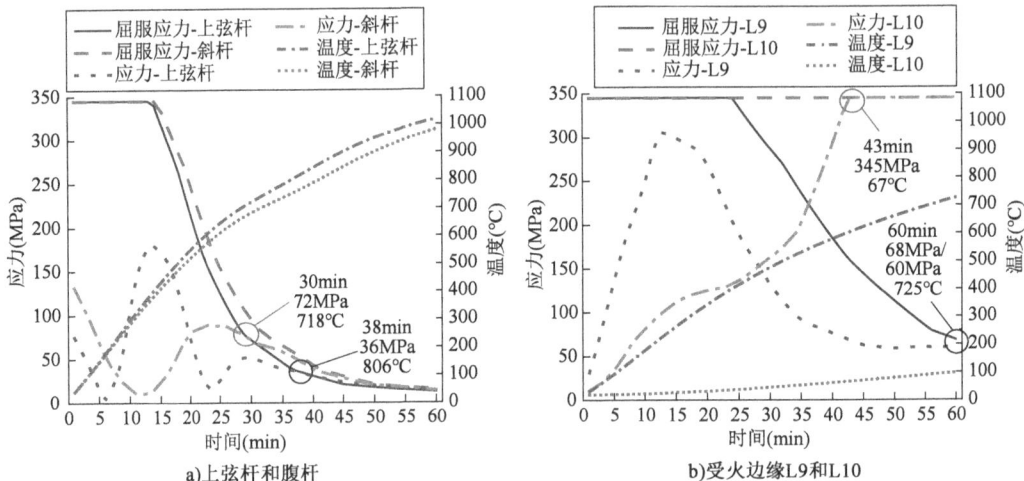

a）上弦杆和腹杆　　　　　　　b）受火边缘 L9 和 L10

图 8-26　负弯矩区桥面受火应力-温度时变曲线

通过图 8-26a）可知，在受火过程中，上弦杆和腹杆的应力均有明显的上下波动变化，这主要是由于上弦杆和腹杆两端均有不同程度的约束，在升温过程中，不仅限制了桁杆的受热膨胀，也会导致其出现应力重分布等。受火 30min 后，上弦杆升温到 718℃，应力为 72MPa，达到该温度下钢材的屈服强度，发生高温屈服；受火 50min 后，腹杆升温到 809℃，应力仅为20MPa，也发生高温屈服。

通过图 8-26b）可知，L9 和 L10 均是在热传导的作用下升温，但 L9 升温速率显然高于L10。受火 13min 后，L9 的应力从 31MPa 直接增大到 305MPa，这主要是由于钢结构的热膨胀效应引起的；此后 L9 的应力显著的下降，则是由于相邻受火区的钢材温度升高，力学性能降低，对 L9 的膨胀挤压效应降低引起的。直至受火 60min 后，L9 的温度为 725℃，应力为60MPa，此温度下钢材的屈服强度为 68MPa，L9 未发生高温屈服状态。L10 升温缓慢，最高温度仅为 97℃，其钢材力学性能保持稳定，屈服强度维持在 345MPa。L10 在受火 0～15min，30～40min 两个时间段的应力明显快速增大，但两阶段应力增大的原因并不一致。在受火 0～15min，受火腹杆主要发生热膨胀效应，导致 L10 的应力快速增大；受火 30～40min，上平联、上弦杆陆续发生高温屈服，桥梁结构刚度降低，导致 L10 承受由于受火边缘出现弯曲大变形引起的高应力，直至达到钢材的屈服强度。

8.3.4　破坏模式

（1）单跨不同位置桥下受火。

连续体系组合钢桁架桥梁单跨桥下受火时，由于端支座和中支座处的边界条件具有较大差异,导致相同长度但不同位置的桥下火灾高温会使其结构响应及破坏模式出现显著的差异。

提取两种受火工况下,受火区域中央下弦杆的挠度随受火时间的变化值,可以得到如图 8-27 所示的挠度时变曲线。可以发现单跨跨中受火 36min 后,跨中下挠最大可达到 433mm,而靠近中支座处受火 46min 后,最大下挠仅为 235mm。持续受火后,两种受火工况下的下弦杆挠度均发生恢复,这主要是由于连续体系组合钢桁架桥梁的非受火区域保持了较大的结构刚度,既会对受火区域下弦杆起到约束和补强的作用,阻止其挠度的进一步发展,又会在其力学性能高度退化后对下弦杆起到拉伸牵引的作用,使连续体系组合钢桁架桥梁单跨跨中和单跨近中支座桥下受火 60min 后,下弦杆挠度分别恢复了 45mm 和 24mm。

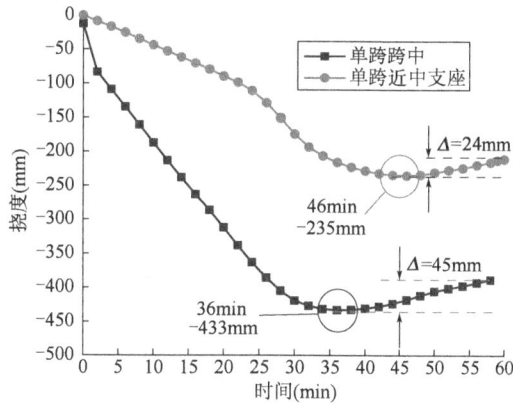

图 8-27 单跨桥下受火区下弦杆挠度变化

(2)中支座两侧桥下受火。

连续体系组合钢桁架桥梁双跨桥下受火时,虽然受火长度的不同导致其受火后的结构响应存在差异,但受火破坏模式较为一致,均为中支座处腹杆的压溃破坏。中支座两侧的火灾高温会削弱下弦杆和下平联的力学性能与结构刚度,中支座也会对其产生较强的约束和支撑作用,形成典型的可变塑性铰支座,导致中支座处的下弦杆抗弯刚度锐减,并且中支座附近出现显著的高温弯曲下挠。下弦杆的严重变形,也导致了桁架结构内部发生了严重的应力重分布,尤其是中支座处的腹杆受到了由于结构大变形产生的巨大压应力,发生了中支座处腹杆的压溃破坏。

提取受火区域中央下弦杆的挠度随受火时间的变化值可以得到如图 8-28 所示的挠度时变曲线。可以发现,两种受火工况下,下弦杆的下挠变化趋势高度一致,在受火前期均会有挠度变化的平滑段,这是由于受火时间较短,高温对钢桁结构的影响有限,并未在中支座处形成可变塑性铰,维持了结构刚度。随着受火时间的增大,下弦杆挠度出现了突变,这是由于中支座处下弦杆形成可变塑性铰,结构刚度与体系发生突变导致的。当中支座两侧 20m + 20m 的范围内受火时,结构会在受火 43min、下挠 214mm 后发生突变;当中支座两侧 40m + 40m 的范围内受火时,结构则会在受火 24min、下挠 310mm 后发生突变,产生这种差异的原因是:结构损伤范围会随着受火范围的增加而增大,并且会使非受火结构对其产生的约束作用越来越弱。

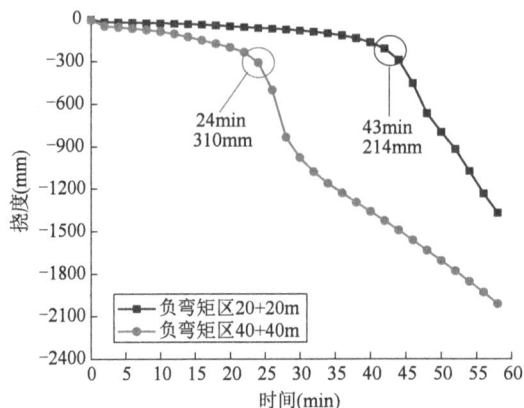

图 8-28 双跨桥下受火主桁下弦杆挠度变化

（3）单跨跨中桥面受火。

连续体系组合钢桁架桥梁单跨跨中桥面受火时，火灾高温直接作用在上弦杆、腹杆和上平联。提取受火区中央下弦杆和上弦杆的挠度随受火时间的变化值，可以得到如图 8-29 所示的挠度变形时变曲线。连续体系组合钢桁架桥梁桥面发生火灾时，也会出现弯曲上拱，上、下弦杆均在受火 17min 后，上拱达到最大分别为 222mm 和 131min。上、下弦杆弯曲上拱不同的原因是：上弦杆直接受火，会产生高温热膨胀效应，其弯曲上拱是主动的；而下弦杆不受火，其弯曲上拱是由于上弦杆上拱而产生的整体结构弯曲变形，是被动的，加之上、下弦杆是通过腹杆相连的，在结构发生变形的过程中，腹杆也会出现应变，影响了上、下弦杆的同步弯曲变形。

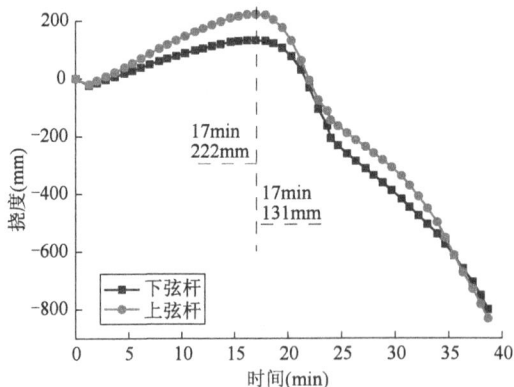

图 8-29 单跨跨中桥面受火关键桁杆挠度变化

对连续体系组合钢桁架桥梁单跨跨中桥面边车道和中车道受火进行分析，可以得到相应的破坏模式及关键桁杆的弯曲变形。边车道受火时，受火区会发生不均匀下挠，存在整体扭转的趋势，上弦杆则出现了显著的压弯变形。中车道受火时，仅影响上平联横撑和斜撑，对主桁与钢桁架桥梁的整体变形影响极小。

（4）负弯矩区桥面受火。

连续体系组合钢桁架桥梁负弯矩区桥面受火时，中支座对主桁及桥面结构起到了较好的约束支撑作用，受火后未出现大挠度变形。上弦杆受火后力学性能出现严重退化，负弯矩区的抗拉承载能力被严重削弱,并在中支座两侧出现了弯曲下挠的趋势。中支座处的腹杆出现了显著的压溃变形,上弦杆和上平联表现为明显的弯曲变形,这主要是由于两侧非受火区钢桁结构对受火区桁杆施加了由于结构变形产生的压应力,上弦杆在受火 37min 时已经达到屈服状态,仅为 36MPa,腹杆则是在受火 50min 时达到屈服状态,仅为 20MPa,表现出压溃破坏。

提取受火区中支座处腹杆和上弦杆变形数据,可以得到图 8-30 所示的桁杆变形曲线。为便于将上弦杆与腹杆的变形放一起比较,定义腹杆的变形方向,如图 8-31 所示。在受火 35min 后,腹杆弯曲变形达到了 250mm,结合前文的应力分析结果可知,此时腹杆发生屈服。最终受火 60min 后,腹杆的弯曲变形达到 973mm。上弦杆则是在受火 37min 后,达到了高温应力屈服,此时变形为 804mm。

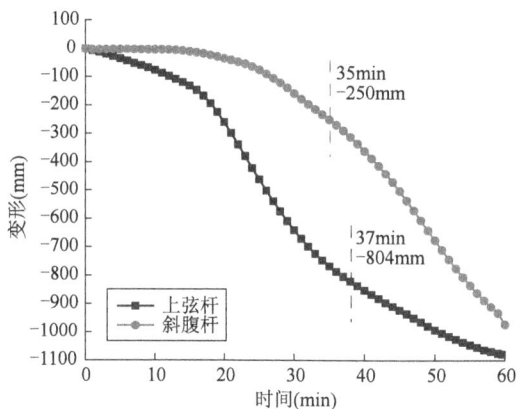

图 8-30 负弯矩区桥面受火桁杆弯曲变形

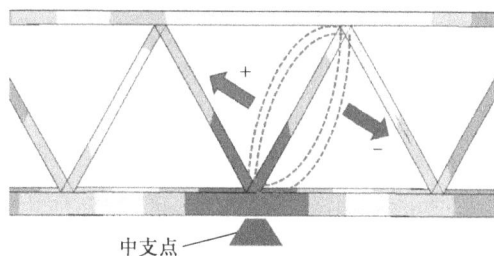

图 8-31 腹杆变形示意图

按相同的研究方法,对连续体系组合钢桁架桥梁负弯矩区桥面边车道和中车道受火进行分析,可以得到相应的破坏模式及关键桁杆的位移变形,如图 8-32 所示。其中,边车道受火 60min 后,上弦杆和腹杆最大弯曲变形分别达到了 1096mm 和 455mm。中车道受火时,仅影响上平联横撑和斜撑,对主桁与钢桁架桥梁的整体变形的影响极小。

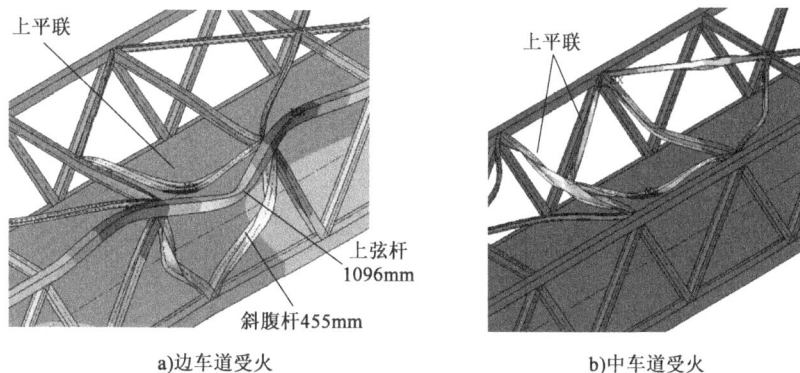

a)边车道受火　　　　　　　　　　b)中车道受火

图 8-32 单跨中支座桥面边车道/中车道受火破坏模式

8.4　本章小结

本章通过传热-结构耦合分析模型及分析方法,建立了 80m 跨径的简支体系组合钢桁架桥梁和 80m + 80m 跨径连续体系组合钢桁架桥梁,并对其进行了不同受火荷载工况下的高温力学行为分析,分析了典型受火场景和受火荷载工况下,关键受火桁杆的高温应力状态,获取了简支体系组合钢桁架桥梁、连续体系组合钢桁架桥梁的破坏模式。主要结论如下:

(1)简支体系组合钢桁架桥梁桥下受火长度较小(不大于 8m)时,简支体系组合钢桁架桥梁受火 60min 后,整体结构弯曲变形微小;当受火长度超过 20m 后,才出现明显下挠;受火长度越大,下挠越明显;同时,还会出现由于弯曲变形导致的纵向位移,使桥梁存在落梁的风险。边车道受火还会导致组合钢桁架桥梁出现由于两侧主桁刚度差异导致的整体结构扭转变形。

(2)简支体系组合钢桁架桥梁桥下受火时,由于钢结构的热膨胀效应、约束效应及内力重分布,导致横梁的应力显著增大;横梁腹板在 598℃、翼板在 736℃ 时,分别达到了各自温度下钢材的高温屈服强度;下弦杆受火边缘 L2 在受火 28min 后出现高温屈服。桥面受火时,上平联斜撑、上弦杆腹板和翼板的应力均表现出先增大后减小的变化特点;上弦杆翼板和腹板分别在受火 18min 和 19min 后发生了高温屈服。

(3)连续体系组合钢桁架桥梁桥下单跨跨中受火时,弯曲下挠呈现出对称性,单跨近中支座受火时,会产生受火区两侧边界条件不同导致的非对称弯曲下挠;中支座两侧受火时,梁体呈现出了明显的 M 形的弯曲变形。

(4)连续体系组合钢桁架桥梁桥面受火时,单跨跨中桥面全车道受火是最不利的受火工况,受火仅 38min 就出现了局部高温屈服破坏;其他受火工况下,受火 60min 后,桥梁整体结构未表现出明显破坏。单跨跨中边车道受火时,会出现由于两侧主桁刚度差异导致的不均匀弯曲下挠,呈现出扭转变形的特点。

(5)连续体系组合钢桁架桥梁单跨跨中桥下受火时,横梁下翼板和腹板分别在受火 28min 和 29min 出现高温屈服;下弦杆受火边缘处,受火侧会在受火 48min 后屈服;中支座两侧桥下受火时,横梁下翼板和腹板分别在受火 25min 和 27min 后屈服;支座处的腹杆和横梁会出现受压屈服;下弦杆易形成塑性铰,导致结构刚度降低。

(6)连续体系组合钢桁架桥梁单跨跨中桥面受火时,上平联横撑和斜撑分别在受火 23min 和 29min 后屈服,受火区中央的上弦杆和腹杆是在受火 23min 和 30min 后屈服,上弦杆受火边缘两侧几乎同时达到屈服,但两侧的应力相差巨大;负弯矩区桥面受火时,腹杆、上弦杆等出现了高温弯曲变形,而受火边缘的腹杆与下弦杆相交处出现了应力集中,上弦杆和腹杆分别在受火 37min 和 50min 后屈服。

(7)连续组合钢桁架桥梁单跨桥下受火 60min 后,未出现明显的破坏;双跨桥下受火 60min 后,表现出腹杆的高温压溃破坏;单跨跨中桥面全车道和边车道分别受火 38min 和 60min 后,表现出高温弯曲破坏和上弦杆屈服破坏;负弯矩区桥面全车道和边车道受火 60min 后,均表现出上弦杆的屈服破坏和腹杆的高温压溃破坏。

本章参考文献

［1］ 张岗,宋超杰,李徐阳,等.燃油火灾下预应力混凝土梁耐火试验［J］.中国公路学报,
2022,35(1):210-221.

［2］ 张岗,汤陈皓,宋超杰,等.钢桁-混凝土组合结构桥梁耐火性能研究［J］.建筑结构学报,
2023,44(9):214-226.

［3］ ZHAO X C,ZHANG G,TANG C H,et al. Evaluating fire performance of through continuous
composite steel Warren-truss bridge girders:Experimental and numerical investigation［J］. En-
gineering Structures,2025,326:119591.

［4］ MA R J,CUI C J,MA M L,et al. Numerical simulation and simplified model of vehicle-in-
duced bridge deck fire in the full-open environment considering wind effect［J］. Structure and
Infrastructure Engineering, 2021, 17(12):1698-1709.

［5］ Fire and smoke control in road tunnels［R］.France:PIARC Committee on Road Tunnels, 1999.

［6］ Eric L. How long will it take to repair Atlanta's I-85? similar incidents give a clue［EB/
OL］. 2017. https://edition.cnn.com/2017/03/31/us.

［7］ 浙江省公路工程设计标准化组合钢桁架桥通用图［S］.浙江:浙江省交通规划设计研究院
有限公司,2018.

［8］ 中华人民共和国交通运输部.公路桥涵设计通用规范:JTG D60—2015［S］.北京:人民交
通出版社股份有限公司, 2015.

［9］ 中华人民共和国交通运输部.公路钢结构桥梁设计规范:JTG D64—2015［S］.北京:人民
交通出版社股份有限公司,2015.

9

钢桁架桥梁抗火设计与防控策略

9.1 结构极限承载能力

火灾高温会对组合钢桁架桥梁的结构性能产生较为严重的损伤,削弱其承载能力,在考虑不同受火场景、受火荷载工况下,对组合钢桁架桥梁结构极限承载能力进行分析,是建立构件失效准则与判断桥梁耐火极限的基础[1-7]。

9.1.1 简支体系组合钢桁架桥梁承载能力分析

分别选取具有代表性的桥下跨中受火和桥面全车道受火场景下的简支体系钢桁架桥梁作为研究对象,对其开展火灾作用下的结构极限承载能力分析。

(1)剩余承载能力。

图9-1为简支体系组合钢桁架桥梁桥下跨中20m范围受火时和桥面跨中20m范围全车道受火时,不同受火时间后的荷载-位移曲线。依托荷载-位移曲线,可以获取简支体系组合钢桁架桥梁在不同受火工况与不同受火时间下所能承受的极限荷载,提取承载能力衰退曲线,并结合理论计算与传热-结构耦合分析模型分析可以得到弯曲荷载效应值,如图9-2和图9-3所示。

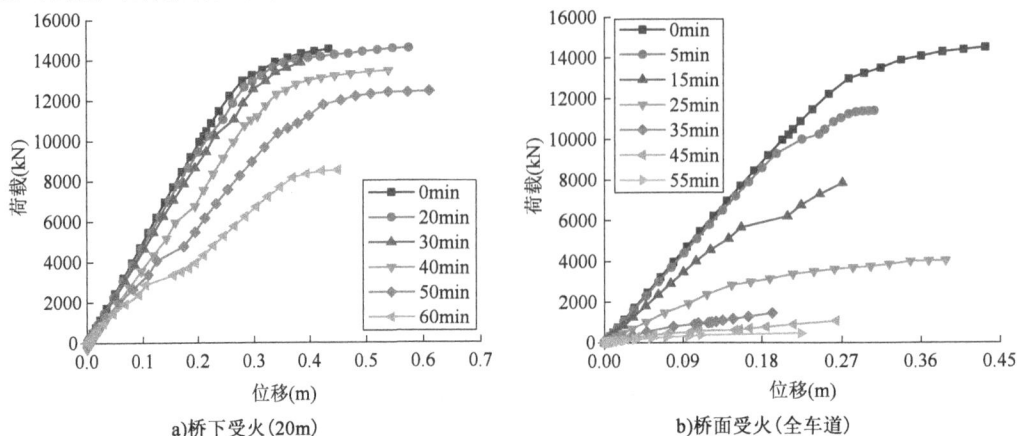

a)桥下受火(20m) b)桥面受火(全车道)

图9-1 不同受火场景简支体系组合钢桁架桥梁荷载-位移曲线

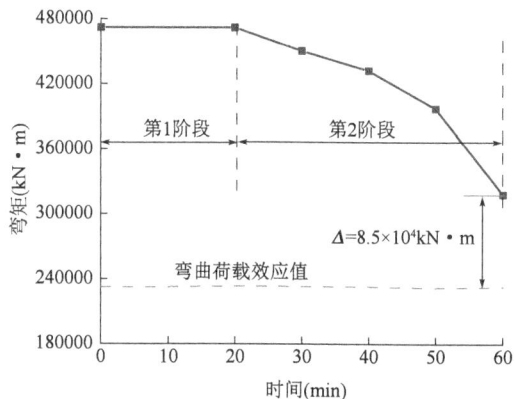

图9-2 桥下20m受火承载能力衰退曲线

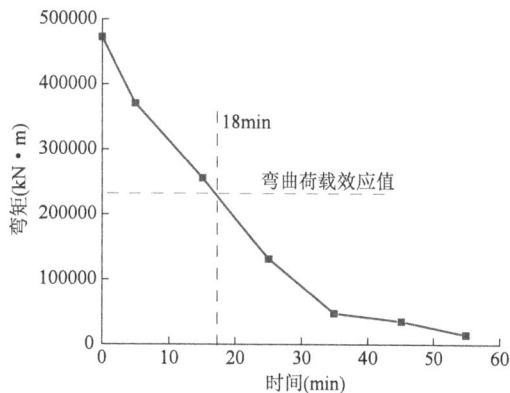

图9-3 桥面受火承载能力衰退曲线

由图9-2分析发现,简支体系组合钢桁架桥桥下跨中20m受火60min后,仍未达到其极限状态。因此,对桥下30m、40m和50m范围内受火的简支体系组合钢桁架桥梁均进行承载能力分析,得到了不同受火时间后的荷载-位移曲线和承载能力衰退曲线,如图9-4~图9-7所示。与弯曲荷载效应值相比较,可以进一步分析其在火灾作用下的承载能力变化与极限状态情况。

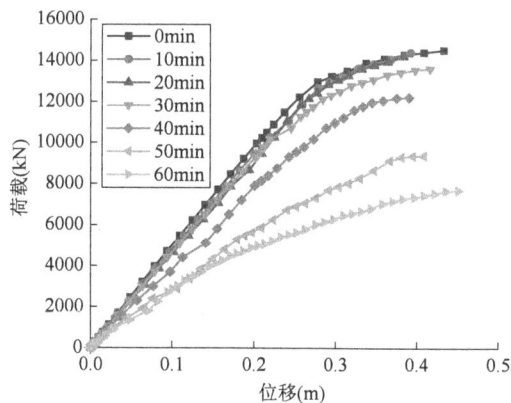

图9-4 桥下30m受火时荷载-位移曲线

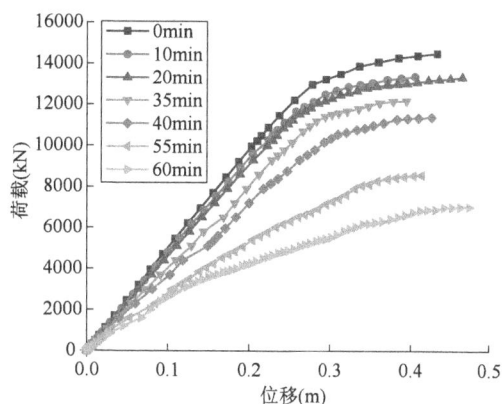

图9-5 桥下40m受火时荷载-位移曲线

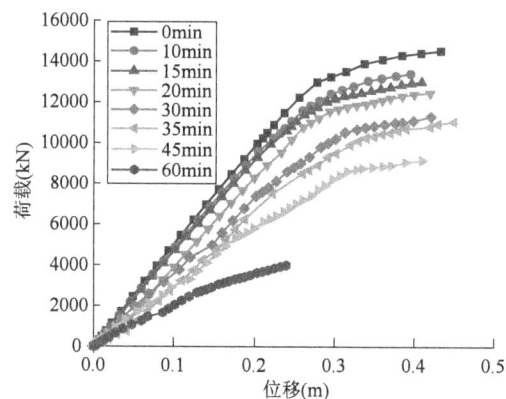

图9-6 桥下50m受火时荷载-位移曲线

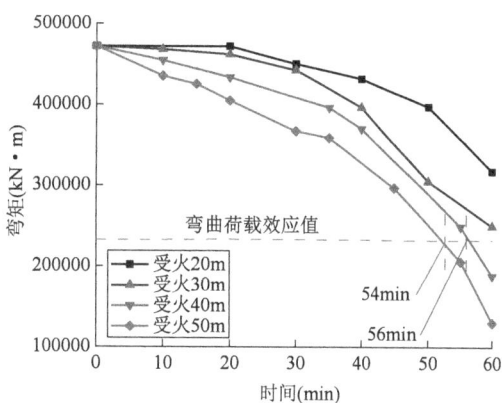

图9-7 桥下不同受火长度承载能力衰退曲线

163

由图 9-4~图 9-6 可以发现,随着受火长度的增大,简支体系组合钢桁架桥梁的承载能力衰退越快。当受火长度为 40m 时,受火 56min 后承载能力衰退曲线与弯曲荷载效应曲线相交,说明已达到其极限状态;当受火长度增大到 50m 时,达到承载能力极限状态的受火时间则缩短到了 54min 左右。此后,组合钢桁架桥梁会发生跨中截面抗弯承载能力不足导致的高温弯曲破坏。

(2)刚度退化。

为了深入分析不同受火时间后简支体系组合钢桁架桥梁的损伤机理,在分析承载能力衰退的基础上,进一步对结构损伤刚度进行分析,并引入了结构刚度比的概念,将其定义为不同受火时间下结构的损伤刚度与常温下结构刚度的比值。可以得到简支体系组合钢桁架桥梁的结构刚度衰退曲线,如图 9-8 所示。

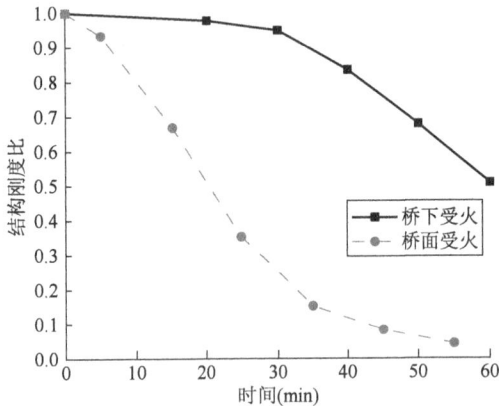

图 9-8 简支体系组合钢桁架桥梁受火结构刚度衰退曲线

两种受火场景下,简支体系组合钢桁架桥梁的结构刚度均出现了衰退,这归因于钢材的强度和弹性模量会随温度的升高而退化,但两种受火场景下,简支体系组合钢桁架桥梁的结构刚度衰退速率差异较大。桥下受火 50min 后,其结构刚度降低至常温下的 0.68,而桥面受火 35min 后,其结构刚度仅为常温下的 0.15。这是由于上弦杆、腹杆、下弦杆是结构抗弯刚度及承载能力的主要贡献构件,桥下受火仅会对下弦杆造成损伤,桥面受火会对上弦杆和腹杆均造成损伤,加之结构高温变形产生的次应力以及杆件的高温屈服状态,会进一步加剧结构刚度的衰退。

不同受火时间和受火场景下的简支体系组合钢桁架桥梁结构极限承载能力分析如表 9-1 所示。桥下受火时,结构刚度的衰退速率略微快于承载能力的衰退,这是由于钢材的弹性模量在 100℃之后开始降低,而屈服强度则超过 400℃后开始退化所致。此外,下弦杆的热膨胀效应也会使桥梁出现次弯曲下挠,加快了结构刚度的衰退。桥面受火时,承载能力的衰退则要快于结构刚度,这主要是由于上弦杆受热膨胀会使桥梁产生弯曲上拱,产生的效果类似于给结构受拉区施加了预应力,一定程度上抑制了截面抗弯刚度的衰退。

简支体系组合钢桁架桥梁结构极限承载能力分析   表 9-1

| 受火场景 | 受火工况 | | 受火时长 | 剩余承载 | 衰退率 | |
	受火长度(m)	受火位置	(min)	能力(kN·m)	承载能力	结构刚度
桥下受火	20	桥下跨中	0	4.72×10^5	1	1
			20	4.72×10^5	1	0.98
			30	4.50×10^5	0.95	0.95
			40	4.32×10^5	0.91	0.83
			50	3.97×10^5	0.84	0.68
			60	2.78×10^5	0.58	0.51

续上表

受火场景	受火工况		受火时长 (min)	剩余承载 能力(kN·m)	衰退率	
	受火长度(m)	受火位置			承载能力	结构刚度
桥面受火	20	桥面全车道	0	4.72×10^5	1.00	1
			5	3.71×10^5	0.79	0.93
			15	2.56×10^5	0.54	0.67
			25	1.31×10^5	0.28	0.35
			35	4.75×10^4	0.10	0.15
			45	3.51×10^4	0.07	0.08
			55	1.49×10^4	0.03	0.04

综上,简支体系组合钢桁架桥梁遭遇碳氢火灾时,导致其承载能力衰退的原因如下:
①受火区钢材发生热膨胀效应而使桥梁结构产生了初始挠度弯曲,并进一步造成了结构的应力重分布,加剧了上、下弦杆的应力;②长时间受火后,受火区钢材在高温作用下出现的强度和弹性模量等力学性能的衰退,最终导致桥梁整体力学性能的退化。

9.1.2 连续体系组合钢桁架桥梁承载能力分析

分别选取了具有代表性的单跨跨中桥下40m范围受火和单跨跨中20m范围桥面全车道受火两种受火工况下的连续体系组合钢桁架桥梁作为研究对象,对其进行极限承载能力分析。

(1)剩余承载能力。

图9-9为连续体系组合钢桁架桥梁单跨跨中桥下40m范围受火时和单跨跨中20m范围桥面受火时,不同受火时间后的荷载-位移曲线。依托荷载-位移曲线,可以获取连续体系组合钢桁架桥梁在不同受火工况与不同受火时间下所能承受的极限荷载,提取承载能力衰退曲线,并结合理论计算与传热-结构耦合模型的分析,可以得到弯曲荷载截面效应值,单跨跨中桥下40m范围受火时承载能力衰退曲线如图9-10所示。

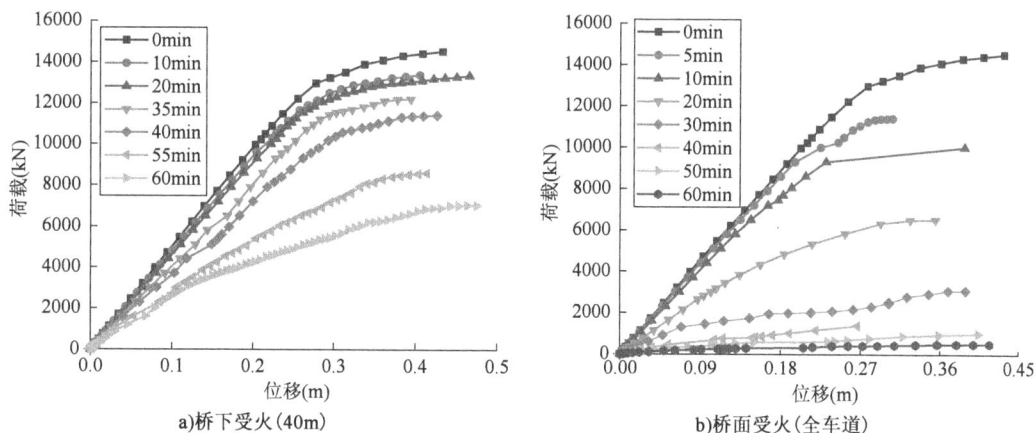

a)桥下受火(40m)　　b)桥面受火(全车道)

图9-9 跨中受火时连续体系组合钢桁架桥梁荷载-位移曲线

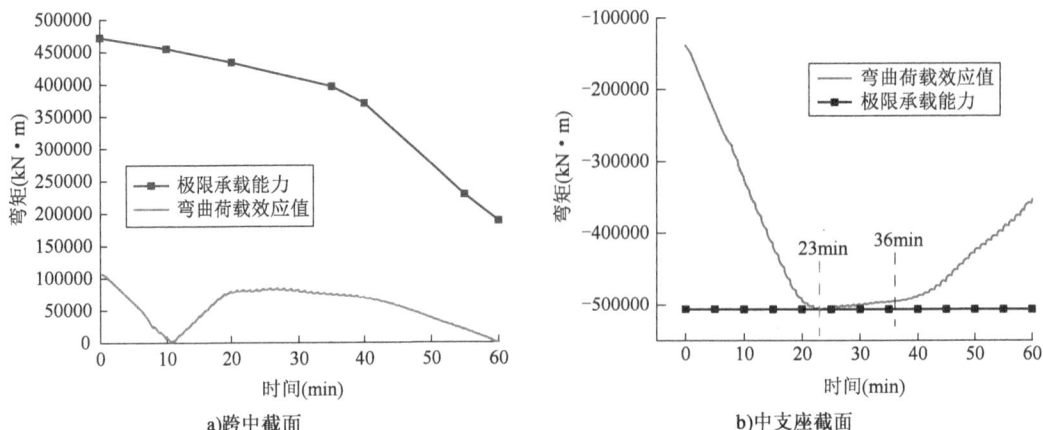

a)跨中截面   b)中支座截面

图 9-10 单跨跨中桥下 40m 受火时承载能力衰退曲线

由于受火长度较大,跨中截面的极限承载能力随受火时间的增大而持续衰退,但在中支座截面处,其极限承载能力维持不变。与简支体系中持续稳定的弯曲荷载效应值不同,连续体系的弯曲效应荷载值会随着结构力学性能的退化及结构变形出现波动。在跨中截面,极限承载能力虽然一直下降,但在受火全过程中,都未曾与弯曲荷载效应值相交,说明跨中截面未达到极限状态,受火区域中央未发生明显的高温弯曲破坏。中支座的存在使其截面承受负弯矩,而在受火全过程中,中支座截面处的极限承载能力与弯曲荷载效应曲线在受火 23min 时出现相交,说明中支座处截面的实际负弯矩达到了其极限承载能力。受火大约 36min 后,中支座截面处的弯曲荷载效应值开始缓慢增大,表明其承受的负弯矩减小,这主要是由于单跨跨中受火区的下弦杆和下平联的力学能退化后,受到了其他非受火桁杆的约束,出现应力重分布,挠度部分恢复所致。

图 9-11 为连续体系组合钢桁架桥梁单跨跨中桥面受火时的承载能力衰退曲线。由此图可以发现,桥面受火时连续体系组合钢桁架桥梁的极限承载能力在稳步衰退,但是弯曲荷载效应值却由于结构力学性能退化、结构变形等因素,一直处于变动状态。受火 17min 后,跨中截面的极限承载能力与弯曲荷载效应值重合,表明此时达到了连续体系组合钢桁架桥梁跨中截面的极限状态,其值为 $2.8 \times 10^5 \mathrm{kN \cdot m}$。

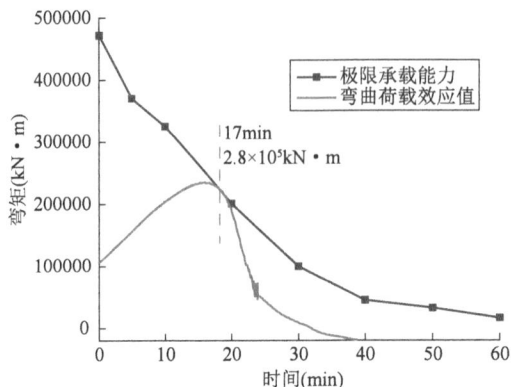

图 9-11 单跨跨中桥面 20m 受火时承载能力衰退曲线

（2）刚度退化。

通过进一步分析连续体系组合钢桁架桥梁的荷载-位移曲线，可以得到相应的结构刚度衰退曲线，如图9-12所示。两种受火场景下，连续体系组合钢桁架桥梁的结构刚度均出现了明显了衰退，虽然桥下受火的受火面积更大，但桥面受火时对结构刚度的损伤显然更为严重。桥下受火40min后，其结构刚度降低至常温下的0.72，而桥面受火40min后，其结构刚度仅为常温下的0.1。造成这种巨大差异的原因，仍是由于桥下受火时仅影响下弦杆，且混凝土板及腹杆还能对受火下弦杆起到补强的作用；桥面受火时则会直接作用于上弦杆和腹杆，对截面的力学性能造成重大损伤。

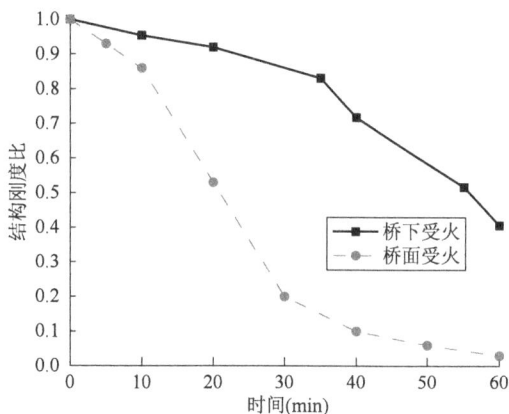

图9-12　连续组合钢桁架桥梁受火时结构刚度衰退曲线

不同受火时间和受火场景下的连续体系组合钢桁架桥梁结构极限承载能力分析如表9-2所示。连续体系组合钢桁架桥梁单跨跨中桥下受火时，结构刚度的衰退与承载能力的衰退几乎一致，这是由于连续体系给组合钢桁架桥梁提供了更大的结构刚度，也更容易在结构发生承载能力衰退、结构变形之后，产生更显著的应力重分布和结构刚度转移，为受火损伤部分提供额外的刚度支持。桥面受火时，受火前期（受火30min前）结构刚度的衰退更为缓慢，这主要是由于上弦杆受热膨胀使桥梁产生弯曲上拱，抑制了截面抗弯刚度的衰退，但未提高截面承载能力。受火后期（受火30min后）结构刚度与承载能力的衰退率几乎一致，并且仅为常温下的0.2左右，直至受火60min后，仅为常温下的0.03，已完全丧失了实际工程结构性能。

连续体系组合钢桁架桥梁结构极限承载能力分析　　　　表9-2

受火场景	受火工况		受火时长（min）	剩余承载能力（kN·m）	衰退率	
	受火长度(m)	受火位置			承载能力	结构刚度
单跨跨中桥下受火	40	桥下跨中	0	4.72×10^5	1.00	1
			10	4.55×10^5	0.96	0.95
			20	4.34×10^5	0.92	0.92
			35	3.97×10^5	0.84	0.83
			40	3.71×10^5	0.78	0.72
			55	2.29×10^5	0.49	0.52
			60	1.88×10^4	0.40	0.41

受火场景	受火工况		受火时长（min）	剩余承载能力（kN·m）	衰退率	
	受火长度(m)	受火位置			承载能力	结构刚度
单跨跨中桥面受火	20	桥面全车道	0	4.72×10^5	1.00	1
			5	3.71×10^5	0.79	0.93
			10	3.25×10^5	0.69	0.86
			20	2.12×10^5	0.45	0.53
			30	9.99×10^4	0.21	0.2
			40	4.45×10^4	0.10	0.1
			50	3.23×10^4	0.07	0.06
			60	1.62×10^4	0.03	0.03

9.2　失　效　准　则

在组合钢桁架模型梁的耐火试验结果与不同体系组合钢桁架桥梁的高温力学行为分析的基础上,结合组合钢桁架桥梁的破坏模式及火灾测试数据,分别基于主梁的强度、变形、结构挠度和承载能力,初步提供了四组失效标准。当以下任一限值达到时,可以认为组合钢桁架桥梁主梁发生失效[4-7]。

(1)在火灾暴露条件下,组合钢桁架桥梁主梁的强度无法满足规定的荷载产生的应力。其中,这些荷载包括结构荷载和车辆荷载。

(2)对于穿越式钢桁架桥梁主梁,当桥下发生火灾时,主梁跨中的结构挠度超过$L/200$,其中L为跨径长度。在此,结构挠度综合考虑了主梁的强度和结构承载能力。

(3)当桥面发生火灾时,组合钢桁架桥梁之后的结构挠度变化从正值变为负值。或者说,组合钢桁架桥梁由开始的向上挠度开始转变为之后的向下挠度。

(4)对于简支体系组合钢桁架桥梁,当桥面发生火灾时,在任何火灾时间内,主梁上弦杆的变形超过L_d/L_c,其中L_d为主梁上弦杆变形,L_c为主梁上弦杆长度。当全车道暴露于火灾时,L_d/L_c为0.025;当侧车道暴露于火灾时,L_d/L_c为0.031。其中,主梁的变形是基于结构承载能力获得的。对于连续体系组合钢桁架桥梁,当跨中桥面发生火灾时,L_d/L_c为0.026;当负弯矩区桥面受火时,L_d/L_c为0.084。除弦杆变形外,受火区域的腹杆也是组合钢桁架受火过程中极易发生破坏的构件,引入腹杆压溃系数β,定义为腹杆压溃变形与节段长度之比CD/DSL,当连续体系组合钢桁架桥梁中支座两侧桥下受火时,β不应超过0.015;当连续体系组合钢桁架桥梁负弯矩区桥面受火时,β不应超过0.035。

从上述讨论的失效标准信息中可以得出结论:在火灾期间,结构的挠度和挠度变化率,以及主梁的变形可以应用于监测组合钢桁架桥梁主梁的结构安全。结构的承载能力不能用于评估实际组合钢桁架桥梁在现实火灾场景下的耐火性能。

不同受火场景下简支体系组合钢桁架桥梁耐火极限　　　　　　　　　表9-3

受火场景	受火工况 受火长度(m)	受火工况 受火位置	失效判定依据 失效准则	失效判定依据 临界参数	耐火时间(min)	耐火极限结构响应特点 主要损伤构件	耐火极限结构响应特点 构件损伤形态	耐火极限结构响应特点 整体结构破坏
桥下受火	4	跨中	挠度失效准则	$w=\dfrac{1}{200}L$	>60	下平联	横梁、纵梁小范围弯曲变形	未明显破坏
	8	跨中			>60		横梁、纵梁弯曲变形	局部高温屈服
	20	跨中			28			
	30	跨中			26		横梁、纵梁弯曲变形	局部高温屈服
	40	跨中			22	下弦杆、下平联	下弦杆、横梁、纵梁弯曲变形	高温弯曲破坏
	50	跨中			20			
桥面受火	20	跨中全车道	挠变率失效准则、上弦杆弯曲失效准则	$d_w=0$	17	上弦杆、上平联	上弦杆弯曲变形、横撑、斜撑弯曲变形	高温弯曲破坏
		跨中边车道		$\alpha=2.5\%$	18	上弦杆、上平联		高温弯扭破坏
		跨中中车道			>60	上平联	横撑、斜撑弯曲扭变形	未明显破坏

不同受火场景下连续体系组合钢桁架桥梁耐火极限　　　　　　　　　表9-4

受火场景	受火工况 受火长度(m)	受火工况 受火位置	失效判定依据 失效准则	失效判定依据 临界参数	耐火时间(min)	耐火极限结构响应特点 主要损伤构件	耐火极限结构响应特点 构件损伤形态	耐火极限结构响应特点 整体结构破坏
桥下受火	40	单跨跨中	挠度失效准则	$w=\dfrac{1}{200}L$	28	下弦杆、下平联	下弦杆、横梁、纵梁弯曲变形	局部高温屈服
	40	单跨跨近中支座			>60	下弦杆、下平联	下弦杆、横梁、纵梁弯曲变形	高温压溃破坏
	40	双跨中支座两侧	腹杆压溃准则	$\beta=1.5\%$	33	下弦杆、下平联、腹杆	下弦杆、横梁、纵梁弯曲变形、腹杆压溃变形	高温压溃破坏
	80	双跨中支座两侧			20			未明显破坏
桥面受火	20	全车道	挠变率失效准则；上弦杆弯曲失效准则	$d_w=0$	17	上弦杆、上平联	上弦杆弯曲变形；横撑、斜撑弯扭变形	高温弯曲破坏
		边车道		$\alpha=2.6\%$	18	上弦杆、上平联		
		中车道			>60	上平联	横撑、斜撑弯扭变形	未明显破坏
		负弯矩区全车道	上弦杆弯曲失效准则、腹杆压溃准则	$\alpha=8.4\%$	35	上弦杆、上平联、腹杆	上弦杆弯曲变形；横梁、斜撑弯扭变形；腹杆压溃变形	高温压溃破坏
		边车道		$\beta=3.5\%$	38			
		中车道			>60	上平联	横撑、斜撑弯扭变形	未明显破坏

9.3 耐火极限简化计算方法

通过对组合钢桁架桥梁桥下受火时的挠度变化分析可以发现,受火长度对其耐火性能影响巨大。当受火长度小于 $L/20$ 时,火灾高温对桥梁整体刚度影响较小,桥梁耐火极限较大;当受火长度在 $L/20 \sim L/4$ 之间,火灾高温会随着受火长度的增大而持续影响桥梁整体刚度,并使桥梁出现明显下挠;当受火长度大于 $L/4$ 时,火灾高温则会对桥梁整体刚度造成巨大损失,导致桥梁出现严重下挠,甚至会使桥梁在端支座处出现明显的纵向位移,并伴随桥梁滑落的风险。不同受火场景下简支体系组合钢桁架桥梁耐火极限如表9-3所示,不同受火场景下连续体系组合钢桁架桥梁耐火极限如表9-4所示。

因此,针对桥下受火的场景,建立了以受火长度为参数、以挠度变化为判定依据的组合钢桁架桥梁受火破坏准则。依据组合钢桁架桥梁在不同受火长度、受火时间下,跨中挠度的变化规律,采用马夸尔特算法(Levenberg-Marquardt-L-M)和通用全局优化法(Univerasl Global Optimization-UGO),进行多元函数的非线性拟合,提出了组合钢桁架桥梁桥下受火时,受火长度与挠度破坏准则之间的函数关系,见式(9-1):

$$F_{(x,t)} = \begin{cases} 0.083 - 1.64x + 4.84 \times 10^{-5}t - 7.10 \times 10^{-7}t^2 + 5.43 \times 10^{-9}t^3 & 0 < x \leqslant 1/20 \\ \dfrac{(1.18 - 3.8x + 0.11t - 2.19 \times 10^{-3}t^2 + 1.63 \times 10^{-5}t^3) \times 10^{-3}}{1 - 2.48x - 0.003t} & 1/20 < x < 1/4 \\ \dfrac{(4.88 - 3.47x + 2.07t) \times 10^{-4}}{1 - 1.67x + 1.19x^2 - 6.34 \times 10^{-3}t^3 + 3.08 \times 10^{-4}t^2} & x \geqslant 1/4 \end{cases} \quad (9\text{-}1)$$

式中: x——桥下受火长度与有效跨径的比值;

t——受火时间,单位为(min);

$F_{(x,t)}$——跨中下挠与梁体有效跨径的比值,各函数关系的相关系数均达到0.99。

当 $F_{(x,t)}$ 大于 $1/94$ 时,可认为达到了组合钢桁架桥梁桥下受火时的极限承载能力。

9.4 抗 火 设 计

9.4.1 设计理念与策略

桥梁结构抗火设计的目的主要可以分为两类:①为提升桥梁在遭遇极端火灾时的耐火极限;②降低火灾作用下的结构损伤程度。前者可以确保桥梁火灾发生时,有足够的时间对人员、车辆进行疏散,并对火灾进行扑救,后者则为了使火灾高温作用后的桥梁结构具有足够的剩余力学性能和可修复的结构韧性特点,减少火灾对桥梁本身造成的直接经济损失和对交通运输与物流中断产生的间接经济损失。

基于桥梁结构抗火设计的这两种目的,结合组合钢桁架桥梁在火灾作用下的结构响应、损伤特点及失效过程等,针对性地提出桥梁抗火设计理念。

通过上文的研究可以发现,火灾高温下的组合钢桁架桥梁的破坏,主要体现在受火区钢结构快速升温,引起了钢材力学性能退化而导致的局部或整体大变形效应,其中以结构刚度退化为核心因素,对耐火性能的影响最大。因此,针对未来新建的组合钢桁架桥梁,提出了以增大结构刚度、降低钢材升温效率为原则的结构设计理念,从结构设计的角度出发,通过优化结构配置等方式,提升其对突发火灾的主被动防护能力。对于在役的组合钢桁架桥梁,当桥梁遭遇火灾时,则要第一时间减少桥面荷载,从而达到延长受火桥梁的耐火极限的目的。

9.4.2 增大主桁高度

增大主桁高度可以有效提高组合钢桁架桥梁在常温下的结构抗弯刚度。针对桥下受火仅会影响下弦杆、横梁和纵梁的特点,可通过增大主桁高度的方式来提高结构整体抗弯刚度,进而实现提高组合钢桁架桥梁的耐火性能的目的。

(1)桥下受火。

以桥下受火长度20m的组合钢桁架桥梁为研究对象,仅改变主桁高度,以跨中挠度变化来评估抗火性能,并以跨中下挠达到 $L/94$ 为判定失效的依据,可以得到具有不同主桁高度的组合钢桁架桥梁在碳氢火灾作用下的耐火时间,如表9-5所示。可以发现,主桁高度会对桥下受火时的组合钢桁架桥耐火性能产生影响。以主桁高度为10m组合钢桁架桥作为对照组,当主桁高度降低到9m后,耐火时间从54min降低到48min,降低了约18%,而当主桁高度升高到10.5m以上时,耐火时间则从54min增加到60min以上,提高程度大于11%。

桥下受火时不同主桁高度的组合钢桁架桥梁耐火时间　　　　表9-5

主桁高度(m)	9	9.5	10	10.5
耐火时间(min)	44	48	54	>60
提升率(%)	−18.5	−11.1	0	>11.1

针对桥下受火的情况,增大主桁高度可以提高结构刚度。提升非受火区域钢桁结构对受火下弦杆、下平联等构件的约束作用,从而提高组合钢桁架桥梁桥下受火时的耐火性能,但增大主桁高度无疑会增加钢材用量,降低了桥梁建设的经济性。因此,需要寻找抗火设计与经济建设之间的平衡。

(2)桥面受火。

组合钢桁架桥梁桥面受火时,主桁高度的不同,不仅会改变钢桁架的结构刚度,还会直接改变上弦杆和上平联等构件在受火过程中的最高温度。一般情况下,主桁高度越大,上弦杆和上平联距离火源越远,相同受火工况及受火时间下,构件表面温度越低,且达到最高温度的时间也越长。钢桁构件表面温度与主桁高度之间的变化关系,参考了文献[1]中对不同桥下净空高度的油罐车火灾沿高度方向上的温度变化关系,在此基础上对其进行多项式拟合,可以得到最高温度与受火高度(净空高度)之间的函数关系,见式(9-2):

$$T = 2H^2 - 101H + 1817 \qquad 5 \leqslant H \leqslant 25 \tag{9-2}$$

式中:T——受火表面最高温度(℃);

H——受火高度(净空高度)(m)。

参照式(9-2)的函数关系,可以得到不同主桁高度的组合钢桁架桥梁遭遇桥面碳氢火灾时,受火区上平联的温度变化情况。以上平联横撑翼板在碳氢火灾下的温度变化为例,当主桁高度从9m提升到12m的过程中,上平联横撑翼板不仅最高温度从1168℃降低到975℃,其升温速率也显著降低。

以桥面全车道受火的组合钢桁架桥梁为研究对象,仅改变主桁高度,以跨中挠度出现迅速下挠为判断高温破坏的依据,来评估其耐火性能,可以得到不同主桁高度的组合钢桁架桥遭遇桥面碳氢火灾时的跨中挠度变化曲线与耐火时间,如表9-6所示。

桥面受火时具有不同主桁高度的组合钢桁架桥梁耐火时间   表9-6

主桁高度(m)	9	9.5	10	10.5	11
耐火时间(min)	14.6	16	17	20	22
提升率(%)	−15.1	−7.0	0	16.3	27.9

由表9-6可以发现,主桁高度对桥面受火时的组合钢桁架桥耐火性能的影响较大,以主桁高度为10m的组合钢桁架桥作为对照组,当主桁高度降低到9m后,耐火时间从17min降低到14.6min,降低了15.1%,而当主桁高度升高到11m时,耐火时间从17min增加到22min,提高了27.9%。不同主桁高度的组合钢桁架桥梁遭受桥面碳氢火灾时的结构响应具有一定程度的相似性,均会在接近耐火极限时,在跨中处产生挠度的突变。因此,也可以将跨中挠度突变作为判断其达到耐火极限的依据。此外,当主桁高度不大于10m时,在火灾高温的作用下,跨中出现了明显的上挠过程,这主要是由于受火的上弦杆出现了显著的高温膨胀,导致钢桁结构出现了弯曲上挠;当主桁高度大于10.5m时,跨中上挠程度显著降低,主要原因是:主桁高度变大既可以使钢桁结构刚度变大,又可以使上弦杆与火源距离变大,从而导致上弦杆升温缓慢且温度较低。

最终可以发现,增大组合钢桁架桥梁的主桁高度,可以从增大桥梁结构抗弯刚度和缓解上弦杆和上平联等构件的升温效率,降低其在相同受火时间后的最高温度这两个方面来提高组合钢桁架桥梁遭遇桥面碳氢火灾时的耐火性能。通过分析,增大主桁高度与提升桥梁结构耐火极限,可得到两者的函数关系,即组合钢桁架桥梁的主桁高度从9m增大到11m的过程中,耐火极限与主桁高度呈现出显著的二次函数关系,如图9-13所示。

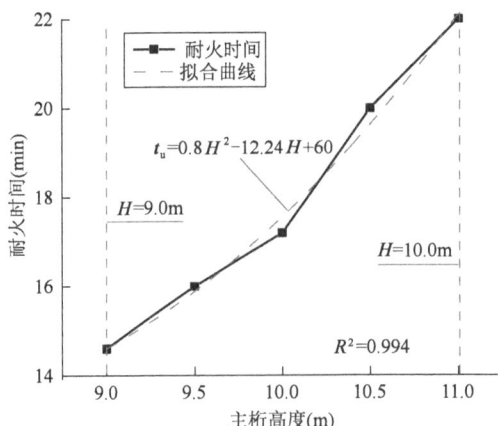

图9-13 耐火时间与主桁高度关系(桥面受火)

对以上数据进行拟合,可以得到组合钢桁架桥梁遭遇桥面碳氢火灾时,主桁高度与耐火时间的关系,见式(9-3):

$$t_u = 0.55H^2 - 7.5H + 43 \qquad 9 \leqslant H \leqslant 12 \tag{9-3}$$

式中：t_u——耐火时间（min）；

H——主桁高度（m）。

可以通过以上公式，对具有不同主桁高度的组合钢桁架桥梁桥面遭受碳氢火灾时的耐火时间进行快速预判。

9.4.3 改变腹杆结构

组合钢桁架桥梁腹杆的结构形式主要分为工字形和箱形两种，两种结构形式的腹杆在火灾高温作用下具有不同的结构响应。为探究腹杆结构形式对组合钢桁架桥梁耐火性能的影响，在用钢量不变的前提下，将工字形腹杆替换成箱形腹杆，并分别模拟桥面及桥下受火两种受火场景，得到不同腹杆结构形式的组合钢桁架桥梁跨中挠度变化，如图 9-14 和图 9-15 所示。

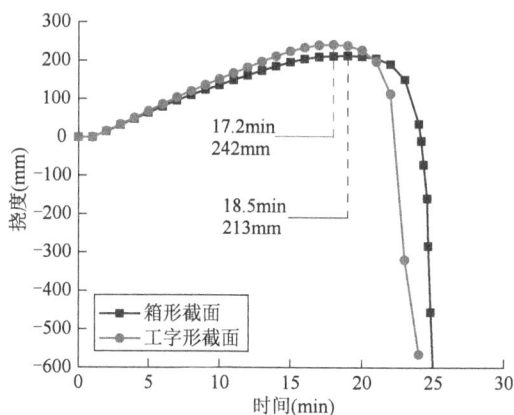

图 9-14　桥面受火时不同腹杆结构形式的组合
钢桁架桥梁受火跨中挠度

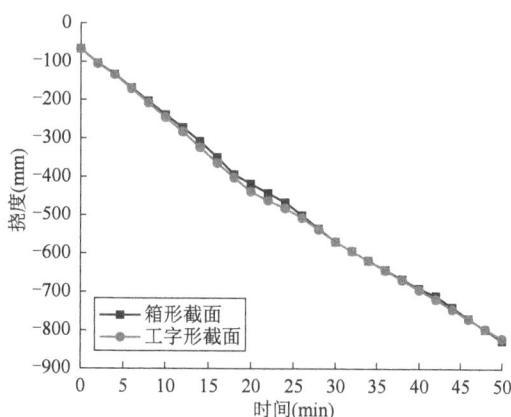

图 9-15　桥下受火时不同腹杆结构形式的组合
钢桁架桥梁受火跨中挠度

（1）桥面受火。

在桥面遭受火灾时，采用箱形腹杆的组合钢桁架桥梁的耐火性能要优于采用工字形腹杆的组合钢桁架桥梁。采用工字形腹杆的组合钢桁架桥梁在受火 17.2min 后，跨中上拱达到最大值，为 242mm，而采用箱形腹杆后，其跨中上拱降低了 12.0%，为 213mm。从挠度曲线中还可以发现，工字形腹杆的组合钢桁架桥梁在受火 17.2min 后，跨中开始迅速下挠，表明其结构刚度和承载能力达到临界值。而采用箱形腹杆后，相同结构响应时，其受火时长增大了 7.6%，为 18.5min。这主要是由于工字形属于开口截面，单侧火灾高温作用产生的热对流作用会导致工字形腹杆的升温较箱形腹杆更快，其力学性能退化也更严重，从而显著降低了主桁的结构刚度，削弱了组合钢桁架桥梁的耐火性能。

因此，在用钢量相同的情况下，优先采用箱形腹杆，可以从结构设计的角度提高组合钢桁架桥梁在桥面受火时的耐火性能。

（2）桥下受火。

在桥下遭受火灾时，混凝土桥面板会对上部钢桁结构起到隔火保护作用，桥下的火灾高温仅会对下弦杆、横梁及小纵梁产生影响。通过热传导传递到腹杆的热量有限。因此,不同结构形式的腹杆,对遭受桥下火灾时的组合钢桁架桥梁的耐火性能几乎没有影响。

9.4.4 减小车道荷载

不同于建筑结构物发生火灾时仍能维持稳定的荷载,桥梁结构发生火灾时,桥面交通往往会呈现出紧急状态下的复杂、混乱状态:交通事故导致的拥堵、部分车辆的紧急撤离、后续车辆的紧急避让、以及无法避险后的连环事故等,最终使桥面车辆对桥梁产生了复杂、动态的车辆荷载。因此,有必要研究不同程度荷载作用下的组合钢桁架桥梁的耐火极限、结构响应,以及探究火灾时紧急疏散交通和减小桥面荷载对提高其耐火极限的影响程度,以期为组合钢桁架桥梁遭遇极端火灾事故时的应急响应提供指导。

由于组合钢桁架桥梁结构的特殊性,桥面与桥下发生火灾时,均会对钢桁结构产生巨大的影响,因此,在探究桥面荷载对于受火组合钢桁架桥梁的影响时,也从桥面受火和桥下受火两种不同的受火场景去进行分析和考虑。

(1)桥面受火。

组合钢桁架桥梁桥面发生火灾时,桥面火灾事故导致的交通状况较为复杂,对应的作用在桥梁结构上的车辆荷载也较为多样。因此,以组合钢桁架桥梁桥面全车道受火时的火灾场景进行分析,分别考虑荷载水平为 0.05 至 0.3,六种不同荷载作用下的组合钢桁架桥梁桥面受火时的跨中挠度变化曲线,如图 9-16 所示。

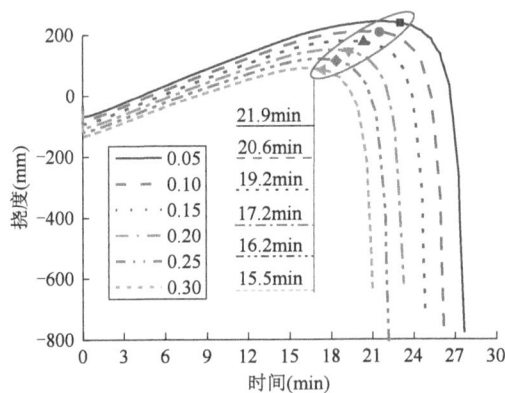

图 9-16 不同荷载作用下跨中挠度-受火时间曲线(桥面受火)

可以发现,以荷载水平为 0.2 的组合钢桁架桥梁为对照组,其耐火时间为 17.2min,随着荷载的降低,荷载水平逐渐降低到 0.05,此时,组合钢桁架桥梁的耐火时间增大到 21.9min,其耐火性能显著提高了 18.5%。与此同时,当荷载增大,荷载水平从 0.2 增大到 0.3 时,组合钢桁架桥梁的耐火时间降低到 15.5min,其耐火性能降低了 9.9%。

此外,从跨中挠度-受火时间曲线中也可以看出,在不同荷载水平的外荷载作用下,组合钢桁架桥梁的高温弯曲上拱程度也会有明显差异,其荷载水平越小,跨中上挠越明显。直至上弦杆等主要受力构件在热-力耦合作用下出现高温屈服后,桥梁结构临近极限受力状态,跨中出现快速下挠,并达到极限状态。在受火工况一致的情况下,受火区上弦杆的高温屈服与外荷载的大小密切相关,荷载水平从 0.3 降低到 0.05 的过程中,上弦杆的高温屈服时间从受火

15.5min 提升到 21.9min,证明外荷载的大小对桥面受火的组合钢桁架桥梁的结构响应及耐火极限影响较大。

(2)桥下受火。

组合钢桁架桥梁桥下发生火灾时,桥面也可能存在事故、拥堵、缓慢通行、快速撤离等多种交通状态。因此,以组合钢桁架桥梁桥下跨中 50m 范围受火为分析场景和研究对照组,将按照《公路桥涵设计通用规范》(JTG D60—2015)[3] 施加的车道荷载乘以 0.6、0.8、1.2 的系数,以模拟可能出现的不同交通状态,四种不同荷载作用下的组合钢桁架桥梁桥下受火时的跨中挠度变化曲线,如图 9-17 所示。

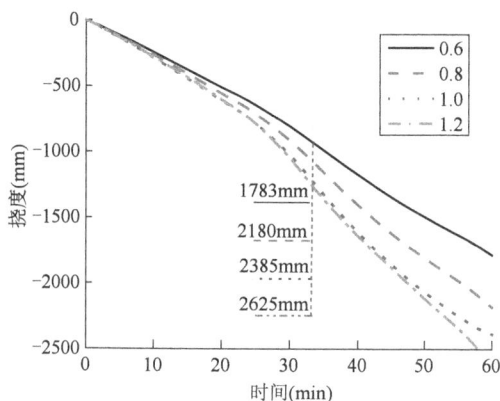

图 9-17 不同荷载作用下跨中横梁挠度-受火时间曲线(桥下受火)

可以发现,不同车道荷载作用下,组合钢桁架桥梁遭受桥下碳氢火灾时,其跨中结构响应趋势一致,但荷载越小,跨中横梁下挠越小,耐火时间越大:当所施加的荷载为标准车道荷载的 0.6 倍时,受火 60min,跨中横梁最大下挠值为 1783mm,耐火极限超过 60min;而当荷载提高到标准车道荷载的 1.2 倍时,受火 60min,跨中横梁最大下挠至 2625mm,耐火时间从 54min 缩短到 52min。

综上所述,对于组合钢桁架桥梁而言,无论是在桥面发生由于交通事故引起的火灾,还是在桥下发生其他类型火灾,桥上荷载均会对桥梁的耐火性能产生较大的影响。因此,当火灾发生时,及时疏散桥面交通,减小桥面荷载,对提高组合钢桁架桥梁的耐火性能,延长耐火极限具有重要意义。

9.5 防控策略

对于下承式组合钢桁架桥梁,桥面上的火灾比桥下的火灾更容易导致桥梁倒塌。钢桁架的高度对火灾从桥面暴露后上弦杆的温度有显著影响。因此,限制桥面上的最小净空并增加上弦杆和腹杆的防火措施可以有效提高组合钢桁梁桥梁的耐火性能。此外,通过将油罐车(如石油运输车)的通行时间、车道、承载能力、行驶速度和保持安全距离等限制措施纳入防火策略,可以有效保护贯通式组合钢桁架桥梁避免火灾事故[4-7]。

在此背景下,基于组合钢桁架桥梁的火灾响应特征,提出了四个切实可行的策略。这些措施的内在理念是最小化火灾事故的发生、减轻其影响并减少经济损失,如图 9-18 所示[7]。

如图 9-18a)所示,运载易燃材料的油罐车按照原定的行驶计划正穿越贯通式组合钢桁架桥梁。组合钢桁架桥梁可能会受到边车道火灾和偏心载荷的影响(图 9-18a)中的车道 3)。组合钢桁架桥梁在起火跨会因荷载分布不均和火灾而表现出过度的扭转变形。因此,交通管理可以使卡车保持在中间车道行驶,以最大限度地降低这些风险,从而提高组合钢桁架桥梁的安全性。

如图 9-18b)所示,油罐车与其他车辆之间应保持 100m 的最小安全距离(D),以避免在发生火灾事故时车辆在桥面上堆积。这是因为考虑了燃料泄漏,火灾池的尺寸可以在桥面的纵向上延伸到 12m。此外,还要考虑火灾事故中驾驶员的反应时间和车辆以高速(大于 60km/h)行驶时的制动距离。合理控制油罐车行车间距,以避免燃料泄漏区重叠,从而防止油罐车火灾事态的扩展。

如图 9-18c)所示,油罐车正行驶于桥梁的附近。油罐车在平行于桥梁中心轴的轨迹线上移动的同时位于桥梁下方。确保桥梁下方有足够的净空至关重要,因为随着火灾暴露长度的增加,桥梁将经历显著的挠曲变形。因此,必须让车辆实施强制绕行。此措施有助于减轻桥下发生火灾事故的可能性,从而保护桥梁的结构完整性。

如图 9-18d)所示,油罐车正在穿越立交桥下。如果在桥梁下方发生火灾事故,则只有部分桥梁将直接暴露在火中。在这种情况下,实施强制绕行在经济上是不可行的。为了在成本和结构安全性之间实现最佳平衡,建议在组合钢桁架桥梁的底部加设防火涂层或隔热层,以防止潜在的火灾。根据 Kodur 等的研究,钢桥的耐火性能要求大于 60min,其中提出了 18mm 的石膏保温厚度。

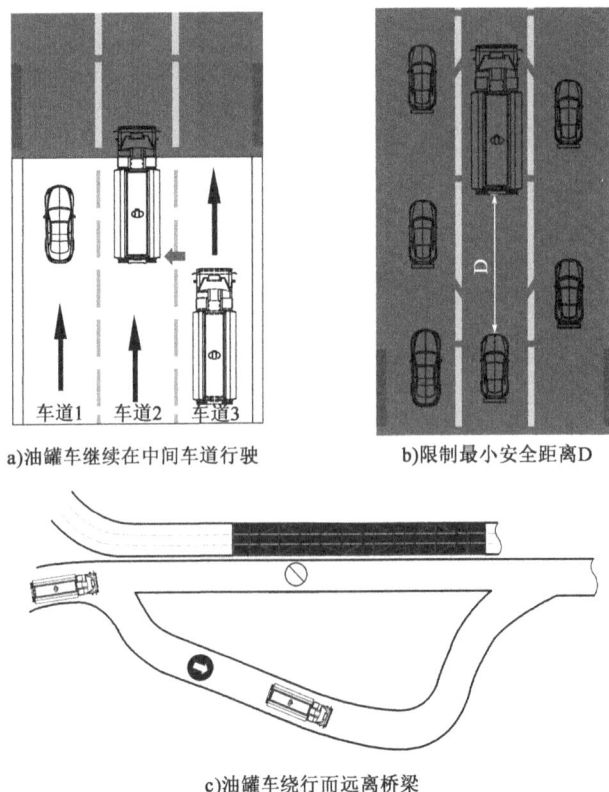

a)油罐车继续在中间车道行驶

b)限制最小安全距离D

c)油罐车绕行而远离桥梁

图 9-18

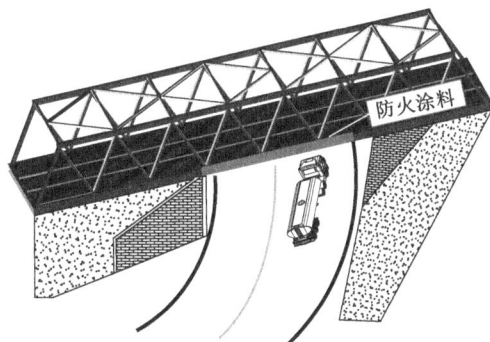

d)部分防火涂层

图9-18 提高组合钢桁架桥梁耐火性的防护策略

9.6 本章小结

在明确组合钢桁架桥梁不同受火场景破坏模式的基础上,对简支体系和连续体系组合钢桁架桥梁的结构极限承载能力进行深入分析,基于主梁的强度、变形、结构挠度和承载能力,建立了四组失效标准;从经验拟合与理论推导两个角度提出了耐火极限简化计算方法;最后对三种耐火极限提升措施做了定量分析,给出防控策略。主要结论如下:

(1)简支体系组合钢桁架桥梁桥下受火长度为 40m 和 50m 时,分别在受火 56min 和 54min 后,跨中截面极限承载能力达到弯曲荷载效应值;桥面全车道受火仅 18min,跨中截面极限承载力就达到弯曲荷载效应值;连续体系组合钢桁架桥梁单跨跨中桥下受火 60min 后,跨中截面未达到极限状态,中支座截面在受火 23min 后,截面极限承载能力达到弯曲荷载效应值;单跨跨中桥面受火 17min 后,跨中截面极限承载能力达到弯曲荷载效应值。桥下受火时,承载能力与结构刚度衰退过程基本一致,但桥面受火时,相较于承载能力衰退,结构刚度的衰退速率先慢后快。

(2)在桥下火灾时,基于弦杆强度和结构挠度的失效准则,以及桥面火灾时的结构挠度速率和弦杆强度与变形的失效准则被初步建立,这可以用于评估组合钢桁架桥梁在真实火灾情境下的耐火性能。结构承载能力不可以有效评估实际组合钢桁架桥梁梁体在真实火灾情境下的耐火性能。结构的挠度和挠度速率,以及弦杆的变形可以直观地用于监测组合钢桁架桥梁在火灾暴露期间的结构安全性能。

(3)根据所建立的四种失效准则,明确了不同受火场景下的简支体系和连续体系组合钢桁架桥梁的耐火极限。简支体系组合钢桁架桥梁桥下受火长度为 40m 和 50m 时,耐火极限为 56min 和 54min;桥面全车道和边车道受火时,耐火极限仅为 17min 和 18min。连续体系组合钢桁架桥梁桥下双跨中支座两侧 20m + 20m 受火和 40m + 40m 受火时,耐火极限分别为 33min 和 20min;桥面单跨跨中全车道和边车道受火时,耐火极限分别为 17min 和 18min;桥面负弯矩区全车道和边车道受火时,耐火极限分别为 35min 和 38min。

(4)将主桁高度从 10m 增大到 10.5m,可至少提升 11.1% 桥下受火时的耐火极限,可提升 16.3% 桥面受火时的耐火极限;用箱形腹杆替换工字形腹杆后,无法有效提高桥下受火时的耐火极限,但可以将桥面受火时的耐火极限从 17.2min 提高到 18.5min。桥面受火时,将荷载水平从 0.2 降低到 0.05,可以提高 18.5% 的耐火极限;桥下受火时,降低车道荷载值为初始荷载的 0.6 倍,可将耐火极限提高 11%。

(5)针对油罐车穿越组合钢桁架桥梁的情况,提出了一些主要设计策略,包括在中间车道行驶、保持与其他车辆的距离、绕行以及在关键区域进行防火涂层处理,以尽量减少桥上的火灾事故,并在火灾情况下尽可能保持结构的完整性。

本章参考文献

[1] 宋超杰. 半开放环境下预应力混凝土薄腹梁抗火性能与设计方法[D]. 西安:长安大学,2022.

[2] MOHAMMAD N H, NAHID, E D, BRIAN Y L. Thermo-structural response of highway bridge structures with tub girders and plate girders[J]. Journal of Bridge Engineering, 2017, 22 (10): 04017069.

[3] 中华人民共和国交通运输部. 公路桥涵设计通用规范:JTG D60—2015[S]. 北京:人民交通出版社股份有限公司,2015.

[4] MA R, CUI C, MA M,et,al. Performance-based design of bridge structures under vehicle-induced fire accidents: Basic framework and a case study[J]. Engineering Structures, 2019, 197:109390.

[5] KODUR VKR, GIL AM, Naser MZ. Fire-induced collapse of an I-95 overpass in Philadelphia: Causes, collapse mechanism, and mitigation strategies[J]. Engineering Structures,2024,303: 117578.

[6] ZHANG G., YUAN Z Y, DING, Y H, et al. Fire behavior of composite steel truss bridge girders: numerical investigation and design strategies[J]. Advances in Bridge Engineering, 2024, 4(2):36.

[7] 张岗,汤陈皓,宋超杰,等. 钢桁-混凝土组合结构桥梁耐火性能研究[J]. 建筑结构学报, 2023,44(9):214-226.

总结与展望

10.1 结　　论

本书围绕钢结构桥梁在火灾条件下的安全性能进行了深入的研究,重点探讨了曲线钢箱梁和组合钢桁架桥梁的抗火性能。通过理论分析、数值模拟和试验验证,得出了以下主要结论:

(1)考虑实桥支承特征,提出了实现曲线钢箱梁弯扭耦合效应的耐火试验方法,开展了火灾全过程弯扭耦合作用下双室薄壁空腔钢箱模型梁的温升和破坏试验研究。揭示了弯扭耦合受力状态下单箱双室钢箱梁的火灾高温响应规律与破坏机理。研究了钢顶板对于高温下单箱双室钢箱梁的传热模式和力学行为的影响、纵向加劲肋的布置对于结构耐火性能的增强作用、火灾期间钢箱梁上荷载撤离对于结构的作用效应、主梁跨中受火和负弯矩区受火的破坏模式与机理。

(2)提出了闭口钢箱结构的温升分析理论,以及火灾下曲线钢箱梁的大变形理论分析方法,揭示了复杂环境下曲线钢箱梁的高温变形破坏演化规律。探究了单箱多室钢箱结构的升温传热模式和截面温度分布规律。通过火灾下曲线钢箱梁的大变形理论分析,揭示了火灾下曲线钢箱梁的弯扭耦合效应被加剧后的力学行为。对连续曲线钢箱梁开展了复杂条件下(不同的火灾场景、荷载模式、几何尺寸和支承条件)的火灾响应仿真分析,揭示了其在火灾下独有的高温力学响应与破坏机理,并研究了曲线钢箱梁的耐火性能影响因素。

(3)提出了曲线钢箱梁主被动联合作用抵御复杂环境的耐火性能提升方法,构建了复杂环境下多参数耦合的耐火性能分析方法。基于研究结果从主动与被动防护的角度给出了曲线钢箱梁的防火保护策略和耐火性能提升方法,主动防护以车辆管控和限位装置为主,被动防护以箱内纵向加劲肋的补强为主。提出了多参数耦合的耐火性能分析方法,能够构建设计参数与结构耐火性能的函数关系,进而可将复杂的非线性分析转化为数学问题的求解,确定最优的设计参数配置。上述方法可为此类钢结构桥梁的抗火设计提供思路与参考。

(4)开展了碳氢火灾下简支体系和连续体系组合钢桁架试验梁的耐火试验,分析了测点的温度特征,获得了试验梁的时空高温场和空间传热模式;研究了关键截面挠度变化规律和试验梁的破坏模式,揭示了热-力耦合作用下的结构响应和破坏机理;建立了考虑受火荷载工况的组合钢桁架桥梁传热-结构耦合分析模型,基于耐火试验结果对其进行全过程的验证,并根据试验现象剖析了边界条件变化特征,建立了连续体系组合钢桁架桥梁耐火性能分析方法。

(5)基于经试验验证的传热-结构耦合分析模型,详细分析了简支体系和连续体系组合钢桁架桥梁在不同受火场景、受火荷载工况下的结构响应、应力变化,揭示了碳氢火灾全过程的组合钢桁架桥梁耐火性能演变机理;分析了不同受火荷载工况上弦杆的高温弯曲变形、腹杆的高温压溃变形以及整体结构的弯曲、弯扭变形特征,构建了考虑桁杆高温损伤路径的桁杆-结构复合破坏模式。

(6)研究了截面承载能力衰退曲线与荷载弯曲效应值的变化规律,分析了简支体系和连续体系组合钢桁架桥梁的结构极限承载能力,结合桁杆-结构复合破坏模式的特点,建立了考虑主梁的强度、变形、结构挠度和承载能力的失效标准。通过经验拟合与理论推导,建立了考虑受火场景的组合钢桁架桥梁耐火极限计算方法,提出了组合钢桁架桥梁耐火韧性增强方法。

10.2 展　　望

尽管本书在钢结构桥梁的火灾分析与抗火设计方法方面取得了一些进展,未来的研究仍需在以下几个方向上进一步深化,以应对不断变化的技术需求和环境挑战:

(1)由于现有试验条件的限制,针对钢结构桥梁耐火性能的研究主要在室内火灾试验炉中进行,无法完全模拟出实际桥梁在开放环境中的受火状况,且桥梁火灾受自然环境及人为因素的影响较大,后期有必要进行自然开放环境下的耐火试验研究,并建立起针对性的空间温度场升温曲线和模型。

(2)钢箱梁的混凝土刚性基层作为桥面铺装层的一部分,由于参与协同受力并影响梁的散热边界条件,在本书的编写中也进行了考虑。在耐火试验中发现了混凝土薄板的爆裂现象,目前对混凝土爆裂的研究主要集中于材料层面,关于混凝土层出现爆裂后对于结构整体性能以及钢与混凝土之间连接性能的影响尚待进一步研究。

(3)组合钢桁架桥梁耐火性能研究所涉及的钢桁结构高温下力学行为异常复杂,为进一步完善其在不同受火场景下的破坏机理,需要考虑桁杆之间的制约和倒塌路径,提出相应的考虑受火关键位置变化的动态耐火极限计算方法。

(4)未来的研究可以进一步探索智慧监测系统和数字孪生技术在桥梁火灾防控中的应用,这些技术可以实现对桥梁状态的实时监控和火灾风险的动态评估,从而提高应急响应效率。